Eckhard Henscheid

DUMMDEUTSCH

Eckhard Henscheid

DUMMDEUTSCH

Ein Wörterbuch

Unter Mitwirkung von Carl Lierow
und Elsemarie Maletzke

Mit Illustrationen von
F. W. Bernstein

Philipp Reclam jun. Stuttgart

Die Deutsche Bibliothek – CIP-Einheitsaufnahme

Henscheid, Eckhard:
Dummdeutsch : ein Wörterbuch / Eckhard Henscheid. Unter Mitw. von Carl Lierow und Elsemarie Maletzke. Mit Ill. von F. W. Bernstein – Stuttgart : Reclam. 1995

ISBN 3-15-010413-0

NE: HST

»Das Menschlichste, das wir haben,
ist doch die Sprache, und wir haben sie,
um zu sprechen.«
Theodor Fontane

»Der Mensch steht unter dem Affen,
eben deswegen, weil er die Sprache hat.«
Ludwig Tieck, ›William Lovell‹

»Das Rauschen der Sprache …«
Roland Barthes

»Denn eben wo Begriffe fehlen, da stellt
ein Wort zur rechten Zeit sich ein.«
Goethe, ›Faust‹

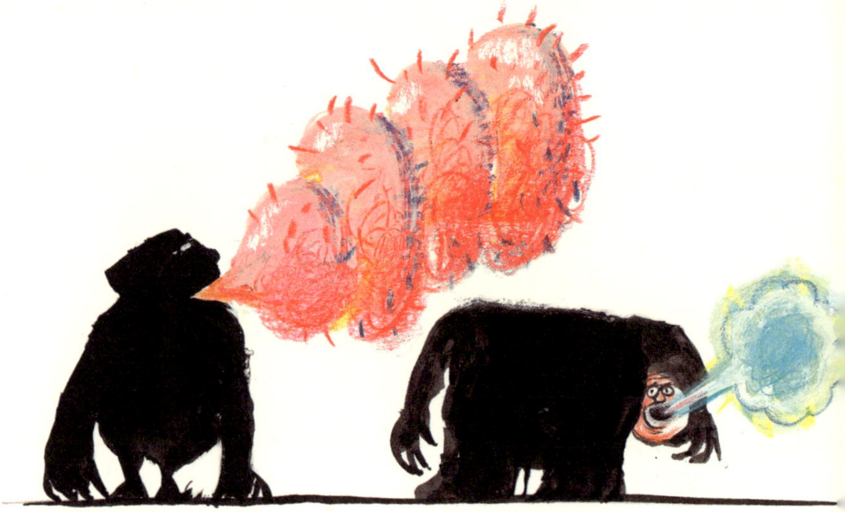

Vorbemerkung zur Neuausgabe

Der ehedem erste Band von *Dummdeutsch* erschien 1985; der zweite und aus Leserkreisen mitproduzierte 1986. Das vorliegende definitive Buch vereint, da und dort minimal gekürzt, beide; vermehrt andererseits durch zahlreiches Material, wie es sich im kaum so recht noch zurückliegenden Dünensprachschutt der Zeit seitdem natürlich schon wieder angeschwemmt hat.
Eine, wenn man so will, Bestandsaufnahme von Sprachlosigkeit, wenn nicht der zweiten Jahrhunderthälfte, so doch des ausplätschernden überaus schalen und dafür nur um so lauteren Säkulums in seinem etwa letzten Fünftel. »Dummdeutsch«, das meint dabei, noch einmal, ein Agglomerat, eine Emulsion, ein Syndrom aus vor allem Werbe- und Kommerzdeutsch, aus altem Feuilleton- und neuem Professorendeutsch (und umgekehrt), aus dem Deutsch der sogenannten Psychoszene und dem einer neuen Innerlichkeit speziell linker Provenienz, aus eher handfest- törichtem Presse- und Mediendeutsch, aus Sport- und Bürokratendeutsch; mit einer schmächtigen Auswahl wird der nicht mehr überschaubare US-Import berücksichtigt; in kleinen Dosen kamen auch immer mal Infiltrate aus der vormaligen DDR zu dieser ebenso polykausalen wie polyvalenten und nicht zuletzt fast immer so oder so wichtigmacherischen Brühe. Insofern schließt die Kollektion *Dummdeutsch* in ihrem kritischen Impetus, von den Ur-Ziehvätern und Prototypen Kraus und Tucholsky nicht ganz zu schweigen, auch durchaus an ältere Sammlungen an wie Sternberger/Süskinds *Wörterbuch des Unmenschen,* an Karl Korns *Sprache in der verwalteten Welt,* an Adornos *Jargon der Eigentlichkeit,* ein wenig sogar an Viktor Klemperers *Lingua Tertii Imperii – LTI* von 1946 – ohne freilich wie jene Exempel in purer Klage und Anklage

sich zu erschöpfen: Dummdeutsch hat mitunter auch was Schönes.
»Dummdeutsch«: ein ebenso rasch einleuchtendes, ein kaum je ganz (die früheren Ausgaben und ihre Resonanz beweisen es) mißverstandener und praktikabler wie selbstverständlich proto- oder parawissenschaftlicher Begriff. Welcher, sehr straff zusammengefaßt, an-sich »Dummes«, strukturell »dummes« Wortmaterial ebenso umgreift wie solches, das erst per fortgesetzte Inflation, gedankenlose Entleerung oder auch bloße Verwendung durch die garantiert falschen Menschen es – von Fall zu Fall anders – geworden ist.
»Dummdeutsch«: der fraglos wissenschaftlich, historisch, linguistisch nicht allzu ausgewiesene noch abgegrenzte Begriff tut sogar gut daran, im leicht zwielichtig Unausgewiesenen zu verbleiben; wie gleichsam die Sache, die er bezeichnet, selber: Diese genetisch manchmal kaum sortierbare und sehr gallertartige Aufschüttung aus Neo- und Zeitlosquatsch, aus verbalem Imponiergewurstel bei gleichzeitiger Verschleierungs- und Verhöhnungsabsicht oder auch umgekehrt Angst; aus modisch progressistischem Gehabe wie gleichzeitig stur autoritärer Gesinnung mal bürokratieseligem Geschwafel – dieses Dummdeutsche bekommt am Ende etwas über die läßliche Verfehlung weit hinaus konstitutionell Hirnzerbröselndes noch jenseits der ja eher biologisch konditionierten Mentalschwächen von Sprachalterung etwa nach Maßgabe der Lord Chandosschen Befunde. Geister- und schauderhaft meint es die Signatur der Epoche, aber auch die der Sprache und Sprachgeschichte selber, die sozusagen ontische Torheit des Worts, des in und an sich selbst Verwesenden von Wort und Wortbildung, fast eine Ästhetik also auch des Scheußlichen, des Ruinösen und des Desaströsen alles Phonetischen – aber lassen wir das.
Diese Gesamtausgabe enthält, nochmals, fast das ganze Material der Einzeleditionen von 1985 und 1986, zuweilen leicht geändert, redigiert und neu austariert – und zudem all den Schrott und Humbug, welcher sich von 1987 bis 1993 in

zum Teil nochmals massierter Epiphanie angehäufelt hat. Eine Bilanz des Leids, eine Bilanz der Freude; eine Bilanz jedenfalls des ungebrochenen Forscherfleißes. Möge diese endgültige Edition abermals jene Zustimmung einheimsen, welche 1985 beim ersten Buch »Dummdeutsch« eine überaus angesehene und in ihrem eigenen deutschsprachlichen Duktus ganz gewiß gescheitdeutsche Hamburger Wochenzeitung diesem mit auf den Weg lobhudelte: »Entstanden ist eines der bissigsten, muntersten und, wer weiß, vielleicht im besten Sinn aufklärenden Wörterbücher: ein Lesebuch von finsterstem Humor.«

Eckhard Henscheid

A

Abbauen »Bau nicht ab, bau auf Milch«, heißt eine seit Jahren laufende Kampagne der deutschen Milchwirtschaft. Was wirklich lupenreines Dummdeutsch ist und uns einen sauberen Start für dieses Wörterbuch liefert.

Abblocken Nein, abblocken dürfen wir nicht. Weder unsere Kinder noch unsere Partner, noch uns. Vor allem uns nicht innerlich. Und schon gleich gar nicht vor bzw. gegenüber diesem lehrreichen Buche hier.

Abenteuerspielplatz Steht zum Abenteuer in ähnlichem Verhältnis wie das Hallenbad zum Amazonas. Hundertprozentig daneben.

Abfahren »Es gibt Männer, die wahnsinnig auf Strapse abfahren«, verrät die dafür zuständige Zeitschrift *Penthouse*. Aus der ehedem im Deutsch der → Szene beheimateten und halbwegs originellen Verb-Metapher ist längst eine der blindwütigsten Beschwörungsformeln des Neo-Spießer-Deutsch geworden, derer, die eben »irrsinnig gut drauf« (ebd.) sind. Wer so redet, bei dem ist wirklich der Zug längst abgefahren. Der muß zur Strafe weiterhin *Penthouse* lesen.

Abgasarm Was neuerdings aus dem Auspuff fliegt, ist im günstigen Fall »schadstoffarm« oder »abgasgereinigt«. Das ist sprachlich zwar keinen Deut besser, entspricht aber wenigstens den Tatsachen. Arm an Abgasen wird der Stinker durch die Reduzierung der → Schadstoffe nämlich nicht, und zum Umweltauto fehlt ihm nicht nur der Sonnenkollektor auf dem Dach, sondern auch die begrünte Motorhaube.

Abheben »Ich weiß nicht, auf welche unterschiedlichen Grenzwerte Sie abheben«, sagt Professor Oberhausen, Leiter der Strahlenschutzkommission, zum Fernsehjournalisten. Der Rest ist schwitziges Kragenkratzen. Experten und Politikern verdanken wir im Gefolge des sowjetischen GAU einen Niederschlag in Form von hochangereicherter Sprachverschmutzung, dessen Spätfolgen noch gar nicht abzusehen sind. Denn obwohl die Extrem-Vorsorge, der Grenzbelastungswert und die nicht akute Gesundheitsgefährdung offenbar dreiste Lügen darstellen, haben sie sich bereits im Sprachgebrauch abgelagert. Verfallzeit unbekannt. Wer in Zukunft auch sprachlich kein → Restrisiko eingehen will, weiter Spinat essen und sich im Sand wälzen will, hebt schleunigst ab in Richtung ganz weit weg.

Abrücken Wie einst China von den vorrevolutionären Zuständen, so rückt man heutzutage z. B. in exklusiv lernprozessualen Zirkeln gern von früheren Verhaltensweisen, Einsichten und Personen ab. Läuft aber dabei Gefahr, beim

Anrücken an neue Positionen, Haltungen und verwandte Flachschwätzer unsanft → abgeblockt zu werden.

Abschalten Ist von Natur aus kein Dummdeutsch. Dazu hat es erst Chefdenker Helmut → Kohl gemacht: »Wer abschaltet, gefährdet Arbeitsplätze.«

Abschnallen Tut der Mensch, der nicht mehr folgen, mithalten kann oder der einfach baff ist. Nur, was wird da abgeschnallt, wenn einer abschnallt? Der Gürtel? Der Rucksack? Der BH? So riesengroß ist die Auswahl ja nicht.

Abschnappuniversum Heißt ein Buch, das uns der Luchterhand Verlag mit folgenden Worten andrehen will: »Berlin ist ihr (der Autoren) Hexenkessel und die hoffnungslose Ruhe vor dem Sturm ist die Einöde, der Aberwitz, die Auflösung und längst mehr als das und nur diese Stadt: im Abschnappuniversum einer der Orte, in dem das große Aus schärfere Schatten wirft, Ohnmacht und Willkür besonders sorgfältig geordnet und aufgeräumt sind.« Muß das ein Scheißdreck sein.

Abschnöden Dieses wunderbare Wort hat uns der Dichter Fritz J. Raddatz geschenkt – gemerkt hat es der Kritiker Robert Gernhardt, der in einem Aufsatz im Frankfurter Raddatz-Fachblatt *Titanic* zu zitieren weiß: »Er (Tucholsky) hatte den Mut, ein Patriot zu sein ... Kein Franzose und kein Pole, kein Engländer und kein Tscheche ließe sich das abhandeln, abschnöden« (so weit Raddatz), und Gernhardt: »Abschneiden? Nein, nein. ›Schnöde mir bloß meinen Patriotismus nicht ab, du!‹, wie der Tscheche ja gern zum Engländer sagt.«

Absolut Das Absolute hat heute weder irgendwas mit Hegel noch gar mit Gott Sebaoth zu tun. Sondern, ähnlich wie → total und → unheimlich, nur mit eher harmlos Pathologischem. Und, vor allem in Kombinationen wie »absolute

Spitze« und »absolut sauer«, mit kraftmeiernder Sprachlosigkeit sowieso. Beliebter freilich noch ist das Absolute in seiner englischen Version. Vor allem in der Werbung und bei Flugreisen und in der Formation: »Absolutely first class« (Cunard & NAC-Anzeige). Wer derlei schwer erträglich findet, sollte die Wiedereinführung der dritten Klasse fordern. Zumindest von der Deutschen Bahn.

Abspecken Tut mit etlichem Erfolg Helmut → Kohl Jahr für Jahr in Österreich. Vgl. dazu auch das → Verschlank-Programm des Luchterhand-Verlags, das seinerzeit zur papiermäßigen → Deeskalierung beitragen wollte, aber letztlich nur das → Ausdünnen jedweden Gedankens expandieren half.

Abturnen Die Hunsrücker Sportler tun dies zum Saisonende, ehe sie den Barren einmotten und sich zum Winterschlaf zurückziehen. Zur gleichen Zeit treffen sich die Schützen zum Abschießen, die DLRG-Ortsgruppen zum Abtauchen, die Wanderer zum Abgang und die Hundesportler zum finalen Abbeißen. Alles ruht, bis das Frühjahr die Menschen wieder dermaßen anturnt, daß sie zu Reck und Schießprügel greifen.

Abverkauf Bei der Großbuchhandlung Hugendubel hat häufig der Abverkauf von Büchern den ordinären Verkauf abgelöst. Den Unterschied konnte uns auf Anfrage zwar niemand erklären. Aber wahrscheinlich handelt es sich um ein Mittelding aus Normalverkauf und Ausverkauf, praktisch um eine Art Restverkauf. Und jedenfalls scheint der Kunde die neue Vokabel – wie auch sonst alles – voll abgekauft zu haben. Vgl. → Wertkaufzeit.

Action (→ Power) Der stärkste Satz dazu fiel dem bekannten Eiscreme-Werbeträger Ed von Schleck ein: »Schlecken, Schieben, Äcktschen – das bringt Sätisfäcktschen.« Nein, besser kann man es einfach nicht mehr sagen. Nicht mal jener 31jährige Feuerwehrmann aus Hofheim, der das Wiesbadener Möbelhaus Ikea anzündete. Obwohl auch er, zitiert nach der *Frankfurter Rundschau*, gar nicht schlecht lag: »In mir ist der Frust gesessen und ich habe mir in der Tat etwas action erhofft.«

Action-Weekend Ein solches versprach die Firma Peter Stuyvesant in einer Anzeigenkampagne – siehe unter → Wildlife Boat Safari. Man kann nur hoffen, daß a) alle Angesprochenen diese zwei schweren Englischwörter verstehen und daß b) alle Safari-Teilnehmer dabei vor die Büffel gehen.

Ämterdurchlässigkeit → Bürgernähe.

Ängste Die moderne Angst findet im allgemeinen meist als multiple → Angstneurose und spätestens seit dem heißen Raketenherbst 1983 samt ihren zugehörigen »Öko-Kirchentagen« (*Frankfurter Rundschau*) am liebsten und gleichsam mehrzweckig im Plural statt; nämlich → irgendwie als Verbund von → Berührungsängsten, → Versagensängsten und → Schwellenängsten. Weniger gefragt: die Schwallängste. Im Gegenteil. *Ich will reden von der Angst meines Herzens*, nämlich zwei Dutzend Beiträger stark und stets schwerst → betroffen über Saddam und/oder den Ami im zutiefst gemütlichen Deutschland und im seelenguten Luchterhand Verlag.
Allerdings: »Deutsche Ängste« (ZDF-Quasselsendung vom 13. 5. 92) sind nach den Beobachtungen von Wolfgang Pohrt im Golfkrieg 1990 ff. zwar gewaltig rapid, aber auch entschieden kurzlebiger produziert worden als noch 1983. Und im Jugoslawien-Bürgerkrieg schon fast gar nicht mehr. Wird ihnen doch, mit Karl Valentin sich zu ängsten, nix passiert sein?

Ärzteschwemme Droht zur Zeit sehr. Die Ärzte sollten sich ihrer aber nicht gar zu sehr schämen. Denn nach wie vor haben wir auch die Juristen-, die Chemiker-, die Lehrer- und überhaupt die ganze Akademikerschwemme.

Ätzend Ein doppelsinniger, ursprünglich in der Szenen-Sprache beheimateter und recht farbig schillernder Begriff (»ätzend« gleich »tödlich«, aber auch »affengeil«), der, wie viele seiner Art, durch Inflation zum Dummdeutsch verkam. Und der – das spricht wieder für ihn – deshalb momentan im Aussterben begriffen ist.

Akausale Struktur Hoch hergegangen sein muß es vor etlichen Jahren beim Lyrikertreffen in Darmstadt, wo es alljährlich zu allerlei mittleren Katastrophen kommt, die sich aber sprachlich erst so richtig → unheimlich austoben, wenn sie dann in den *Kieler Nachrichten* manifest werden, z. B. aus der Feder des lyrischen Kleinpapstes Hans-Jürgen Heise heraus: Man hat da nicht nur mit »verschütteten Erlebnispartikeln« und einer »kollektiven Erwartungshaltung« der »neuen Sensibilisten« zu rechnen; sondern, »sofern wir uns nicht innerlich → abblocken«, zuweilen sogar mit der lyrischen »Minimalität«, welche »das Regelsystem unserer sprachlichen Übereinkünfte vorübergehend außer Kraft« setzt. Was Wunder, daß es da zu einer »akausalen → Struktur« kommt, die sich gewaschen hat!

Aktion saubere Mülltonne Will bewirken, daß der Mensch keine Batterien, Herbizide, Pestizide, abgebrannten Reaktorstäbe und Kopfwehpillen mehr in die Tonne schmeißt. Das Unterfangen ist nicht ganz verkehrt, klingt aber beängstigend nach »Aktion staubfreie Kellertreppe« oder »Aktion gebohnerter Hinterhof«.

Aktiv Gesichtet wurden die letzten Jahre über u. a. »erlebnisaktiv«, »gefühlsaktiv«, »gleitaktiv«, »koitusaktiv« (*Frankfurter Rundschau*) sowie »urlaubsaktiv« – das letztere auch in der Formation »Aktiver Urlaub«, eine Initiative des österreichi-

schen Fremdenverkehrsverbandes, welche die Menschen an die alte Wahrheit erinnerte, der Urlaub habe nicht nur zum Dösen und Weintrinken dazusein, sondern u. a. auch zum Kraxeln, Schwimmen, Bowlen, Trimmen, Wandern und eventuell sogar zum Spielen, von Saunen, Check up, Relaxing, Pool-Bar und Pyramidenbummel ganz zu schweigen. Vgl. → Erlebniswelt.
Ungescheut tritt der Aktivitätsterror heute vor allem in Zeitungsanzeigen auf: »Laufen Sie? Spielen Sie Tennis? Gehen Sie also aktiv durchs Leben? Dann sind Sie ›in‹.« Schreibt zum Beispiel die *Aktuelle Verbraucher-Information der Kaufhof AG*. Lupenreiner Spätkapitalismus als Gesundheitsvorsorge – bis hin zum totalen Geistverlust: »Werden Sie aktiv mit der Deutschen Krankenversicherung« (Anzeige zum DKV-Freizeit-Test »Aktiv leben«).
Verwandt ist der Aktivität die → Kreativität – vielleicht kann man es so sagen: Das Aktive ist mehr das Gehupfte, das Kreative mehr das Gesprungene.

Aktiv-Frischestein Dieser sorgt für »aktive Frische« auch noch im WC; womit dem Aktivlinie-Wohnen nun restlos nichts mehr im Wege herumsteht. Höchstens der blöde:

Aktiv-Lautsprecher Wie erwartet fortgeschritten ist nämlich auch nach unserer verheerenden Zwischenbilanz von 1985/86 das → Action- und das allgemeine → Aktiv-Wesen. Zum Beispiel und sogar noch über das Gertrud Höhlersche »Aktivitätspotential« hinaus in Form dieses dynamischen, ja geradezu aktivitätsstrotzenden »Aktiv-Lautsprechers«, von dem uns eine Anzeige im *Spiegel* Kunde tut und der für »die reine Musik« geradesteht. Sage und töne.

Akzeptanz Die Akzeptanz ist zwar heutzutage auch auf anderen entscheidenden Sektoren wichtig, ja lebensnotwendig – vor allem aber doch auf dem Gebiet des umstrittenen Kabelfernsehens. Und da freut es einen denn zu hören, daß dessen Promotor, der weiland Postminister Schwarz-Schilling, mitteilen konnte, nach einer Allensbacher Umfrage sei die »Akzeptanz des Kabelfernsehens überwiegend positiv«. Nämlich in der Gesamtbevölkerung. Auch wenn daraus nicht ganz klar hervorgeht, ob nun unter »Akzeptanz« mehr die Annehmlichkeit oder die Annehmungsbereitschaft (auch das wäre kein übles Kompositum!) gemeint ist: Das hört man in jedem Fall gerne. Zumal es so was positiv Akzeptierendes und darüber hinaus geradezu tanzhaft kabelselig »Anschlußfreudiges« (Schwarz-Schilling) hat.

Alles pal(l)etti Über diese öffentliche Gnadenlosigkeit der mittleren 80er Jahre hatte sich seinerzeit schon der bekannte Dichter Fritz J. Raddatz öffentliche und besorgte Gedanken gemacht. Vor Schreck verschwand die Scheußlichkeit bald wieder, dies aber habet zum Trost: Das »alles okay« gibt es noch und uns irgendwie das Gefühl von Heimat.

Allerwand-Preis Nein, kein neuer Literaturpreis aus dem bayerischen Raum, sondern etwas ganz Neues von der Firma Krokofant Möbel aus Frankfurt. Da liest man: »Moderne softige Anbauwand zum Allerwand-Preis!« Die Redaktion *Dummdeutsch* entschließt sich hiermit, einen wohldotierten »Allerwand-Preis« zu stiften, der dem zukommen soll, der in der Lage ist, uns eine »softige Anbauwand« zu zeigen. Und zwar in Frankfurt oder anderswo.

Allroundeigenschaften Gibt's also auch, und zwar in und am Fahrzeug »Corolla SR« von Toyota. Entweder hat man eine Eigenschaft (oder mehrere) oder nix. Aber nicht »allround«, was wohl soviel heißt wie gar keine Eigenschaften.

Allzweckdarlehen Offerierten deutsche Sparkassen: »Mit einem Allzweckdarlehen können Sie sich das Auto leisten, das zu Ihnen paßt.« Irgendwie paradox – aber macht nichts.

Alternativ Ziemlich schnell gelang es dem »Alternativen«, zum Dummdeutsch zu verkommen; obgleich die Inhalte der »Alternativbewegung«, der »Alternativkultur«, der »Alternativmedien«, der »alternativen Kneipen« und der »alternativen Liste« ja nicht einmal die allerdümmsten sein müssen. Liegt's an der Fixigkeit und gleichzeitigen Prätention des Wortes selber – liegt's an seiner blindlingisch korrupten Verwendung durch die unalternativsten Interessengruppen (Werbung, Medien, sogar CDU und Katholischer Kirchentag 1984)? Eine besondere Dümmlichkeit gelang dabei der Fraktion der Grünen im Frankfurter Römer mit der Veranstaltung »Altenaktiver und alternativer Nachmittag« (→ aktiv).
Das → wichtigste Einspielergebnis alternativen Denkens und der Alternativkultur scheint jedenfalls dies: daß Theater (»einmal anders«) nicht im Theater stattfindet, sondern im Bierzelt; Ballett dagegen in der Kirche; Oper auf dem Fußballplatz; und ein Klavierkonzert auf dem Marktplatz. Wozu das alles, das weiß heute, Jahre nach dem Start der Alternativkultur, niemand mehr. Wir unsererseits empfehlen als Alternative zur Alternative das Horkheimer/Adornosche »Andere« – auf daß euch nicht eines Tages der Ganzandere hole.

Altersbremse Doch, dieses Wort gibt's, wir haben es mit eigenen verdutzten Ohren läuten hören, wir kommen jetzt bloß nicht mehr drauf, wo und was es heißt. Wahrscheinlich eine Zusatzbremse an Seniorenmopeds, die dann eintritt, wenn der alte Depp die Handbremse nicht mehr findet und vergessen hat, daß es eine Fußbremse eh nicht gibt.

Alterspyramide Der beim Geburtenrückgang entstehende Haufen aus → Senioren, Vorsenioren und → Vorruheständlern.

Altfallregelung Diese famose Einrichtung gibt es in Hamburg. Sie hat mit der nachträglichen Legalisierung der Einwanderung eines Ausländers zu tun. Nichts zu tun hat sie mit den → Altlasten der nämlichen ausgezeichneten Gemeinde, bei denen es sich um Müll und Gift handelt. Geregelt wird in beiden Fällen nichts, aber wir wollen die Parallele bitte nicht zu Tode reiten.

Altgeschlachtet Rindvieh, vor dem GAU abgeschlachtet. Da die Restposten bald aufgegessen waren, ist auch das Wörtlein in den Besteckschubladen der Metzgerinnung verschwunden, um als notgeschlachtet über ein kurzes wieder auf unsere Teller zurückzufinden.

Altlasten Sind keine Verniedlichung des drängenden Rentnerproblems, sondern eine auch von den Grünen immer häufiger gebrauchte Umschreibung für Öl, Dreck, Chemie in jeder Form, die in unserem Boden stecken, wo sie nicht hingehören. Offenbar gelungene Zusammenstellung von 1. Alt, also schon lange her und gar nicht mehr so schlimm, und 2. Lasten, wo wir wohl »Süße Last« oder ähnliches assoziieren sollen.
Und außerdem klingt Altlasten ja einfach weitaus besser als z. B. Zeitbombe.

Anbindung »Anbindung und Korrelativ zur neueren Literatur findet sich im Sichtbarmachen großer Literatur«, orakelte man jüngst im Verlag C. Bertelsmann. Du Deutsch, ja? Verleger gar? Oder nur noch gaga? Vgl. → Gehirn-Jogging.

Anders Das »Anders-Reisen« zum Beispiel ist natürlich ewig und einen Tag derselbe alte Hut, aber eben ein → alternativer. So wie die Werbung überhaupt sehr schnell kapiert hat, daß das Max Frischsche »Anders-Sein« (*Andorra*) etwas sehr Gefühls-Aktives (→ aktiv) an sich hat.

Andiskutieren Siehe auch unter → ausdiskutieren, → fortschreiben und → festschreiben. Überaus populär wird seit einiger Zeit auch das → angehen und → anlesen.

Anforderungsprofil Was das ist bzw. sein könnte, erklärt unnachahmlich die *Frankfurter Rundschau* in ihrer Beilage »Wer will was werden«: »Das Anforderungsprofil eines Berufes besteht aus mehreren Einzelmerkmalen. Diese sind untereinander nicht starr, sondern recht flexibel. Manche können sich gegenseitig ersetzen oder ausgleichen (Kompensation). So ist fehlende Farbsicherheit teilweise durch logisches Denken ausgleichbar. (Bei der Verkehrsampel ist Rot immer unten!)«

Angängig Bzw. nicht angängig waren nach öffentlicher Aussage Hans-Jochen Vogels die Spenden der Wirtschaftsunternehmen an den Bundesnachrichtendienst. Daß das an sich harmlose Wörtchen »angängig« nun in der Bedeutung die stärkeren und unserer Meinung nach angebrachten »unmöglich«, »verrottet« bzw. »Da sieht man mal wieder, was in diesem Land alles möglich ist« ersetzen soll, rechtfertigt doch wohl die Aufnahme ins Büchel, oder?

Angehen Wenn das Infantil- und »Schmuddeltheater« (*Der Spiegel*) des Peter Zadek schon sonst nichts Plausibles

eingebracht hat, dann wenigstens dieses wunderbar blöde Statement übers neudeutsche Einen-was-Angehen: »Ich finde, Theater muß sensationell sein. Es ist sensationell, wenn ich die Straße runtergehe und mich plötzlich etwas angeht. Das ist schon sensationell. Was geht einen denn sonst schon im Leben an? Das ist doch wahnsinnig wenig ... aber plötzlich passiert etwas, und die Leute sagen: Oh, da muß ich hin, da fahre ich jetzt 500 Kilometer im Auto, das muß ich sehen, das geht mich an!« (Zitiert nach: *Der Spiegel.*)
So wäre denn das »Angehen« eine Art Vor- und Profanform der uns bestens bekannten landläufigen → Betroffenheit; nur noch nichtiger und 500 Kilometer mal verschmockter. Ach, wenn nur unsere Film- und Theaterberserker Fassbinder, Neuenfels und Zadek nicht zu allem Überfluß auch noch so bärenstarke Denker wären.

Angstkultur »Es gibt einen Überschuß an Angstkultur« (ARD, 2. 1. 91). Und offenbar deshalb seit Sommer 92 im Zuge der allgemeinen Extension, ja Explosion von → Kultur auch eine »Schutzkultur« zugunsten der bedrohten Ausländer, jedenfalls im Buche *Stoppt die Gewalt*, einer Anthologie schon wieder des Luchterhand Verlages, ja freilich. Ihrerseits aber wird die Angst seit etwa 1980 beseitigt, vor allem durch »Angstfreiheit«.

Angstneurose Erfindung des späten Horst Eberhard Richter. Gehört zur Großgruppe der pluralen modernen → Ängste und äußert sich singular separat als »Fesselungsangst«, »Fremdenangst«, »Gewissensangst«, »Kriegsangst«, »Zukunftsangst«, »Strafangst«, »Versagensangst«, »Aidsangst«, »Schamangst«, »Schuldangst«, »Käfigangst«, »Trennungsangst«, »Umklammerungsangst«, »Weltangst«, »Globalangst« – und vor allem und allem voran als global »erhöhte Angstbereitschaft«. Kurzum und andersherum und um mit Margarete Mitscherlich (24. 10. 90) zu raunen, »man soll vor Menschen, die Angst vor der Angst haben, Angst haben«.

Animateur Der neudeutsche Animateur hat wenig mit der C. G. Jungschen »Anima« und schon mehr mit dem altdeutschen Animiermädchen zu tun. Er findet sich vor allem als eine Art Unterhaltungs- und Verblödungseinpeitscher im Rahmen des »Club Méditerranée« und verwandter Konsortien und ist, alles in allem, ein Verwandter des Skilehrers und der Prototyp des modernen Knalldeppen.
Einen wertvollen Beitrag zum Wesen der »Animation im Club Méditerranée« veröffentlichte einst der *Spiegel*: Danach besteht die Animation darin, daß ein Rudel Frauen im Bikini nebst ein paar Männern sich in Gänsemarschordnung an den Schultern faßt und derart im Kreis herumtapert – genau, wie man sich's in seinen sexuellsten Träumen ausgemalt hatte.
Animiert wird heutzutage auch stark im Theater und in der Oper, speziell im Dunstkreis des sog. Regietheaters. Programmhefte sind da z. B. nicht länger Programmhefte, sondern sie verstehen sich als »Animationshilfen«, und das hat zur Folge, daß man im Beiheft zu einer Aufführung von Glucks *Alceste* in der Frankfurter Oper zwar nichts mehr über Alceste und das Werk, alles aber über Marilyn Monroe und den Krempel erfährt, den der Herausgeber Zehelein die letzten Monate über so zusammengelesen hat, um uns damit zu animieren.
Und wir Dummis müssen's leiden.

Anlesen Das frühere und ähnlich bescheuerte Diagonal- und Querlesen für den neueren Querbeetkopf in schnellebiger Zeit zugunsten eines Überall-mitreden-und-davon-nix-Verstehens. Wie aber wär's dann mit einem analogen »Anwissen«?

Anmutungen Laut Wörterbuch »unklares Erlebnis eines Gefühlsausdrucks«. Vielleicht gerade deshalb hat der Edelschrott ins *Kursbuch* wie in den *Spiegel* heftig Einzug gehalten.

Annäherung Begriff aus der neueren Edel-Literaturküche. Dazu, wie zum → Versuch und zum »Annäherungsversuch«, hat Jörg Metes (*Titanic*) schöne Beispiele aus der Welt der Belletristik gesammelt. Die Annäherung ist, Metes zu folgen und ihn auszuweiten, eine halbe Entschuldigung, nämlich ein Eingeständnis, daß Begriffe wie »Roman« oder »Essay« zu groß für das betreffende literarische Vorhaben seien – und andererseits und vor allem ein halber Größenwahn dergestalt, daß eben diese traditionellen Kategorien nicht mehr ausreichten, den Sublimcharakter des jeweils Gesagten und zu Sagenden auszudrücken. Und also mußte ein neuer Formbegriff her – vor allem da, wo der pure Wille zur schieren Erlesenheit und → Betroffenheit walkt, und dies ganz besonders im Umfeld der → Suhrkamp-Kultur. Kurz, die Annäherung ist meistenteils der reine Scheiß. Nach ihr und den Versuchen kam es freilich noch ärger und unheilvoller; nämlich mit den sog. Verständigungstexten. Vgl. → Verständigung.

Anpassungsnotwendigkeit In geradezu meisterhafter Verschleierung übt sich schon seit langem der Bundesminister Norbert Blüm. Sprach er erst von der »Anpassungsnotwendigkeit« der Renten, was wohl nichts anderes heißen kann, als daß unsere Alten mal wieder hopsgenommen werden sollen, so ließ er kurz darauf überall plakatieren: »Denn eines ist sicher: die Renten.« – Paß bloß auf, Blüm!

Ansprechpartner Dein Abgeordneter. Doch, wenn dir schon sonst niemand mehr zuhört –, der hat's vor der Wahl versprochen, dauernd für dich da zu sein.

Anspruchsdenken Soll laut CDU/CSU nicht mehr sein. Jedenfalls nicht so arg.

Antifaschistisch Wahllos eingesetztes DDR-Dummdeutsch. Vgl. → faschistisch.

Arbeit Siehe unter → Beziehungsarbeit, → Erinnerungsarbeit, → Schamarbeit, → Spracharbeit, → Trauerarbeit, → Verdrängungsarbeit, → Versöhnungsarbeit und → Zuspitzungsarbeit. Und: knapp vor Redaktionsschluß hat es auch noch die geisteswissenschaftlich so beliebte → Annäherung zur »Annäherungsarbeit« (Professor Klaus Briegleb, Universität Hamburg) gebracht.

Arbeitsbegräbnis In einer Rezension der ersten *Dummdeutsch*-Ausgabe und in der *Berliner Morgenpost* machte uns Bernd Philipp darauf aufmerksam, daß es nicht nur das neudeutsche → Arbeitsessen, sondern im Zusammenhang des Ablebens der Herren Breschnew, Andropow und Tschernenko auch schon reguläre Arbeitsbegräbnisse gebe. Was uns wiederum gewissermaßen eine Erfüllung der noch zu würdigenden → Trauerarbeit dünkt und ein besonders starker Beleg für die momentane Vollbesetztheit des → Arbeitsfeldes Seele zu sein dünkt, von welchem im folgenden aus triftigem Anlaß die Rede ist.

Arbeitsemigranten Besonders Empfindsame und sozial → Sensible nahmen vermehrten Anstoß daran, daß die deutschen Gastarbeiter »Gastarbeiter« heißen – und wehrten sich. Einer schrieb ein Buch *Die sogenannten Gastarbeiter* – andere veranstalteten ein »Festival für Arbeitsemigranten«. Das wird die Arbeitsemigranten weit nach vorne werfen.

Arbeitsessen Wegweiser zum Verfall der Sitten und gleichzeitig Großangriff auf die Herzkranzgefäße. Besonders in Politikerkreisen stark in Mode, da offenbar kommunikationsfördernd. Vgl. → Arbeitsbegräbnis.

Arbeitsfeld »Arbeitsfeld Seele« betitelte Martin Halter einen Essay in der *Badischen Zeitung* und wies nach, daß zwischen diesem (→ Beziehungsarbeit, → Trauerarbeit usw.) und dem einst schwangeren Begriff des »Literaturarbeiters«

ein ebenso kausalnektischer Arbeitszusammenhang besteht wie zwischen dem Arbeitsfeld Sport (Ballarbeit, Beinarbeit usw.) und schließlich dem immer mehr um sich greifenden → Arbeitsessen, bei welchem Staatsmänner, Fernsehkulturarbeiter und sonstige Schnarchsäcke gewaltig an ihren Schnitzeln herumarbeiten.
All das, meint Halter, habe eben letztlich mit dem schmukken Terminus »Beziehungsarbeit« angefangen – und die wenigen verbliebenen wirklichen Arbeiter und Proleten wird der ganze Trend jedenfalls sehr freuen. Soll noch mal jemand sagen, die Deutschen seien Faulpelze. Hat ja auch niemand gesagt.

Arbeitsmarktentlastung Bürokraten- und Zeitungs-Dummdeutsch. Arbeitsmarktentlastung meint, daß der Arbeitsmarkt mit Arbeitswilligen belastet, ja lästig überlastet ist. Zur Schonung des Arbeitsmarktes sollte man sich also schleunigst was einfallen lassen.

Argumentationsschiene »An dieser Argumentationsschiene entlang«, schwafelte ein Frankfurter Grüner in einer Wahlnacht. Und hatte dabei überhaupt keine Mühe, nicht irrtümlich auf die → Bildungsschiene zu geraten, für die der verabschiedete bayerische SPD-Vorsitzende Rothemund seinen eigenen Angaben nach so ganz und gar geeignet war wie schwerlich ein anderer.

Arm-chair-shopping Breitärschig im Sessel sitzend per Knopfdruck die Wirtschaft ankurbeln und nebenbei Schwarz-Schilling den Kabelsalat finanzieren.

Aroma-Technik Vormals Thermoskanne, vormals Kaffeewärmer.

Atmungsaktivität Hat seit kurzem die Wäsche; und die unsere nimmt bei solchen Brocken auch sehr zu.

Aufbrechen Aufgebrochen werden seit etwa 1980 v.a. → Strukturen, etwa im Zuge des sog. Opernregietheaters (Neuenfels, Berghaus und viele andere) auch alte Opern, nämlich auf der Suche nach ihrem »Sub«- oder auch umgekehrt »Metatext«, ja zuweilen sogar nach ihrer »Metatextualität«. Freilich, z. B. bei dem bekannten Psychoanalytiker Horst Eberhard Richter und seiner neuen → Schamarbeit gibt es auch eine »Phase aufgebrochener Sensibilisierung«, und das meint eventuell so etwas wie das weiland Werden von Mädchen und Buben zu Frauen und Männern oder so ähnlich.

Auffeaturen Eine präzisierende Steigerung des schon älteren und geläufigen »featuren« (gespr.: fietschern), das schon in Martin Walsers Roman *Das Schwanenhaus* literaturfähig wurde. »Auffeaturen« ist vor allem im spitzenjournalistischen Bereich daheim und meint etwa: durch eine Headline aus einer Sache was herausquetschen, was von dieser mitnichten gedeckt ist. Gebräuchlich ist diese Gesinnung und Technik keineswegs nur bei der *Bild*-Zeitung, sondern fast noch mehr in jener Heimat-Lokalpresse, deren Redakteure es nie verwinden können, daß sie nicht dereinst bei *Bild* groß rausgekommen sind. Groß rauskommen tun aber dann meist die aufgefeaturten Schlagzeilen: »Rock-Weltklasse bei der Kirchweih in Sunzendorf!«
Der größte bundesdeutsche Auffeaturerer (gespr.: Auffietscherer) unserer Tage dünkt uns der *Spiegel*-Musikredakteur Klaus Umbach, der fast wöchentlich und seit Jahren noch jeden hergelaufenen Stiefel und Schmäh an angeblicher Mozart-Revitalisierung und möglichst multimedialer Bach-Verbratung als Relevanz zusammen- und hochfietschert (geschr.: featurt), daß es nur so quietscht. Und wir müssen's jede Woche weglesen.

Aufforderungscharakter Hat z. B. dieses *Dummdeutsch*-Buch. Dahingehend vor allem, der Moral in diesem Lande eine vorletzte Chance zu eröffnen und dann aber möglichst oft die Klappe zu halten. Nur: *Wir* bilden eine Ausnahme. Sind ja erst ganz am Anfang des Alphabets.

Auffüllphase »Ich hab was falsch gemacht«, kamen unserem »unbedarftesten aller Blödmänner« (Eckhard Henscheid in der *Titanic*) Konstantin Wecker in einem Interview mit der *Münchner Abendzeitung* so seine Bedenken. Er habe sich zu wenig geschont – und das gehe »auf Kosten der → Kreativität«. Wecker: »Da muß mal wieder eine Auffüllphase kommen, in der man auch mal wieder → intensiver mit seiner Trauer und seinen → Ängsten → umgeht.«
Großer Gott! Damit hat Wecker einen neuen deutschen Rekord aufgestellt: fünf richtig weggetretene Dummdeutsch-Vokabeln in eineinhalb Sätzen! Die »Auffüllphase« aber kriegt hier die Gloriole ab.

Aufregend War, seiner ungeheuren Unfähigkeiten, Torheiten, Schlampereien, Unbedarftheiten ungeachtet, vor allem Rainer Werner Fassbinder. Heute ist es Peter (*Lulu* usw.) Zadek. Dagegen spielt Ivo Pogorelich bzw. wahlweise Alfred Brendel laut Joachim Kaiser vielmehr »fesselnd«, ja »ungemein fesselnd«, hin und wieder sogar »herrlich fesselnd«, nein, »fabelhaft fesselnd« unseres Wissens noch nicht, vorerst noch nicht.

Aufruf zur Phantasie Die einstmals ja durchaus ehrenwerte → Phantasie gibt es laut *Süddeutsche Zeitung* auch als Verein; nämlich als einen in München beheimateten, der sich »Aufruf zur Phantasie« nennt, dem Gewerkschaftler, SPDler und andere Nahestehende beigehören, von Musikern und Kabarettisten ganz volldröhnend fast zu schweigen, und dem mit dem Motto »50 Jahre Befreiung vom Faschismus – Träume und Trümmer von gestern sind die Hoffnungen von morgen« auch gleich ein ebenso phantasiesprachspielerischer Stabreim wie ein geradezu beklagenswert phantastischer Gedanke gelungen ist. So hammer's gern.

Ausdifferenzierung Diese ist bestens, nämlich sogar doppelt belegt in einem auch sonst überaus differenzierten Essay im *Merkur*: »In der Logik der Ausdifferenzierung sind offenbar Spannungsmomente eingebaut, die mit kultureller Vereinseitigung und sekundärer Exklusivität zusammenhängen und die eine fundamentalistische Konkurrenz der ausdifferenzierten Geltungssphären aus sich heraustreiben können.«
So weit Autor Hauke Brunkhorst, der in diesem Stil auch noch eine Weile weitermacht – wir unsererseits können dazu nur noch ja und uff sagen.

Ausdiskutieren Das Gegenteil des → Andiskutierens. Geschieht dieses sehr häufig (Podiumsdiskussionen, Evangelische Akademien, Fernsehen), so jenes um so seltener. Denn immer wieder gibt es da jemand, der die angeturnte → Kommunikation mit so unqualifizierten Invektiven → abblockt, daß draus eine → akausale Struktur entsteht. Dagegen hat die → Ausdifferenzierung in der Andifferenzierung vorläufig kein Gegenstück. Sondern in der »Feindifferenzierung« ihre Eskalation, indessen hinwiederum beim Diskutieren das häufige »Wegdiskutieren« das Schlimmste ist.

Ausdruck Ist ein über die Zeiten und Moden hinweg eher zeitlos dummdeutscher. Denn der nicht nur Gottfried Bennsche »Ausdruckszwang« währt als ein offenbar ewiglicher. Als etwas unbeholfener → Ausdrucksträger oder als noch eine Idee hirnrissiger zusammengeschusterter »Ausdrucksgestalter« und ähnliches treibt er bevorzugt im Feuilleton und in benachbarten Branchen sein Blütenwesen – die aparteste Fehlleistung in Form eines raren Pretiosums aber gelang dem Buchklappentextautor des Nymphenburger Verlags, der zu Herbert Rosendorfers *Vorstadt-Miniaturen* dies

zur Druckreife beförderte: »In diesen Szenen tritt der besondere Humor des Autors ganz unverblümt zum Ausdruck.« Wunderbar. »Keinen Gedanken haben und ihn ausdrücken können – das macht den Journalisten«, lehrt Karl Kraus (*Sprüche und Widersprüche*). Keinen Gedanken zu haben, darf man mutatis mutandis ergänzen, und nicht mal die Zeit, dessen Ausdruckslosigkeit nochmals zu überlesen, den Klappentexter.
Trotzdem, ein Körnchen unverblümter Wehmut bleibt. »In diesem besonderen Verlag findet der ausdrückliche Ausdruckshumor des Autors sein szenisch tragfähiges Auskommen« – das wäre vielleicht doch noch ein Quentchen valentinesker und ausdruckstretender gewesen.

Ausdrucksträger Unerschöpflich der Vorrat des Dummdeutschen, der sich in wissenschaftlichen oder parawissenschaftlichen Publikationen findet. In ihrer wirklich knallhart feministischen Biographie über Rahel Sanzara rödelt die Professorin für deutsche Sprache (eben!) und Literatur an der Cleveland State University, Frau Prof. Diana Orendi-Hinze,

über den Tanz: »Der akademische Tanz, das Ballett, war von den Impressionisten als unzureichender Ausdrucksträger erkannt worden.« Neidlos erkennen wir an, daß Frau Prof. Orendi-Hinze damit als Ausdrucksträgerin ihren Platz in diesem Wörterbuch schwer verdient hat.
Der Ausdrucksträger hat sich jetzt schon bis zur *Sulinger Kreiszeitung* rumgesprochen: »Wie sich im Alltag, im Theater oder im Fernsehen oft genug zeigt, sind die Augen stärkste Ausdrucksträger. Davon nimmt (der Maler) Norbert Schwentkowski sehr gekonnt Notiz.«

Ausdünnen In der Bücherwelt die noch etwas genierliche und zugleich großspurige Vorstufe des definitiven und jammervollen → Ausrestens. Vgl. → abspecken, → verschlanken.

Auseinanderdividieren Eins hin, nix im Sinn, Adam Riese ist tot, Konrad Duden auch, Papier ist geduldig. Fehlt noch: absubtrahieren und zusammenaddieren.

Ausgebufft Sind vor allem Macher und Macker. Sowie potentielle Kunden der Firma Flötotto, die in einer Anzeigenserie so zu Wort kommen: »Ja, ich bin ziemlich ausgebufft und möchte mir gern mal die neuesten Flötotto-Kataloge vorknöpfen.« Wir meinen: das »vorknöpfen« ist allerdings fast noch dachschadenverdächtiger als das »ausgebufft«.

Ausgesetzt Peter Palitzsch (sonst ohne weitere Beschädigung): »Frankfurt ist – für mich – die … ausgesetzteste Stadt der BRD.« Jawohl.

Ausgrenzen Ausgegrenzt wurde seinerzeit nicht nur Berlin vom Deutschen Fußballbund, nämlich von der Weltmeisterschaft – es werden dies in immer mißhelligerer Weise in Politik und Wissenschaft auch Themensegmente, die das Bequatschen des Großen Ganzen noch mißvergnüglicher

und nämlich unübersichtlicher machen würden, als es eh schon desaströs grenzenlos ist.
Und vor allem natürlich sind Frauen ruinös ausgegrenzt, »beteiligt und ausgegrenzt zugleich« (Sigrid Weigel u.v.a.), jawohl! Vgl. → Entgrenzungen.

Ausländerfeindlichkeit Die Hauptexistenzberechtigung enorm kritisch erregter Sozialwissenschaftler. Dabei haben wir → echt nix gegen Türken und Griechen. Und gegen Schweden. Na ja, gegen die schon eher, alles was recht ist.

Ausresten »Jetzt resten wir aus« (*Zweitausendeins-Merkheft*-Reklame, Sommer 92). Längst aber rasten wir darüber noch nicht aus. Erst am Schluß dieses Buchs vielleicht.

Außenhautsicherung Betrifft nicht die Epidermis x-mal geliftteter Muttis, sondern deren Geschmeide, das durch eine »Außenhautsicherung« der Villa, vulgo: Alarmanlage, gesichert wird. Damit nix wegkommt.

Außen vor bleiben usw. Irgendwie so was ähnliches wie → ausgrenzen, aber jetzt passivisch.

Ausstattung, geschlechtsspezifische Ein Benno Zierer, obendrein Mitglied des Bundestages der CDU, hat Angst vor den Frauen, besonders vor deren Eindringen in die »Berufswelt des Mannes«. Trotzig, und sozusagen ein anderes Eindringen gutheißend, stellt er fest, daß Frauen »von der geschlechtsspezifischen Ausstattung her zum Kindergebären bestimmt« seien. Benno Zierer!! Ein deutscher Mann!

Authentisch Hieß vor Adorno einfach → »echt«. Und bei Wagner »aecht«. Und bedeutet auch nichts anderes.

Autonom Ist vor allem die → authentische weibliche Identität seit 1970. Und die weibliche Sexualität, natürlich.

Autosound Für diesen sorgt das »Komfortgerät im Nachtsicht-Design« der Firma »Tännle, acoustic« – die jetzt offenbar völlig crazy geworden ist.

Azubis Ob es die SPD-Kulturpolitik oder die Gewerkschaft war, die anstelle der peinvoll anzuhörenden »Lehrlinge« die »Auszubildenden« kreierte, ist heute schwer mehr auszumachen. Woraus denn jedenfalls aber die »Azubis« wurden – was zwar noch verschleiernder ist als die Auszubildenden und mindestens ebenso kürzelwahnhaft wie die meisten DDR-Begriffe –, aber immerhin klingt es fast türkisch, und das wissen unsere Freunde vom Land des Halbmonds sicher als gastarbeiterfreundliche → Ausdrucks-Geste sehr zu schätzen.

B

Baby an Bord Schreiben Leute an ihr Auto, denen wirklich nicht mehr zu helfen ist.

Babyglück »Haus Babyglück« ist eine Gesellschaft mit beschränkter Haftung, die unter dem Motto »Immer das Neueste fürs Baby« diesem auch gleichzeitig mittels eines Prospektes »Top-Set« (→ Top) das Allerbeste beschert. Z. B. Pipi- und Kacki-Pöttchen mit einem »den Konturen des Kindergesäßes anatomisch genau angepaßten Sitz«, der nicht nur »funktionsgerechtes Sitzen« erlaubt, sondern im gleichen Atemzug auch noch »das Gesäß völlig frei hängen läßt«. Zu Recht kommentiert Robert Gernhardt, der den Top-Set-Fall für die »Deutschen Dokumente« der *Titanic* aufgespürt hat: »Sire, geben Sie Gesäßfreiheit!«

Ballungszone Die Ballungszone darf nicht verwechselt werden mit dem Ballungsraum, und noch weniger mit dem Verdichtungs- oder gar Großverdichtungsraum. Nein, solche Verwechslungen wären schwere Verletzungen des neueren und neuesten und hochansehnlichen Bürokratendeutsch aus dem halsstarrig alterslosen Wörterbuch des Unmenschen.

-bar 1. Die inkarnierte Faulheit, gefälligst einen Infinitiv zu bilden. 2. Ausdruck einer unbescheidenen menschenzentrierten Weltsicht, daß die Dinge könnten, wenn sie nur wollten, bzw. daß jeder Unfug machbar sei, wenn der Mensch sich nur dazu aufraffte. Klappt aber nicht immer. So ist das Wetter zwar veränderlich, aber nicht veränderbar, ein Atomkraftwerk von seiner Natur her unverantwortlich, in den Augen seiner Betreiber aber rundum verantwortbar. Gegenbeispiel: der Barscheck. Er bleibt einlösbar.

Basement Hieß ehedem Keller. Der Biolog hingegen spricht heute von den Basementasseln.

Basis- Nach den Beobachtungen unseres Mitarbeiters Friedhelm Bückendorf erlebt die »seit zig Jahren SPD auf den Hund gekommene Basis seit der sachten Entfernung der grünen Bundestagsabgeordneten von ihrer eigenen eine unerwartete Renaissance«, mit all diesen wunderbaren und richtiggehend verstiegenen Kombinationen wie Basisarbeit, Basisbezogenheit, Basiswissen oder (am schönsten) Basisnähe.
Das dafür zuständige Gedicht allerdings, das Bückendorfs Brief dem Juso-bewegten Basismilieu zuschreibt, stammt in Wahrheit von F. W. Bernstein und Robert Gernhardt (ja, für solche ragenden Vierzeiler braucht's schon zwei Poeten) und lautet im verbindlich-exakten Wortlaut: »Die Basis sprach zum Überbau: / ›Du bist ja heut schon wieder blau!‹ / Da sprach der Überbau zur Basis: / ›Was is?‹«

Bedarf Enorm entwicklungsfähiges Idiotengebrabbel. Längst bekannt ist der → Handlungsbedarf, der meistens nicht besteht, und der → Entscheidungsbedarf, den der Kanzler nicht sieht. Nämlicher sieht auch selten einen »Informationsbedarf«, was uns nicht wundert. Fehlt nur noch der »Bedarfsbedarf«.

Bedrohungsgerecht »Die Luftverteidigung wird nun wieder bedrohungsgerecht«, ließ einst der Bundesverteidigungsminister Manfred Wörner seinen Pressesprecher über das neue Bundeswehrkonzept ausplaudern.

Begehungszentrum So was soll es, neben der »Fußgängerzone« und laut Hermann P. Piwitt (*Deutschland, Versuch einer Heimkehr*, 1983) auch geben. Nämlich als ein »funktionsgerechtes« sowohl als einen »Integrationsfaktor«. Diesen aber setzen uns die deutschen Architekten vor. Piwitt schwant trotzdem nichts Gutes: »Aber in Frankfurt zum Beispiel ist eines der wenigen wirklich funktionierenden Integrationselemente das sogenannte ›Wasserhäuschen‹, der Getränkekiosk, wo sich abends in Gruppen zusammenstehen, trinken und reden läßt. Neuerdings will man es wegplanen.« Sprich: → ausgrenzen.

Begegnung Findet im fast zeitlos aktuellen »sprachlichen Schwellkörper« (Eike Geisel) heute vornehmlich mit Juden statt. Zuweilen auch als »Brückenschlag«. Denn siehe: »Gemeinsam sind sie unausstehlich« (Volksmund).

Behinderte Die Behinderten erscheinen heute vor allem in Form von »Behindertenfesten« und »Behindertenolympiaden« – und man kann davon ausgehen, daß die jeweiligen Veranstalter und/oder Worterfinder ganz sicher den Arsch sehr, sehr weit offen haben.

Behübschung Mit der »punktuellen Behübschung der Stadtlandschaft ist es eben und leider nicht getan«, meint der Literaturkritiker Ulrich Weinzierl in einem architekturkritischen Aufsatz in der *FAZ*. Soll er doch weiter über Literatur granteln, aber soll er bitteschön nicht über Dinge raunen, von denen er gar nichts versteht. Vgl. → Zerschmückung.

Beknirschen Es komme überhaupt nicht in Frage, daß er sich wegen der von ihm begangenen Steuerhinterziehung beknirsche, verkündete der ehemalige Regierungssprecher Peter Boenisch, der sich nach einer kurzen Spanne tätiger Unbußfertigkeit als »Sonderschmock« (Karl Kraus) wieder in allerlei finsterem Mediengewese herumtreibt; so ist's recht.

Berührungsängste Wie alle → Ängste fast immer im Plural vorstellig werdend. Werden am besten durch FKK beseitigt. Oder aber z. B. durch → Animateure.

Besteckberaterin Damen dieses Standes beschäftigt die Firma WMF. Wir raten: den Löffel für die Suppe, das Messer zum Schneiden, die Gabel – na? – zum Spachteln, genau!

Betroffen Die neuere deutsche allgemeine Betroffenheit (vgl. auch die eng verwandten → sensibel, → verletzlich, → verwundbar, → traurig und → Wut und Trauer) ist ein Kernstück der neuen deutschen Schwerinnerlichkeit. Sie wurde geboren zu Beginn der 70er Jahre, als der damalige ZDF-Talkmaster Reinhart Hoffmeister im Rahmen seiner Schnickschnack-Sendung *Litera-Tour* buchstäblich von allem und jedem betroffen war: von etwelchem neuen Theaterstück, das die Verbrechen der NS-Zeit bloßlegte, bis zum hinterletzten trübseligen Protestsong wider die Hast der Zeit. Der Hoffmeister dann freilich regelmäßig seinen Tribut zollte, indem er fix zur nächsten Betroffenheit überleitete. Denn am betroffensten war er natürlich eigentlich von seiner eigenen Sensibilität und Betroffenheit – vgl. dazu Nicolas Borns Romanzitat unter dem Stichwort → Wut und Trauer. Insofern ist die neuere deutsche Betroffenheit auch ein Ableger jenes »Engagements«, das, nach Adornos (ungeachtet des Schwindens von Engagement) noch immer wahrem Satz, in Deutschland zumeist auf Geblök hinausläuft. Waren vordem meist nur professionelle Politiker anläßlich von Todesfällen, Attentaten usw. kurzzeitig betroffen, so steigerte sich die allgemeine und allseitige Betroffenheit Mitte der 70er Jahre zur Allzweck-Beschwörungsformel, sie hatte ihre größte Zeit dann vor dem Hintergrund der Anti-Pershing-Proteste und erklomm schließlich ihre Epiphanie im Deutschen Bundestag, als die Fraktion der Grünen zwei Stunden lang praktisch ununterbrochen »betroffen« war – und nicht nur sie: in der gleichen Woche sollen auch, laut Theo Sommer (in der *Zeit*), der Kanzler Kohl sowie er, Sommer selber, angesichts der Raketen bzw. des Widerstands gegen sie »betroffen« gewesen sein.
Dem folgte stante pede der Buchtitel *Petra Kelly – Politikerin*

aus Betroffenheit (Monika Sperr) – und auch andere Verlage zogen nach: »Sachlich und doch betroffen«, sollte laut Hanser-Verlagswerbung ein Roman von Eva Demski sein – und das eben kann nicht gut sein: Denn »Betroffenheit« bedeutet heute, ein gutes halbes Jahrhundert nach dem Epilog von Brechts *Der gute Mensch von Sezuan* (»Wir stehen selbst enttäuscht und sehn betroffen / den Vorhang zu und alle Fragen offen«), wenig oder nichts mehr anderes als einen Euphemismus für Benommenheit, Benebeltheit, Behämmertheit, Gedankenlosigkeit oder aber, wenn denn schon nach Brecht gereimt werden muß, Besoffenheit.
Noch genauer: Betroffenheit bedeutet heute: nichts.
Absolut und wortwörtlich nichts.
Dies beleuchtet nochmals ein Satz wie der auf dem Klappentext eines Ullstein-Taschenbuchs: »Guggenheim ist Erzähler, nicht Moralist. Er bleibt bei aller Gelassenheit mitbetroffen.« Und die Logik vor lauter Betroffenheits-Verschmocktheit nebenbei auch noch auf der Strecke. Wenn nicht eh alles gelogen wäre, dann müßte es ja wohl plausibel heißen: »Er bleibt bei aller Mitbetroffenheit gelassen.«
Was immer das auch heißen mag.
»Betroffen« waren im letzten Jahrzehnt unter vielen anderen Berlins Bürgermeister von Weizsäcker (über den Tod eines Türken) und der Trainer Lattek (über die Nichtberücksichtigung seines Spielers Augenthaler durch Jupp Derwall). Die Frauenzeitschrift *Feministische Studien* hat gleichfalls Betroffenheit auf ihre Reklamefahnen geschrieben. Und laut *Bild* war etwa gleichzeitig auch der Außenminister Genscher von irgendwas sogar »tief betroffen«.
Die Lyrik der 70er Jahre, schreibt Volker Hage in dem gleichnamigen Reclam-Bändchen, sei u. a. von »Betroffenheit« geprägt gewesen. Tatsächlich ist es gerade die Anfälligkeit der ehemaligen und aktuellen Linken für Ramsch-Kategorien wie »Betroffenheit« und → »Wut und Trauer«, die bedenklich stimmt, ja fast betroffen macht. Logisch, daß deshalb auch Erika Runge und Peggy Parnass vierzehn Tage lang

»Gespräche über Realität, Betroffenheit, Phantasie, Engagement« führen mußten. Sage und schreibe. Und das ausgerechnet an der »Sommeruniversität Toskana«, dem fraglosen Zentrum dieses hehren Genres und Gesockses. Allein, auch fortan ging es mit der Betroffenheit trefflich voran:
»Betroffen« war laut *Taschenbuch-Magazin* inzwischen ihrerseits die Schriftstellerin Eva Demski von einem Buch ihrer Kollegin Marlen Haushofer.
»Betroffen« war der Reporter Fritz von Thurn und Taxis vom Eishockey-Spiel Deutschland – Tschechoslowakei, nämlich von den vielen Fouls.
»Fortwirkende Betroffenheit« forderte im Zusammenhang der Gedenkfeierlichkeiten zum 8. Mai 1945 die langjährige F.D.P.-Spitzenpolitikerin Hildegard Hamm-Brücher in der »Tagebuch«-Serie des *Zeit*-Magazins; und dies als ein schon nahezu objektloses und dafür um so damenhafteres Schreiten in Sack und Asche gleich zweimal: »Hoffentlich verplempern wir die Gelegenheit nicht, um unsere fortwirkende Betroffenheit zu bedenken und zu bekennen.« Und: »Wir dürfen nicht versäumen, unsere fortwirkende Betroffenheit zu bedenken und zu bekennen.«

Nämlich als ein ganz nebenbei auch die Opposition von Links und Rechts wünschenswert einnebelndes Allzweck-Wundertütenwaffenspray.

»Zutiefst betroffen« und »den Tränen nahe« zeigte sich am 21. 9. 85 in Hof beim SPD-Parteitag die Landtagsabgeordnete Carmen König über die Ablehnung eines Parteiantrags, die SPD-Frauen möchten in der Personalpolitik besser repräsentiert sein.

»Richtig erschüttert und betroffen« war der Journalist Bernd Schroeder von Konstantin Weckers *Willy-Lied* – und der Dichter seinerseits bestätigt: »So ist es vielen gegangen.«

»Ungeheuer betroffen« fühlte sich schließlich von dem Willys entfernt vergleichbaren Tod des Demonstranten Günter Sare der hessische Innenminister Horst Winterstein (*Der Spiegel*).

»Betroffen« ist schließlich sogar der Schauspieler Klaus Wennemann von nichts Geringerem als seiner Rolle als *Der Fahnder* in der ARD-Krimiserie.

Nochmals und zusammengerafft: »Der Lehrer ist betroffen« (Alexander Kluge, *Neue Geschichten*). Den Lehrer gibt es aber jetzt auch schon als Polizisten und Polizistendarsteller. Nämlich → irgendwie sind heute warum auch immer alle am Ende »endlich furchtbar betroffen« (R. Wagner, *Parsifal*, 2. Akt).

Betroffenheitsprosa Es ist nicht ganz klar, ob der *Pflasterstrand*, Nr. 214, die Rubrik »Betroffenheitsprosa aus der Frauenecke« ernst meint oder selbstironisch. Fest steht: 50 Prozent seiner Leser sitzen breit seit ca. 1980 und fest in der genannten Ecke. Und mähren weiter vor sich hin. Voll in die 90er Jahre und deren »Betroffenheitszone« (*Plärrer*) hinein.

Betroffenheitsschwelle Die gibt's nämlich auch noch. Und zwar zumindest in dem Geseire der deutschen Philologen, nämlich in der *Zeitschrift des deutschen Philologenver-*

bands, und der ganze Passus lautet: »Je bedrängender die Präsenz der hohen Zahl von Ereignissen und Probleme (!) ist, die zu verarbeiten sind, je höher deshalb die Betroffenheits- und Sensationsschwellen gesetzt werden, desto weniger darf Schule hektisch werden. Die Erhöhung der Betroffenheitsschwelle als Folge der Präsenz der täglichen ›Fernsehkatastrophen‹ …«
Usw. Und solche Schwellköpfe sollen also unseren Kindern und Kindeskindern Goethe, Fontane und Kafka beibringen.

Beurlauben Beurlaubt werden vorwiegend Fußballtrainer, die man früher entweder entlassen oder rausgeschmissen hat. Es stimmt aber nicht, daß die Bundesanstalt für Arbeit in Bundesanstalt für Urlauber (BfU) umbenannt werden soll. Wer kein Trainer ist und seine Arbeit verliert, bleibt weiter ein Arbeitsloser.

Bewußtseinsprozeß Ein solcher wird, laut Verlagsreklame, v. a. in dem Buch *Sanfte Ausbeutung* von Karin Spielhofer beschrieben – aber er findet natürlich auch sonst täglich 60millionenmal irgendwo statt.

Beziehungsarbeit Feindeutsch für → Beziehungskiste – aber deswegen auch nicht viel ermutigender. Auch dann nicht, wenn Alexander Kluge und Oskar Negt derlei in den schlaumeierischen Mund nehmen. Vgl. → Arbeitsfeld.

Beziehungskiste Diese ist meist → intensiv, oft sogar → wahnsinnig intensiv. »Kiste«, schreibt dagegen Wolfgang Prosinger in seinem *Lexikon der Scene-Sprache*, 1984, »bedeutet in der alternativen Sprache so viel wie Gefängnis, vulgo Knast. Und in diesem Knast befinden sich zwei Menschen, welche eine Beziehung zueinander unterhalten, die wegen ihrer kistenmäßigen Beschränktheit in einem gewissen Widerspruch zur Freiheit steht. Trotzdem sind alle wie der Teufel hinter dieser Kiste her.«

Das wird in alle Ewigkeit so bleiben; die Finstervokabel scheint aber gottseidank trotzdem langsam am Verblühen, ja Verglühen.

Beziehungsprobleme Beziehungsprobleme sind seit den 70er Jahren »ein gewissermaßen strukturalistischer Terminus« (Michael Rutschky, *Erfahrungshunger*, 1980) für Spannungen, Krisen, Konflikte zwischen den Geschlechtern, der aber »die naturhaften Bedeutungsanteile von ›Geschlechtern‹ vermeidet«. Und zumindest von daher mit Dummdeutsch sehr zu tun hat; von der Wortästhetik ganz zu schweigen.

Bibelarbeit Die Bibelarbeit wurde von der langjährigen Theologin Dorothee Sölle erfunden und in einem Buch *Die Erde gehört Gott – Texte zur Bibelarbeit von Frauen* so manifest gemacht, daß wir diese gedruckte Großdumpfmeisterei auch dann nicht lesen möchten, wenn es noch eine Idee gottgehöriger »Frauenbibelarbeit« heißen möchten täte. Erst bei »Bibelfrauenarbeit« läsen wir → voll los.

Bier-Akademie Der Wunsch, trivialen Quatsch durch gelehrte Attribute zu ernsthaften Tätigkeiten zu erheben (vgl. → Holzfällerdiplom, → Schaukelbratenseminar), entstammt möglicherweise einem um sich greifenden Rappel unter arbeitslosen Akademikern, ihre Tage wenigstens als Dr. alc. zu beschließen.

Bildungsauftrag Genannt auch »Programmauftrag«. Nämlich der Funk- und Fernsehanstalten. Meint: *Traumschiff, Schöne Ferien, Schwarzwaldklinik.*

Bildungsschiene Zum Abschluß seiner strahlenden Karriere blieb es dem früheren bayerischen SPD-Vorsitzenden Rothemund vorbehalten, beim Sonderparteitag 1985 in Hof Richtungweisendes zur Bildungsschiene und zur Frau zugleich zu sagen: »Auf der Bildungsschiene muß für die Frau etwas getan werden.« So ist es; genau so. Besser kann man es gar nicht sagen. Und nun abtreten, Rothemund, wir wollen Sie und Ihresgleichen nicht mehr hören.

Bio-/Öko- Es sollten alle Neo-Komposita, welche mit diesen betroffenheitsindikatorischen Vorsilben beginnen, ab sofort verboten sein. Zudem sie meist ja doch nur verkaufsfördernder Schmus sind.

Bio-Möbel Achtung, Achtung, »Wohnwelt 2000 informiert alle Möbelkäufer:« Mit dem Schlachtruf »Wohn-Gefühl zum Angreifen« hat das inflationäre Bio-Gebabbel die Endrunde erreicht. »Als Ausdruck persönlicher Natürlichkeit« wird vorläufig kein x-beliebiger Wohnschrott mehr verkauft, sondern der »Bio-Lebensraum«, der die »glaubwürdige und geschlossene Verkörperung einer eigenen Wohn-Persönlichkeit« darstellt. Orientierungslose und gleichgültige Wohner sehen sich um die »gesofteten Kanten« mitgerissen. »Mit BIO wird das Wohnen in seiner Funktion und Schönheit durchschaubar und ist somit auch für den ›Laien‹ leicht nachzuvollziehen.« Sturheil und kopfüber, Sinn und Verstand unter die donnernden Hufe tretend, geht es dann in die Zielgerade: »Der Bio-Ausziehtisch macht auch das Gruppen-Erlebnis zum natürlichen Kontakt.« Sieg des »Vollholz-Konzeptes«, Notschlachtung des Texters.

Biotop Gründeutscher Ausdruck für Sumpfblüte. Noch nicht ganz Dummdeutsch, aber kurz davor.

Blitzsauber Ist es nach einer Anzeige der Klopskette McDonald's in deren Frittenbuden. Wir zitieren Günter Wallraff (*Ganz unten*): »Hier arbeitet man mit zwei Lappen, der eine für die Tischplatte, der andere für die Aschenbecher. In der gebotenen Eile kommt es aber häufig vor, daß man die Tischlappen nicht mehr auseinanderhalten kann.

Doch das stört hier niemanden; denn häufig muß man mit demselben Lappen auch noch die Klos putzen.« Selbstverständlich »blitzsauber«, wie alles bei McDonald's.

Bodendecker Besenholz aus der Abteilung »Unsere Stadt muß unbedingt noch scheußlicher werden – und zwar sofort!« Abgasfest, trampelfreudig, müllschluckend. Wächst nicht, blüht nicht, paart sich ungeschlechtlich mit Waschbeton. Ergebnis: der Kübel bzw. die Fußgängerzone.

Boomen »Das (Bräunungs-)Gewerbe boomt wie nie zuvor« (*Der Spiegel*). Und zwar broomend. Vor Doomheit.

Boulevardcharakter Fordern unsere Städtebauer knallhart für umgebaute Straßen (vgl. → Erlebniswelt, → Fußgängerzone). Nachdem alles, aber auch alles betoniert, zugekastelt, eingegraben und verschüttet ist, sollen sich die Leute gefälligst bemühen, »Boulevardcharakter« zu bringen – mal zwischen Teer und Beton stehenzubleiben, durchzuatmen, und das alles noch für → Lebensqualität zu halten.

Brainstorming Die Neigung, alles, was durchs Hirn stürmt, unverzüglich durch den Mund hinauszulassen, hat eine lange und peinreiche Tradition in der Werbebranche. Im persönlichen Umgang heißt dieser Vorgang »Spontaneität« und wirkt gleichermaßen verheerend. Vgl. → Ideenproduktion.

Brummi Ein Dummdeutsch, zusammengesetzt aus Infantil- und Verschleierungsdeutsch. Bauch auf Rollen, der uns Dummis weismachen will, ohne seine stinkende, gemeingefährliche Präsenz auf unseren Straßen liefe überhaupt nichts mehr. Das Gegenteil ist der Fall, wenn Brummi querbrummt, um niemanden mehr durchzulassen, weil ihm eh alles viel zu langsam geht. Dann schweigen die Motoren. Größter Fürsprech der Brummis ist ergo die *Bild*-Zeitung, die in den krach- und dreckmachenden notabene deutschen

Lastwagen in mehrfacher Hinsicht ihre Freunde und natürlichen Verbündeten sieht. Erstens sind Brummi-Fahrer (auch während der Fahrt) große *Bild*-Leser, zweitens fahren sie oft *Bild* aus und drittens ist die von den Brummis geförderte brummende Dummheit im Kopf des Zeitgenossen wiederum eine Voraussetzung für erstens und zweitens. Mal ganz abgesehen davon, daß Brummi-Fahrer, statistisch erhärtet, zu viele geleerte Flachmänner im Kopf haben, was, vereint mit der *Bild*-Lektüre, den Kreis des Brummenden (vulgo Brummkreisel) abermals hermetisch schließt.

Bürgerbetroffenheit Die vorerst letzte und bürgerlichste Spezifizierung der allgemeinen → Betroffenheit, nachgewiesen z. B. in einer Rede eines Parlamentarischen Staatssekretärs beim Bundesminister des Inneren über – ausgerechnet – Entbürokratisierungsmaßnahmen: »... das Baurecht, das am meisten erkennbar gewordene Bürgerbetroffenheit auslöst.« Die Bürgerbetroffenheit ist also gewissermaßen die Voraussetzung der ihr folgenden und entbürokratisierten und schon populäreren → Bürgernähe.

Bürgernähe Beweisen – vor allem in Bayern – Bürgermeister, Landräte und Landtagsabgeordnete, die speziell während der Sommermonate täglich im Rahmen von Volksfesten, Wallfahrtsaufläufen und Kirchweihen inmitten der Bürger aus steinernen Krügen Bier in sich schütten und dabei – vive la petite différence! – im Unterschied zu den Bürgern auch noch andauernd schön fotografiert werden; um am nächsten Tag nochmals aus der Zeitung heraus gleichfalls Bier in sich zu schütten. Die Bürger selber waren eben nicht nah genug an den Kameras dran. Dagegen herrscht in Ämtern heute meist die »Bürgerfreundlichkeit« im Zuge der verbesserten → Ämterdurchlässigkeit, ja Ämtertransparenz.

Buffet vitesse Nachdem sich eine amerikanische Klopsbraterei schon »das etwas andere Restaurant« nennen darf, ziehen die Schnell-Imbiß-Stände, die Brezel- und Pfannekuchenbäcker in unseren Bahnhöfen auf die wesentlich elegantere französische Art nach, mit »Le Cro Bag« und »Crêperie de la Gare«. Am »Buffet vitesse« kostet le Coca Cola dann auch 2,55 DM. Nouvelle cuisine war eben immer schon etwas teurer.

Bumm bumm (auch: boom boom) Steht nicht mehr fürs Cowboy- sondern fürs Tennisspielen, obwohl flap flap oder plop plop lautmalerisch wahrscheinlich näherkämen. Ein Herr Becker habe auf einem flauen Turnier nur »summ summ« gespielt, meldete ein Sportreporter des Hessischen Rundfunks, ein Indiz für fortschreitendes Gaga unter Pressevertretern im besonderen und sich mehrenden A a in den Medien schlechthin.

Bum(m)sen Das Wort, zurückdatierend auf die späten 60er Jahre, ist tatsächlich und akkurat so brummend dumm wie die Aktionen jener, die es bei dem gemeinten Vorgang benutzen. Insofern ist es natürlich sehr sprechend und, obschon lauteres Dummdeutsch, sehr zu begrüßen. Wir unsererseits, wenn's denn schon sein muß, empfehlen trotzdem, je nach → Intensität: vögeln, mauseln, knispeln, pimpern, knöpfeln, pflöckeln, bürsteln, nageln und rammeln.

Business Neben vielen anderen Impertinenzen hat es heute u. a. eine »Business-Class« und »Business-Tarife«. Wie andere importierte Angloidiotismen auch (vgl. → Wildlife Boat Safari) leidet das den Duft der großen weiten Welt transpirierende Business vor allem darunter, daß der deutsche Stuyvesant-Raucher es nicht immer versteht. Was nützt dem Rudolf Augstein im Leitartikel seines *Spiegel* ein mondänes »Business as usual«, wenn drei Viertel seiner Leser mit Abitur die sublimen internationalen Implikationen, ja Imbezillitäten der Metapher nicht kapieren?

C

Cackpit Nennt das für untenrum zuständige Fachblatt *Lui* eine Klo-Weiterentwicklung »mit beheiztem Sitz, automatischer Geruchfilteranlage, selbsttätiger Reinigung«. O Gott. Analfixiert sind sie auch noch.

Cafeteria »Cafeteria bedeutet für uns mehr als nur Essenseinnahme«, weiß das Möbelhaus Wohnwelt 2000. Vgl. → Möbelbibliothek. Für uns (und den Duden) bedeutet Cafeteria mitnichten »Essenseinnahme«, sondern noch immer Imbißstube oder Selbstbedienungskneipe. Und ganz sicher werden wir uns dort nicht »wohl fühlen und entspannen«, weil wir zwar fressen, spachteln, schmatzen, bisweilen schlicht essen – niemals aber zur »Essenseinnahme« schreiten.

Campingparadies Belegt tausendfach in deutschen Supermärkten u. ä. – und einmal in einem Kurzhörspiel von Gerhard Polt (*Im Kaufhauslift*). Vgl. → Erlebnisbühne, → Geschenkcorner. Wenn das deutsch-internationale Camping-Inferno schon sein muß, dann doch besser in Form des Alt-Nürnberger Humoristen Herbert Hiesel, der mit seiner Frau allzeit zum »Campeln« (gespr. Gämbeln) zum Gardasee brummte.

Cash and carry Ist Englisch und heißt bei Möbelhändlern → Mitnahmepreis, bei unseren polyglotten Bankräubern jedoch cash or carry! Geld her oder wir tragen den Direktor weg!

Center Das Center-Wesen startete Ende der 60er Jahre mit »Jeans-Center« und »Sex-Center«, dann kamen Innovationen wie das »Disco-Center«, das »Fitness-Center« und das

»Recreation-Center« dazu, heute umfaßt die Kreation auch so Wertvolles wie das »Foto-Center«, »Buch-Center«, »Motor-Center«, »Karate-Center«, »Jagdsport-Center«, »Picknick-Center«, »Snack-Center«, »Grill-Center« (das letztere Trio: Imbißbüdchen) oder auch das »City-Center« (Marktplatz). Gesichtet wurden item schon »Shop-Center« und »Center-Shop« – da sind sich die Experten offenbar nicht ganz einig (vgl. → Top). Und in Wirtshäusern aufgestellt sieht man hin und wieder kleine handliche Stellagen, in deren Regalen unterschiedliche Sorten Pfefferminzbonbons lagern – und das Ganze wird von einem Schildchen überdacht, auf dem niedlich und freilich auch etwas spukhaft »Frisch-Center« steht. Auf dem Düsseldorfer Messegelände wurde flink ein »Kirchen-Center« errichtet und in Essen ein – o Gott, o Gott: → Jesus-Center. Wurde aber auch Zeit. Noch nicht durchgesetzt haben sich offenbar »Brumm-Center« oder »Longsit-Center« (für Gefängnisse) und »Schluck-und-Gluck-Center« (für Gaststätten).
Wird Zeit, daß auch das noch kommt. Damit wir's hinter uns kriegen.

Checken Bedeutet einerseits so viel wie überprüfen – andererseits so viel wie schnallen, begreifen. Also Vorsicht! Auch leicht mit Euro-Scheck und Sport-Scheck zu verwechseln!
Hängt aber andererseits tatsächlich und nicht ganz geheuer alles miteinander zusammen.

Checkliste Zum Beispiel eine »Checkliste für den gepflegten Mann« publizierte die Zeitschrift *Madame*, darin aber werden »verläßliche Helfer für das Frischeproblem« aufgeboten, solche nämlich, welche »sommerfrisch von Kopf bis Fuß« halten – aber warum, zwischenrein gefragt, sammeln wir all den Unfug? Weil wir damit reich werden wollen? Nein, weil wir die späten, aber wahren Demutschristen sind. Gecheckt?

City Center Nord Das → Einkaufsparadies des Frankfurter Nordwestzentrums soll laut *FAZ* möglicherweise, um die Dichte des Paradoxalen zu massieren, in »City Center Nord« umbenannt werden.
Womit dann definitiv nix mehr stimmt.

Connections Daß es noch immer Menschen gibt, die sich auf ihre Connections was zugute halten, anstatt das korrekte Wörtchen »G'schwörl« zu benutzen: das hat schon fast wieder was Rührendes und macht insofern ziemlich milde, ja direkt softe Vibrations.

Controversy Advertising Ein unter vielem anderen neuer Schwachsinn aus der Welt der Werbung, des → Marketing und des → Merchandising.
Nach Auskunft einer Fachmännin dreht es sich dabei um Werbung für Unternehmen oder Branchen, die in der Öffentlichkeit mit Recht dumm aufgefallen sind (Chemie, Pharma, Kraftwerke usw.) und deshalb schauen müssen, ihre Schäfchen wenigstens kontrovers in die Scheuer des allgemeinen Lügensaustalls einzufahren.

Cool Inzwischen etwas angejahrt, früher soviel wie groovy. Von der nachwachsenden Generation entsprechend verachtet, gehören beide in den dumm-angelsächsischen Wortschatz der 40jährigen (→ Gruftis), die sich in letzter Zeit von den jungen Lümmeln ganz schön was anhören müssen.

Cre-Activ Dies Wortspiel, das wir schon immer ahnend befürchtet hatten – das gibt's jetzt definitiv wirklich. Nämlich als »Kernstück« des Vereins CAT, will sagen, des »Cercle des Arts et Techniques de la Coiffure Allemagne e. V.«, dessen Mitglieder sich (in vollem Ernst) »durch ihren fortschrittlichen Informationsstand und durch ihre exklusiven Werbemittel« von den zurückgebliebenen Nibelungen der »Friseurbranche« abheben.

Cremigkeit Ist die staunenswerte Eigenschaft des Cremigen in der Creme und bedeutet, daß etwas besonders pastos aufgetragen wird, z. B. die Butter in einer Buttercremigkeitstorte oder die Zahncremigkeit aufs Gebiß. Na also, so schmierig ist das doch gar nicht mit der deutschen Sprache. Wer weiß das Gegenstück zu der von Kohl so gehaßten → Hektigkeit: »Ich empfehle Ihnen, bei Bressot auch mal an die Cremigkeit zu denken ...« (Anzeige im *stern*).

D

D'accord Offenbar vom frankreichaffinen, ja etwas -affigen → Hoffnungsträger Oskar Lafontaine en gros eingeführt, aus dessen Mund es besonders deutschdoof klingt. Nun, chacun à son goût. Im übrigen: Man kann d'accord »sein« und d'accord »gehen«; beides geht und macht sich extraordinairement bien.

Dandydezza Über Joachim Veils Buch *Das Geräusch beim Erwachen* urteilt sein Kollege Ernst Herhaus im *Deutschen Allgemeinen Sonntagsblatt*: »Es ist literarische (lesbare) Dandydezza, befreiende Ohrfeigenmusik lachender Unabhängigkeit von der Verstehungsparanoia der Märkte, Medien & Mediokritäten Inc., beim Lesen erlebte ich wiederum den oben näher bezeichneten Schmerz sowie den Genuß fremder, sprachlicher Hochleistung, in der mein Verstandesleben neue Zufuhr bekam, in mich lesend wiederum der auch in mir wie überall herrschenden Tyrannei des Alles-begreifen-Müssens zu erwehren vermochte …« Das muß man mehrmals lesen, so schön ist das. Natürlich rätselt man über den Begriff »Dandydezza«, noch mehr erfreut aber doch die »Ohrfeigenmusik«, und besonders das stille Eingeständnis des Herrn Herhaus, daß er rein gar nix in dem Buch kapiert hat. Aber davon kann er ganz gut leben. Auch wenn das »Verstandesleben« nicht mitspielt. Ach, Herhaus!

Datenendgerät, biologisches Abgekürzt BDE ist wahrhaftiges Dummdeutsch und meint Dich und mich: den Menschen. Folgerichtig wird gerade ausprobiert, was das BDE denn außer Daten noch alles speichern kann – Caesium, Strontium und Jod u. ä., mit bestverbrämten Grüßen aus Tschernobyl und freundlicher Verharmlosung der Herren Zimmermann und Oberhausen. Vgl. → Restrisiko.

Dauer Seit dem 14. Jahrhundert kennen wir das schöne Wort Dauer; aber erst Peter Handke und seinen Klappentextschreibern blieb es vorbehalten, nun auch noch dies Wort hinzumorden und den Leichnam mit pseudometaphysischem Wortmüll auszustopfen:

»*Das Gedicht an die Dauer* (so der Titel eines Handke-Buchs) ist ein Exerzitium, eine geistige und körperliche Übung. Die Dauer ist kein zu erbittendes, zu erbetendes Geschenk, sie ist das Ergebnis, ein Zustand, der sich erreichen läßt. Die Dauer hat Haupt- und Nebenorte. Zunächst unternimmt man ›Weltreisen‹, um diese Orte aufzusuchen, ›alljährliche Pilger- und Wallfahrten‹. Dann setzt der Augenblick der Gegenliebe ein, die Orte pilgern und wallfahrten dem entgegen, der sich dazu erzogen hat, auf die Dauer zu warten; und die Orte treffen ein, z. B. ›beim gemächlichen Einschrauben einer Glühbirne‹. Ein langer Prozeß, der Konzentration erfordert, auch Liebe gehört dazu, zum Liebsten, das man hat, zu Menschen, Orten, Augenblicken, Gerüchen, Geräuschen, auch Liebe zu sich selbst gehört dazu, Geduld, Ausdauer.

Ein Gedicht an die Dauer heißt nichts anderes als das zu beanspruchen, worauf der Mensch seit der ›Vertreibung‹ keinen Anspruch mehr hat. Ein dialektisches Verfahren: In der Vergänglichkeit, der Nichthaltbarkeit erkennen, was unvergänglich, was haltbar ist, und dies aufzuheben in einem Gedicht, einem Kunstwerk – dieses Synonym für eine irdische Ewigkeit.«

Des Raunens und Dunkelsprechens wird wohl kein Ende mehr sein, erste Höhepunkte bot Botho Strauß' 80seitiges Gedicht *Diese Erinnerung an einen, der nur einen Tag zu Gast war* (1985), nun folgt unser frankophil-alpenländischer Schwerdenker Handke mit einem Gedicht, das ihm »beim gemächlichen Einschrauben einer Glühbirne« durch das offenbar weitgehend verfinsterte Haupt sauste. Vgl. → Suhrkamp-Kultur.

Davon ausgehen Wir unsererseits gehen davon aus, daß Benützern dieser Quasi-Politiker-Phraseologie schon an dieser Stelle ihrer Ausführungen der Verstand ausgegangen ist.

Deeskalieren Das Wort entstammt, folgt man Uwe Johnsons Roman *Jahrestage* (Bd. 1), der amerikanischen sog. Deeskalation des Vietnamkriegs 1967. Heute hat es schon jeder zweite drittklassige deutsche Fernsehauslandskorrespondent vordringlich, ja emphatisch drauf.

Dekomponieren »(Man) entdeckte das simultane Gruppenspiel des New Orleans Jazz als dekomponiertes Chaos« (Wilhelm E. Liefland in der *Frankfurter Rundschau*). Ja, so vogelwild ging's zu in den berühmten 70er Jahren. Bevor auch die in die faden 80er → deeskalierten.

Dekonstruktivismus Gibt's jetzt unter anderem auch schon als *Dekonstruktiver Feminismus* (Suhrkamp, Mai 1992), nicht zu verwechseln mit z. B. dem → Diskurs um Derrida und das Buch *Zur Anwendung der Diskursethik in Politik, Recht und Wissenschaft* (hrsg. von Karl-Otto Apel und Matthias Kettner, ebd., Juli 1992), nein, eigentlich kaum zu verwechseln.

Denkabenteuer → Denkspiel.

Denkanstoß Der Denkanstoß wurde vermutlich Mitte der 60er Jahre erfunden bzw. wiederentdeckt, und sein Hauptvertreter war der ehemalige *pardon*-Verleger Hans Alfons Nikel, der aber auch jeden unausgegorenen bzw. unhaltbaren Stiefel an Zeitgeist ins Blatt rücken wollte, und zwar immer mit dem flehentlichen Appell: auch wenn an der Sache nix dran sei, würde man so doch immerhin Denkanstöße in die Welt lancieren. Zu deren weiterer Verfinsterung. Heute wird der Denkanstoß v. a. in einer gleichnamigen Kunterbuntbuchreihe des Piper Verlags verhökert.

Denkerziehung Neinnein, nicht die wöchentliche Ziehung der Denker. Denker lassen sich nämlich gar nicht ziehen, nicht um alles in der Welt. Nicht mal aus der Kneipe, in die sie geflüchtet sind, um das Gewaafe der Denk-Erzieher nicht mehr hören zu müssen.

Denkmodell Steht u. a. für die heute nicht mehr ganz so gern gehörte »Utopie«. Vgl. → Grenzüberschreitungen.

Denkpause Ursprünglich war die Denkpause nach den Abrüstungsverhandlungen von Helsinki postuliert worden – später adaptierte sie der Trainer Weise von Eintracht Frankfurt und verordnete, glaubt man dem ARD-Reporter, dem Jung-Nationalspieler Thomas Berthold gleichfalls eine solche. Laut *Bild* soll es sich allerdings nur um einen »Denkzettel« gehandelt haben.
Der → Denkanstoß, der Berthold dann wenig später widerfuhr, dagegen bedeutete, daß er von der Abwehr ins Mittelfeld beordert wurde und sogar den Anstoß ausführen durfte.

Denkspiel Auch »Denkstück«. Im nicht nur *FAZ*-Feuilleton seit 1980 ff. eine Art Paradigmenwechsel für Regietheater-Operninszenierungen (Don Giovanni fährt Skateboard in Kassel u. ä.). Nicht zu verwechseln mit → Denkabenteuer, die sind eher, wenn z. B. der Neusoziologe Beck etwas über den Altsoziologen Benjamin weiß. Und das abermals immer bei Suhrkamp (1990 ff.).

Denk-Tank Aus den Niederungen der »Computer-Kultur«: »GW ist Text-Editor und Denk-Tank, Co-Autor und BrainStormer in einem. Und eben so sehr viel mehr. GhostWriter läuft unter AppleDos (3.3), CP/M 80 und MSDOS.« Also: *Dumm-Deutsch* ist WörterBuch (6.80) und Lifehilfe, läuft mit Bierbüchs (0,3 l) und TypeWriter (IBM), 08/15 und 9 mm Parabellum. Und ebenso sehr viel mehr. Ginge das durch? Nein? Aber Hacker-Clubs gründen und »GW« kaufen, wie?

Design → Styling.

Desintegration »Eine vollkommene Desintegration mit dem eigenen Staatswesen verrät das *Manifest für den Spiegel* des Jahres 1963«, schrieb der wohlbekannte Fritz J. Raddatz in der *Zeit* und setzt damit auf einen Schelmen gute zwei, nämlich auf das wichtigtuerische, aus der Hochpolitik herübergecharterte und hinübergescharlatante Schwerwort auch gleich noch via »mit« eine Desintegration des Sprachinfrastrukturwesens.

Destabilisierung Früher, als es noch richtige Kriege gab, begann alles mit einer Kriegserklärung. Jeder wußte, woran er war, bzw. in Kürze sein würde. Heute drücken sich selbst Militärs gewählter aus, besonders amerikanische. Im Zusammenhang mit der unerträglichen Einmischung der USA in Nicaragua wurde folgerichtig vom Ziel einer »Destabilisierung einer Region« gesprochen. Früher hieß das Mord, und genau das war es auch.
»Gorbatschow möchte die sozialistische Gesellschaft destabilisieren – um sie dynamischer und damit effektiver zu machen«, verriet uns der *Rheinische Merkur*. Das Wort rundet die neuere Gruppe der amerikagebürtigen »De«-Begriffe von der Desinformation bis zur → Desintegration und → Deeskalation im Zuge des allgemeinen Sprach-De-fizits bildsauber ab.

Dichtungssprechen Das hat's jetzt tatsächlich auch. Nämlich an der Johann-Wolfgang-Goethe-Universität Frankfurt, Institut für deutsche Sprache und Literatur, welches zur »Fortsetzung der Reihe Dichtungssprechen. Hörverstehen von Kafkas Mythentravestien« einlud.
O Heiland!

Dimension Kind Jawohl, Kinder gibt's ab sofort nicht nur mehr einzeln zu kaufen, sondern auch als Dimension. So jedenfalls läßt das Statement eines Wissenschaftlers in der *Frankfurter Rundschau* hoffen.

Dimension Raum Wenn es schon eine → Dimension Kind gibt, will sich der Raum nicht lumpen lassen. Sondern das Möbelwerk allmilmö, das für den »Yup-Haushalt« geradesteht, teilt uns freiwillig mit, in seinen Einbauküchen sei »jedes Möbelteil ein Gegenstand in Räumen« und mithin »eine Dimension des Raumes«.

Dirigat »Unter dem Dirigat von Michael Gielen entfaltete sich Mahlers Neunte ...« *Frankfurter Rundschau*-Deutsch für »Leitung«, »Stabführung« usw. Noch vornehmer wäre vielleicht »Stabsdirigat«.

Diskurs Wahrscheinlich von J. Habermas zum Start der 80er Jahre erfundener, eher trübsinniger und aber höchst folgenreicher Schnickschnack: Diskursethik, Diskurs über soziale Ungleichheit, Diskurs des Radikalen, Diskurstheorie des Rechts usw. usf. *Der* Quatsch der akademischen 80er Jahre. Erscheint deshalb meist bei Suhrkamp. Ab 1990 in jedem zweiten Buchtitel oder Untertitel (vgl. dazu Eckhard Henscheids elementare Studie *Spaß mit Suhrkamp* in der *FAZ* vom 3. 9. 92).
Vorsicht: Es gibt einen Projekt-Diskurs, aber auch ein Diskursprojekt! Ohne Bindestrich!

Display-Schütte Heißen nun im Supermarkt Grabbelkorb und Krusch-Käfig, weil man ganz leicht mit dem Einkaufswagen dagegenfahren und alles umschütten kann.

Dollpunkt Sprachgeschichtlich-topographisch-linguistisch nicht ganz auslot- und ausleuchtbarer Verwandter des vielleicht fast gleichbedeutenden »Knackpunkt«. Scheint uns so oder so jedenfalls ausreichend beknackt.

Doppelrahmstufe Begriff aus der neuen Werbe- und Joghurtsprache. Niemand weiß, was das ist, aber so steht es neuerdings auf den Packungen. Den Menschen aber geniert es nicht, sondern er putzt auch noch die Doppelrahmstufe weg. Vorsicht! Nicht verwechseln mit den Rahmenrichtlinien für die hessische Oberdoppelstufe!

Doppelrentnerin Wie schon die → Mannesanwartschaft eine Kreation des Bonner Ministeriums für Arbeit etc. Nach dem doppelten Lottchen, dem Doppelwhopper und der → Doppelrahmstufe ist die Doppelrentnerin ein sauberes Stück Dummdeutsch, aber auch eine weitere Sauerei aus Bonn: nämlich eine Verschleierung des weiteren Abbaus der Renten unserer Alten.
Uns bleibt die Hoffnung auf einen frühen Tod der Erfinder solchen Summses.

Doppelverdiener Ilse und Peter haben einen Haushalt und jeder einen Beruf. Ilse verdient 3500 und Peter 3800 Eier (doch-doch). Wie viele Äpfel und Birnen bekommt Ilse, weil sie nicht zu Hause geblieben ist, bzw. wäre es nicht einfacher, wenn sie doppelt soviel verdiente wie Peter und ihm die Hälfte abgäbe? Antworte!

Dosierspender Gemeint ist vermutlich die kleine längliche und regelmäßige Wurst, die, drückt man auf sie, aus den Zahnpastatuben kommt. Denn diese tragen heute als neuesten Fortschritt z.T. die Aufschrift: »Mit Dosierspender«.

Drastigkeit → Kohl, Helmut.

Drive Es gibt a) den musikalischen drive, b) den erotic drive und c) neuerdings den »McDrive«, nämlich als Unterabteilung der allgemeinen McDonaldisierung der Bundesrepublik sowie als »schnellen Spaß für Autofans«: Ohne das Auto auch nur eine Sekunde verlassen zu müssen, kriegen

Deutschlands Knalldeppen jetzt »in Sekundenschnelle ihren Hamburger«, sofern sie zuerst über eine Betonplatte fahren und »mit Hilfe modernster Computertechnik« durch einen Piepston sich und ihren Hunger ankündigen.

Drohkatastrophe Der ehemalige Vordenker und Tankerkäptn der SPD, Peter Glotz, sieht die Ereignisse von Tschernobyl als »Drohkatastrophe« an. Wer droht hier wem und womit? Oder ist Glotz bedroht? Vom Russen? Oder ist das die intellektuelle SPD-Umschreibung für Zimmermanns »ist 2000 km weg, hier kann gar nichts passieren«? Glotz, Glotz, komm du erst mal an die Regierung, wir haben ein Elefantengedächtnis …

Du Seit Mitte der 70er Jahre eine sprachliche Pest, vergleichbar der ehemaligen Karl Valentinschen »Gell-Pest«. Eingeschleust vermutlich aus dem Norden des Landes, herrührend wohl auch aus den Quellen des Genossenschaftlich-Sozialistischen und der neuen → Sensibilität und der neuen Psychoszene erreichte die »Du-Pest« spätestens 1980 selbst Deggendorf und Passau, und heraus kommen meist Sätze der Art: »Du, wenn du meinst, daß du dich da einbringen kannst, du, ich meine kreativ, also ich meine, daß du deine Blockierungen los wirst, du, und deine Staus frei werden dudu …«
Der Du-Sager hat zwar seinen Adorno gelernt: daß es bei den meisten Menschen schon eine Unverschämtheit sei, wenn sie »Ich« sagten – indessen geht es auch dem Du-Sager keineswegs um die Martin Bubersche Du-Brüderlichkeit – sondern ums blanke, vulgärnarzißtische Ich. Das um so penetranter wird, als es auch noch jeden Fremden mit »Du« anquatscht. Statt, wie es sich gehört, mit »Sie«. Oder gar »Er«. Oder »Euer Gnaden«!
Ein besonders erlaucht-dümmliches Beispiel der Du-Krankheit lieferten seinerzeit gemeinsam die Sängerin Nena und die Zeitschrift *Brigitte*:

Brigitte: Sie sind derzeit Deutschlands erfolgreichste Popsängerin (...)
Nena: Ich finde meine Stimme gut (...). Du kannst übrigens du zu mir sagen.
Brigitte: Nimmst du Gesangsunterricht?
Mit dem Schwinden der Scham, vermutete Freud, stelle sich der Schwachsinn ein. Mit dem Schwinden der Distanz, so darf man heute seufzen, item.
Ausnahme: Gut ist es, hohe SPD-Parteigenossen und speziell gar sozialdemokratische Altbundeskanzler aus Hamburg-Bergedorf rüde mit »Du, Genosse« anzureden. Denn das hören sie gar nicht gerne.

»Du darfst«-Nahrung Da gibt es z. B. »Du darfst«-Margarine, »Du darfst«-Konfitüre, »Du darfst«-Teewurst, »Du darfst«-Salami und »Du darfst«-Käse-Aufschnitt. Und gemeint ist ganz offenbar, daß der innere Schweinehund zwar nicht ganz zu überwinden, das Über-Ich aber oft nachsichtig ist.

Dunkelziffer Unhaltbare Behauptung einiger Statistikfixierter. Will sagen, daß hinter jeder belegbaren Ziffer eine Dunkelziffer lauert, die noch viel schlimmer und außerdem ein Vielfaches der ersteren ist. Was 1. eh Quatsch ist, denn wer will sagen können, daß hinter der Zahl von – sagen wir – 1 500 000 Fällen von Steuerhinterziehung noch das Zehnfache steht; und 2. für alle Zeit im dunkeln bleiben wird, was wir hoffen wollen.
Jedenfalls ist die »Dunkelziffer der Kriminalität auf dem Meeresboden ziemlich syndronym« (Heino Jaeger).

Durchfeuchtet Ist heute alles, was früher schlicht naß war. Vgl. → Mangelfeucht.

Durchsotten Sei das Werk Bölls mit Sätzen wie ..., teilte Fritz J. Raddatz in seinem Böll-Nachruf in der *Zeit* mit. Was hat er nur gemeint, der Fritz Joachim, los, sag's uns, sonst sotzt es was.

Dynamisch Was das Besondere an einer »aufgeschlossenen und dynamischen Mitarbeiterin« ist, verrät ein Stellenangebot in der *Süddeutschen Zeitung*: »Die Bereitschaft für Schicht- bzw. Nachtarbeit ist erforderlich.« Dann lieber gleich im Bett bleiben.

E

Echt »Was deutsch und echt wüßt' keiner mehr«, bündelt trächtig in Wagners *Meistersingern* Hans Sachs. In der Tat waren Deutschtum und Echtheit lange Zeit über geradezu Synonyme. Dagegen und gegen die trüben Nachläufer dieser altdeutsch-nazistischen Ideologie polemisierte scharf im *Jargon der Eigentlichkeit* Adorno – und nannte künftighin z. B. die obersten Kunstwerke gern »authentische«; was freilich nicht viel besser ist als »echt« und auch nicht viel half: Auch unterm Begriff des »Authentischen« sammelte sich in der Nachkriegszeit aller Tod und Teufel und vor allem Unrat. Fröhlich-gnadenlose Wiederkehr gelang dem »echt« gleichzeitig und fast unverhofft im neuen → Szene-Jargon: als affirmatives Füllsel in Kombinationen wie »echt gut«, »echt cool«, »echt beschissen«. Über diesen Umweg kurvte das »echt« zurück in den Bodensatz der Werbung und ihre unbarmherzigen Lügen: »echt → frisch«, »echter Geschmack«, »echt sexy«.

Eckpfeilerfunktion Diese hat dem Hörensagen nach was mit EG, Futtermitteln und Wiederverwertung (Recycling) im Agrarbereich zu tun. Und nimmt zu.
Dagegen hört man heute von dem guten, alten und farbig vorstellbaren Eckensteher leider immer seltener. Trotz → Verwendungsstau allerorten.

Edelobst Heißt alles, was in Plantagen direkt an der Straße wächst, und direkt an der Straße an durchreisende Deppen verkauft wird. Bleigehalt unbekannt.

Editionsanstalt Nennt Sabine Brandt in einem quälenden Besinnungsaufsatz in der *FAZ* den Berliner Aufbau Verlag. Eilfertige Nachschau im *Wörterbuch des Buches* wie im *Lexi-*

kon des Buchwesens ergab, daß Frau Brandt hier wohl eine Neuschöpfung gelungen ist, was wir dankbar aufgreifen, um die *Frankfurter Allgemeine Zeitung* in Zukunft Redigieranstalt zu nennen.

Effizienz Hat neuerdings die Effektivität deutlich hinter sich gelassen.

Egalisator Den gut eingeführten Schuhputzlappen wünscht die Firma Collonil durch ein Schaumstoffschwämmchen im Tubendeckel der Paste »water-stop« zu ersetzen, wogegen sachlich wenig, sprachlich jedoch einiges einzuwenden wäre. Nicht genug, daß die Vorrichtung Egalisator heißt, ihr Gebrauch wird auch noch in acht europäischen Sprachen erklärt, wobei das beknackte Wort allerlei Wandlungen durchmacht, vom feschen l'égalisateur bis zum kartoffeligen ugualizzatore. Nur die finnische Übertragung ist nicht zu durchschauen, aber das macht nun wieder nix, weil die Finnen sowieso nur Hüttenschuhe tragen.

Egalitätsvision Der Gertrud Höhlersche Kommunismus aus Paderborn.

Ehegattennachzug Nicht zu verwechseln mit dem Ehegattensplitting, nein, gar nicht zu verwechseln. Denn, wenn dieses eher das Geld betrifft, so jenes die Ausländerpolitik – aber seien wir gerecht: wie soll man das scheußliche Ding sonst bürokratisch gerecht ausdrücken?

Ehehygiene Teilstück der Sozialhygiene. Zu ihr gehört aber nicht nur der gute alte Pariser, sondern c/o Beate-Uhse-Versand z. B. auch eine »Flutschi« genannte Gleitcreme.

Eheseminare Schon älterer und meist katholischer Hut, mittels dessen Papst Woityla versucht, seine Jungkarnickel wenigstens stundenweise vom Pimpern abzuhalten.

Ehrlich Gebräuchlich meist in der Formation »aber ehrlich« oder »ehrlich, du«. Vgl. → du, → echt.

Eigenego Ist kein Begriff aus Mitscherlichs Nachlaß, sondern eine Fundsache aus einer Anzeige im ehrwürdigen *Börsenblatt für den Deutschen Buchhandel*. Dort schreibrätselt Herr Christian L. von der Buchhandlung A. Jackmann in Herford über den Bestseller *Das vierte Protokoll* von Frederick Forsyth: »Eigentlich hätte es ein schöner Grillabend sein sollen, wenn das Leseexemplar von Piper, Forsyth, nicht am Samstag eingetroffen wäre. Trotz Vorwarnung im beigefügten Brief begann ich mit dem Buch am Samstagnachmittag und dann beim Grillen, nach dem Grillen und bis spät in den Sonntagmorgen ... Herrlich auch die untergründige Ironie der Geheimdienste, Beamte gegen Apparatschik, beide träge und nur auf Eigenego bedacht.«
Es wird Herrn L.s Geheimnis bleiben, was die »untergründige Ironie der Geheimdienste« wohl ist, und uns drängt sich der Verdacht auf, daß der tapfere Buchhändler während des Grillens, aber vor Abfassen des Leserbriefs auch die Holzkohle mitgefressen hat.

Eigenleistung Wohlfeile Ausrede für Eigenheime, die nach dem Richtfest bereits wieder anmutig zusammenbrechen.

Einbinden Wollen bevorzugt Kirchen und Parteien ihnen noch Fernstehende. Sieht verdächtig nach unbezahlter Arbeit aus, die der Nähertretende eigentlich vermeiden wollte. Deshalb: Augen auf beim Anbinden und Einwickelnlassen!

Einbringen Wenn man es nicht mit eigenen Ohren hören könnte, man würde es für Satire halten, wie z. B. in Kaffeehäusern z. B. Frauen z. B. im Gespräch miteinander »sich einbringen«. Gnadenlos, stundenlang und expressis verbis. Sie bringen sich in alles ein; in neue Probleme, in Debatten,

in gesellige Kreise und vor allem in sich. Erstaunlich, daß sie vor lauter blindwütig aktionismusgeiler Geschwätzigkeit immerhin auch noch den Kuchen in sich einbringen; auch wenn sie's selber offenbar gar nicht merken. Seltener als das selbstreflexive ist das transitive Einbringen: »Ich bringe meine Phantasie ein.«
Der Dreck ist zäh. Noch am 5. 5. 92 bekennt mutig die berühmte Filmproduzentin Regina Ziegler in den ARD-Tagesthemen: »Wir bringen uns voll ein.« Nämlich wohin auch immer, jedenfalls mit 280 Millionen Mark.

Eingliederungsdifferenzierung Dieses famose Wort stammt aus dem Schatzkästlein des Hauptgeschäftsführers des Arbeitgeberverbandes Gesamtmetall Dieter Kirchner und bedeutet auf deutsch, daß die Arbeitslosen für einen Appel und ein Ei (»Einstiegslohngruppe«) auf ein Weilchen (»zeitlich befristet«) eingestellt werden sollen, um bei sinkendem Bedarf doppelt angeschmiert wieder zum Aussteigen genötigt zu werden. Auf weitere »Neustrukturierungsmaßnahmen« des reichen Onkels Kirchner warten alle Kindlein mit offenen Händen, leuchtenden Augen und glühenden Backen. Vgl. → Freistellen.

Eingrenzen Unerfindlich und unscharf, erleichtert dieses Wort doch das Zusammenleben verfeindeter Fraktionen, und dafür sollte man es im Grunde nicht tadeln. Während ein Rausgeworfener, einmal draußen, sich z. B. nur schwer wieder → einbringen oder ranschmeißen kann, wirkt der Akt der Eingrenzung nach vorausgegangener → Ausgrenzung nonchalant, ja geradezu brüderlich.
Der herzliche Klang des dem Eingrenzen verwandten »in Gewahrsam nehmen« ist allerdings irreführend. Es bedeutet: Eins in die Fresse, Baby.

Einkaufsparadies Pendant zum Freizeit- und Backparadies.

Einlassen Dies ist sehr verwandt dem sich → Einbringen, und einen besonders wertvollen Textbeitrag dazu steuerte im Zusammenhang seiner Proust-Verfilmung *Eine Liebe von Swann* der Regisseur Volker Schlöndorff in einem Gespräch mit *Brigitte* bei: »Es geht um dieses Mißverständnis in der Beziehung Mann–Frau, unter dem Ornella Muti genauso leidet wie Odette. Aber er behandelt sie wie ein schönes Stück, das in seiner Vitrine fehlt. Aber am Ende triumphiert sie. Sie ist fähig, sich einzulassen. Sie will zu ihm gehören, aber nicht ihm gehören.« Dabei hat Schlöndorff freilich ein anderes hochdialektisches Wortspiel übersehen: Sie will sich einlassen, aber nicht vereinnahmen lassen. Und weil Swann einverstanden ist, läßt sie ihn auch rein (vgl. → Reinweichen).

Einlösen Heute werden nicht nur Schecks und Erwartungen eingelöst, sondern, vor allem in der Neo-Pädagogenbranche und allerlei hessischen Rahmenrichtlinien, auch schon Bildungs- und ähnliche Horizonte. Wie das wohl gehen mag?

Ein Mehr an Ein Mehr an glückhaften zerebralen Selbstvernebelungskünsten war wohl notwendig, Rainer Barzel einst diese heute noch gültige und häufig zu hörende 3-Wort-Kombination einzugeben und mit einem jeweils vierten Wort sinnreich anzufüllen, ja zum Überlaufen zu bringen: »Ein Mehr an Vaterland«, »ein Mehr an Demokratie«, »ein Mehr an Konsumverzicht«. Bekannt ist auch die Formation »ein Mehr an Europa«. Obwohl Europa partout nicht zu vergrößern ist. Höchstens durch Krieg. Und da kriegen wir eins aufs Dach. Was freilich ein weiteres Mehr an Verlust klarer Gedanken hervorruft. Und so soll's sein.

Einpfeifen Auch: reinpfeifen. Ist zwar formal Dummdeutsch, birgt aber schöne und farbige Sprachmöglichkeiten: Sich ein Buch reinpfeifen, eine Schallplatte usw. Bisher noch nicht belegt: Die Ankündigung einer Frau, sie pfeife sich heute nacht, wenn alles gutgehe, ihren Mann rein.

Einstellungsbremse »Die Sozialgesetzgebung wirkt zu oft als Einstellungsbremse«, teilte uns Paul Bellinghausen im *Rheinischen Merkur* mit. In der Folge kommt es dann zur Einstellungsblockade oder zumindest zum Einstellungsstau. Tja. Paradox.

Ein Stück In alten Zeiten, als das Reden noch geholfen hat, zählte man das Gepäck, den Kuchen und das Vieh nach Stück. Heute fallen auch die → Selbstverwirklichung, die → Lebensqualität und diverse Verdienste in diese Abteilung. Das klingt besonders gelungen, wenn in prätentiöser Bescheidenheit das Wörtchen »weit« angefügt wird. Daß Mädchen heutzutage auf der Straße rauchen dürfen, ist ein Stück weit Verdienst der Frauenbewegung. Doch, das könnten wir unterschreiben.

Wenn uns unser Gewährsmann aus der Berliner Psycho-Szene richtig informiert hat, war es damals sehr wichtig, z. B. »ein Stückweit einander« oder »ein Stückweit sich selber näherzukommen« bzw. »ein Stückweit Selbsterfahrung und so« zu schaffen und sich überhaupt »im psychischen Prozeß ein Stückweit« sprachlich noch mehr gehen und sacken zu lassen, als noch zu Zeiten der → Psychosprache der frühen 80er Jahre erwünscht war.

Inzwischen hat sich der Gedanke überall durchgesetzt. »Ein Stück weit den kulturellen Graben zu überbrücken«, und nämlich gemeinsam Theologie und Literatur zu erforschen, machte sich H. Küng auf einem gleichnamigen Tübinger Symposion anheischig. »Ein Stück Trauer« empfand anläßlich des Übergriffs des Sachsen-Mobs auf Ausländer richtig → traurig die zuständige DDR-Beauftragte schon 1989. Es müsse sich eben, so die Zeitschrift *Brigitte*, »jeder ein Stück weit dem anderen anpassen«. In diesem Sinn nähern sich aktuelle Christen auf Kirchentagen und ähnlichem »ein Stück

weit« sogar wieder Gott, freilich nicht gar zu sehr, um terrestrisch nichts anbrennen zu lassen. »Ein Stück entlastet« fühlte sich vielleicht deshalb B. Engholm am 19. 11. 92 nach parteiinternen Querelen; 13mal die Floskel »ein Stück weit« gebrauchte nach dem Zeugnis von Regina Henscheid im Zuge der gymnasialen → Projektwochen-Fortbildung ein 13jähriger Frankfurter gesprächsweise im Kontext des Asylantenproblems; und am 29. 4. 91 bescheinigte ein TV-Jungwahnsinniger endlich auch dem Minister Genscher das Vermögen, »ein Stück weit auf den Menschen zugehen« zu können.
Womöglich um mit diesem »stundenlang Philosophie am Stück« (B. Engholm noch im gleichen Jahr) zu treiben.

Ein- und Mehr- Einwegware, Einwegpackung, Einwegflasche; dagegen: Mehrwegflasche, Mehrfruchtigkeit, Mehrangebote, Mehrwegsystem. Dieses kann freilich nur ein »Marktsegment« (Otto Wolf von Amerongen) sein, mehr nicht, nein, kaum; höchstens in der →Mehrzweckhalle.

Emanzentrip Möglicherweise eine Frauenrockband; oder ein Medienlandschaftsgeseire; oder Rauschgiftfrauenbuchladen; oder weiß der Geier.

Emo-Schiene Auf der bewege sich die SPD, meinte der frühere CDU-Generalsekretär Heinerle Geißler, und eben nicht auf der Bildungsschiene.

Endzeitgefühl Dieses habe der »Großteil der deutschen Jugend«, sorgte sich Herr Bernhard Worms von der CDU. Daß diese Überlegung just in die Endzeit seiner politischen Laufbahn fiel, hat uns gut gefallen.

Engagiert Das leidige Engagement insbesondere engagierter Pädagogen scheint uns zwar insgesamt leidlich nachgelassen zu haben. Aber noch immer gilt im leidvollen

Zweifelsfall Adornos Satz, in Deutschland laufe Engagement ohnehin gern auf Geblök hinaus.

Entcoffeiniert Wenn die bösen Herzkasperln ganz weg sind und trotzdem der »volle Geschmack« richtig reinknallt. Vgl. → Kaffeesurrogatextrakt.

Entmassung Die verkündete bzw. postulierte 1985 nicht der damals neue F.D.P.-Vorsitzende Bangemann, sondern der alte, Genscher, der eigentlich, jedenfalls im direkten Vergleich zu Bangemann, relativ verschlankt und entschlackt wirkte. Und jedenfalls gemeint ist damit, laut *Die Zeit*, die Ablösung der sozialdemokratischen »Vermassungs«-Epoche durch eine Ära der »Entmassung«, welche »wesensmäßig eine neue liberale« (Genscher) sein werde.
Da werden sich aber Ortega y Gasset und Gustave le Bon noch im Grabe ärgern, daß sie diesen neuen Zauber nicht mehr mitgekriegt haben.

Entnamung → Verniemandung.

Entscheidenshilfen Helfen der häufigen Entscheidungsschwäche ab. Der ehemalige F.D.P.-Justizminister Engelhard hat aus solchen ewig-sich-wandelnd-gleichen Politikerphrasen mittels einer satirischen Montage eine Allzweck-Rede gebastelt, die wir dem bärtig-stillen Mann auf Anhieb gar nicht zugetraut hätten; die aber nachweist, daß zuweilen sogar Politiker mit Gewinn ihren Karl Valentin oder aber Loriot studieren.

Entscheidungsbedarf Offenbar ist dieser das Gegenstück zum → Handlungsbedarf und seit 1982 ein besonderes sprachliches Wesensmerkmal der zu Unrecht als aussitzerisch verschrienen Regierung Kohl, die in Wahrheit eine ebenso → aktive wie auch an sich selbst → anforderungsprofilierte ist.

Entscheidungsträger Das Gegenteil vom → Hoffnungsträger. Oder jedenfalls dessen Voraussetzung. Bzw. seine Erfüllung. Entscheidungsträger sollen sich, laut Bayerischem Rundfunk, jetzt immer häufiger auch auf Münchner Einkäufer-Modemessen rumtreiben. Als letzte Konsequenz des Krawatten- und Dreitagebartträgers.

Entsiegeln Das etwas ehrwürdig klingende Wort begegnete uns erstmals 1986 im Zusammenhang mit Autobahnneubauten. In den Fällen, in denen Stadtverwaltungen dem totalen Zubetonieren ihrer Stadtwälder nicht mehr zustimmen möchten, muß »etwas angeboten werden«, will sagen: »Irgend etwas werden wir entsiegeln müssen.«

Entsolidarisierung Beklagte der einstige hessische Sozial- und Umweltminister Armin Clauss. Er warnte insbesondere vor »einem Prozeß der Entsolidarisierung zwischen Männern und Frauen, Jungen und Alten, Deutschen und Ausländern, Beschäftigten und Arbeitslosen«. Belangloser und alberner hat sich wohl noch keiner in die Schlagzeilen der Presse gedrängt. Entsolidarisieren kann sich doch wohl nur, was bisher solidarisch zueinander stand, oder? Und wo dies bei den oben genannten Gruppen der Fall war, das wird der Minister selbst nicht so genau wissen.

Entsorgung Das Wort ist bisher leider nur im Zusammenhang hübscher alleeartiger Parkanlagen bei der Kernkraftgewinnung populär geworden; schön wären auch Wortbildungen wie »Ausländerentsorgung« oder »Seniorenentsorgung« oder »Geldentsorgung«, die erst mal sehr schön und kalmierend klingen und sicher zur Not auch mit irgendwelchen Inhalten zu füllen wären; wenn's drauf ankommt.
Im Zusammenhang des sog. Historikerstreits 1986 ff. kam es häufig zur polemischen Invektive »Geschichtsentsorgung« – zum Teil auch »Posthistoire« oder so ähnlich genannt.

Entsorgungspark Lieblicher nie eine Zeitbombe umschrieben wurde! Nehmen Sie Fido an die Leine und gehen ein bißchen Dioxin schnüffeln.

Erberezeption DDR-Deutsch. Ab 1990 hieß es dann wieder Klassiker.

Erdpolitik Neuer »pompöser« (*FAZ*) »Dünnpfiff« (*Dummdeutsch*-Redaktion) des Direktors des Instituts für Europäische Umweltpolitik in Bonn (was es nicht alles gibt) Ernst Ulrich von Weizsäcker (eine wahrhaft omnipräsente pompöse Sippe); und gemeint ist eine »ökologische Realpolitik an der Schwelle zum Jahrhundert der Umwelt« (Buch-Untertitel), na also, dann wissen wir's ja, jetzt ist's heraus.
Theo Sommer dagegen postulierte in der *Zeit* 1990 nach der »Geo«- eine »Gaia-Politik«, und das ist nichts anderes, sondern nur noch vornehmer, ja richtiggehend schon wie mumifiziert. So oder so: »Mutter Erde zeigt den Menschen gelbes Licht« (Sommer), ahoi.

Ereignis Eine spezifisch journalistische Edeledition von Sensation oder Spektakel und dem praktisch identischen → Glücksfall: »Ein Literaturereignis« (der *stern* über P. Süskinds *Das Parfüm*). Mit Goethen zu flöten: Das Vollbescheuerte – hier wird's Ereignis.

Ereigniskultur Findet laut Nürnberger *Abendzeitung* vom 10. 7. 92 im Zuge des dortigen »August-Poetenfestes« vor allem in Erlangen statt. »Allmächt'!« – um mit einem alten Erlanger zu stöhnen.

Erfolgserlebnis »Ich wollte etwas machen, das nicht nur Frustration bedeutet, sondern auch echte Erfolgserlebnisse bringt«, teilte Dietmar Schönherr im Zusammenhang seines erfolgten Einsatzes in Mutlangen mit und schlägt damit gleich zwei schon längere Zeit surrende Dummdeutschfliegen (→ Erlebnisquark u. a.) in einem Satz. Von der – unfreiwilligen? – Selbstentblößung mal fast zu schweigen. Ja, unsere Tugute, die sind schon eine eigene Rasse. Erlebnisse! Und auch noch erfolgreich!

Erinnerungsarbeit Typisches aufgeblasenes Erweiterungsdummdeutsch, meist zusammen mit dem Verbum »leisten« verwandt. Man erinnert sich nicht mehr, sondern leistet »Erinnerungsarbeit«. So tut auch in einem Buch des Fischer Verlags (*Zur Psychoanalyse der Unfähigkeit zu trauern*) 1987 die Witwe Margarete Mitscherlich; nicht ohne darin z. B. auch gleich noch die »Grausamkeitsarbeit« (S. 101) des Kriegs respektive der Männer im Zuge der ohnehinnig allgemeinen → Trauerarbeit (S. 67 ff.) zu beklagen.

Erinnerungskultur Möglicherweise von dem Hamburger Literaturwissenschaftler Professor Klaus Briegleb (*Hansers Sozialgeschichte der deutschen Literatur*, Bd. 12) gezeugt und geschaffen, fast eines Wesens mit dem vermutlichen Vater, der → Erinnerungsarbeit.

Erklärungsmuster Von der Grünen Frau Dr. Vollmer gern gebrauchter Ausdruck, wohl eine Edelvignette des schlichten Wortes »Erklärung« darstellend. Eigentlich nicht weiter erklärungsbedürftig.

-erlebnis Ein wohlfeiles Wortschwänzchen im Dienst des internationalen Konsumgetümmels, das uns weismachen will, ohne seine rauschhaften Inszenierungen sei unser Leben nur ein ödes, blödes Langweilerstück, aus dem wir uns ohne Not schon in der Pause verabschieden könnten. Auf tritt zum Beispiel das »Küchenerlebnis«. Seine Botschaft lautet: »Wir servieren vom Herd auf den Tisch« – anstatt wie bisher die Suppe unter ständigem Rühren aus dem Fenster zu kippen. Oh, wenn man uns nicht sagte, was wir ständig versäumen!

Erlebnisbühne Gibt es in einem Frankfurter Kaufhaus. Nämlich als ein Podest, auf dem allerlei Freizeit-Geräte stehen. Die Umkehrung »Bühnenerlebnis« findet dagegen meist nur noch in einigen Provinz-Feuilletonredaktionen statt. In den besseren heißt es dagegen meist → Intensität.

Erlebnisgastronomie Findet neuerdings in umgebauten Bierkellern im Frankfurter Süden statt. Fressen und Saufen genügt nicht mehr, man will auch noch Eintritt bezahlen, an einem Türsteher vorbeikommen, um dann in gefilterter Luft und Pappmachédekorationen sein teures, aber gleichwohl gewöhnliches Bier zu trinken. Aber gegen Weihnachtsbäume lästern und Muttis Osterstrauß umkippen!

Erlebnisquark »Erlebnisquark mit Beeren« für 9,50 DM haben Sie, Firma Apfelwein-Klaus, im Oktober 1989 beim Frankfurter Freßgaß-Weinfest wortwörtlich so und nicht anders und in der direkten Kausalfolge und Spezifizierung der → Erlebnisgastronomie und überhaupt der → Erlebniswelt verscherbelt. Dafür ist Ihnen die ideologiekritische Welt

zu ewigem Dank verpflichtet. Gleichwohl erbäten wir jetzt schon fürs Weinfest 1999 die einzig noch denkbare Steigerung, Rundung und Perfektionierung: »Erlebnisquatsch mit Soße«. Für 12,90 DM und 2,50 DM Pfand.
Dagegen ist nun wiederum der Quark, der im Kaufhof angeboten wird, einer aus dem »Erlebnishaus«. Derweil es 1990 bei der multimedial medientechnologischen Ausstellung ZKM in Karlsruhe »Erlebnisinseln« zu bestaunen gab. Indessen die »gigantische Erlebniszone« namens »shopping Mall« (ehedem: Großkaufhaus) endlich und endgültig nein: nicht die multiple Sklerose, sondern laut *Münchner Merkur* vom 23. 4. 92 das »multiple Erlebnis« garantiert.
Alles in allem handelt es sich bei all dem um ein Novum, für das die Wissenschaft seit 1992 auch schon wieder einen von Gerhard Schulze erfundenen Namen hat: *Die Erlebnisgesellschaft. Kultursoziologie der Gegenwart* (Campus Verlag, Frankfurt) und die laut Schulze nämlich den Geboten des »Erlebnismilieus« und der »Erlebnisorientierung« gehorcht. O Gott im Himmel, sieh darein!

Erlebnis-Shopping Verspricht das Warenhaus Hertie (»Ein gutes Stück neues Frankfurt«). Wir stellen uns gern das Erlebnis des beherzten Griffs nach dem Joghurtbecher vor, besser noch das Erlebnis des knallharten Kampfes um die letzte Unterhose zu 1,– DM, obwohl gerade dies im Zeichen des → Trading-up in letzter Zeit weniger zu beobachten ist. So richtig erlebt man aber erst was, wenn man für den zusammengerafften Ramsch ordentlich abkassiert wird. Wie heißt es so richtig: »Hertie hat Ideen.«

Erlebniswelt »El Dorado, Hotel Erlebniswelt. Die neue Hoteldimension. First Class-Wohnen mit individuellem Pleasure Flair. Sunshine. Fitness. Sportdorado. Der Sport und die Freiheit. Sport Check up, Cyclothek, Multiroomsauna, Relaxing Corner, Tropen Flair. Body Luxus. Der Cocktail aus Palmen und Wasser: Tropic Garden, Tropenpools, Palmenin-

seln. Gaumenfestival ... Das Après Business Programm: Superb das Park Royal. Pyramidenbummel. Pool-Bar. Showfloor. Hot-Hour.«
Anzeige eines Wiener Hotels in der *Neuen Zürcher Zeitung*. Der Fund sprengt freilich fast den Rahmen dieses Buchs. Ein dem unseren analoges Buchprojekt *Dumm-International* sollte baldigst ins Auge gefaßt werden.

Erregungsmenge Beim Marathonlauf in New York erkannte der Dichter Hans Christoph Buch im Publikum eine »Erregungsmenge« und schrieb seine Erkenntnis flugs in ein *Amerikanisches Journal*, das der Suhrkamp Verlag in der angeblich renommierten edition suhrkamp veröffentlichte. Mit fortschreitender Lektüre stellte sich bei uns auch eine Menge Erregung ein, zum Beispiel beim Stolpern über die folgenden Zitate: »Die Grenze zwischen China und Italien verläuft quer durch den Süden von Manhattan« (S. 14), oder: »New-York-Marathon. Zuerst sah ich das Finish im Fernsehen. Dann fuhr ich doch noch hin und habe es nicht bereut. Der Sieger, ein Italiener namens Pizzaiola oder so ähnlich, lief ganz allein durchs Ziel. Ab und zu blieb er stehen, sah sich nach seinen Verfolgern um ... Die Siegerin im Frauenlauf hieß Greta Pretzel oder so ähnlich.« Keine vier Seiten weiter ist unser Dichter kundiger: »Der Sieger hieß Pizzolato, die Siegerin Grete Waitz. Während des Laufs bekam sie vor Erschöpfung Durchfall.« Der Dichter offenbar schon vom bloßen Zugucken. Weiter, wahre Dichtung verträgt keine Pause (vgl. → Dauer): »Broadway, Ecke Bleecker Street: der Taxifahrer, der vor einer roten Ampel eingeschlafen ist, ein angebissenes Sandwich in der Hand und das Steuer im Mund ...« (S. 22) – wär auch zu blöd, wenn er das Steuer in der Hand, den Hamburger hingegen im Mund gehabt hätte ... aber halt, ein Hoffnungsschimmer: »Jede schlaflos durchwachte Nacht in dieser Stadt verkürzt mein Leben um Wochen, Monate, Jahre ...« (S. 30), ach, wäre es doch so, oder besser nicht, wer schreibt uns dann so aufregende

Beobachtungen aufs Papier wie: »Heute ist Vollmond, ›full earth‹ vom Mond aus gesehen. Stimmt nicht. Lady Di hat eine neue Frisur« (S. 40), oder: »Wir überfliegen das Pentagon. Es hat tatsächlich fünf Ecken«, im Gegensatz zum Hut, der bekanntlich nur drei hat, und unter dem H. C. Buch sich expressis geschwallis als »Dichter« fühlt.
Wolle mern reilasse?
Vgl. → Suhrkamp-Kultur, → Verletzungserregung, → Verwundbarkeit.

Erstautor Ex-DDR-Deutsch für einen, der sein erstes Buch veröffentlicht. In den alten Bundesländern heißt er Newcomer oder Upstarter.

Erstschlagsfähigkeit Früher unter Rommel und Weinstein: Vorwärtsverteidigung.

Ervögeln Die Redaktion *Dummdeutsch* hat das Wörtchen zwar noch nicht im Alltag vernommen – aber es soll es geben; nämlich nachgewiesen ist es in Cora Stephans Essay *Ganz entspannt im Supermarkt* – und gemeint ist genau das, was es besagen will: Zu bestimmten Krisenzeiten der → Szene kamen Babys nicht als Folge von Lustbarkeit, aus philosophischen Gründen oder wenigstens zufällig heraus, sondern wurden von Frauen so zäh wie streng intentional ervögelt. Denkbar wäre, das Transitivum auch auf andere Zielabsichten auszuweiten: sich den Schlaf ervögeln, sich Ausgeglichenheit ervögeln, sich Geilheit ervögeln. Mit welchem letzteren die Katze sich allerdings definitiv in den Eisack beißt oder wohin restlos entspannt auch immer.

Erwachsenenbildner Solche gibt es vor allem im Volkshochschul- und überhaupt Erwachsenenbildungsbereich. Vom einfachen Lehrer unterscheiden sie sich durch das spezifisch Bildnerische, das diesen meist gutgewachsenen Menschheitshelfern sichtbar anhaftet.

Erwartungshaltung Den schönsten Mindersinn zu diesem – unter vielen anderen – verheerendsten »Amöbenwort« (Uwe Pörksen) als einem speziellen und z. T. großkotzig nonsensigen Doppelmoppelgewese speziell der 80er Jahre ließ sich der einst maoistisch gesinnte Ex-Fußballer Paul Breitner anläßlich eines Veteranen-Fußballturniers in Südamerika einfallen: »Die Qualität konnte der Erwartungshaltung nicht standhalten.«
Gemeint ist bei der Erwartungshaltung wie beim gleichbedeutenden → Erwartungshorizont immer und ewig die gute alte: Erwartung. Oder mit Breitners deutsch-spanischem Kollegen Bernd Schuster in einer spezifischen → Standardsituation zu reden: »Die Erwartungshaltung in Deutschland wäre bei meiner Rückkehr zu groß.«

Erwartungshorizont Dem Hansi Müller (vormals VfB Stuttgart) aber blieb es vorbehalten, hierzu und anläßlich der akuten Übersiedelungsprobleme Rummenigges nach Italien den allerartigsten Satz zu basteln: »Wie mir Kalle selbst gesagt hat, ist er sich vollends im klaren darüber, daß wahnsinnig viel auf ihn zukommt vom Erwartungshorizont her, daß er ein Spieler ist, der knallhart an seinen Erfolgen gemessen wird.«
Zitiert nach *Bild* vom 3. 4. 84 – und im übrigen war H. Müller ein Spieler, der wo einst Deutschabitur gemacht haben tut knallhart.

Erziehungsdefizit Neben dem Bildungs-, dem Erfahrungs-, dem Technologie- und dem → Sinndefizit ist auch dieses recht beliebt. Wo? Vor allem in den »verschwurbelten Köpfen« (Katharina Rutschky) der zeitlos-aktuell bräsigen Humanpädagogik: *Erziehungsdefizite in Familie, Schule und Gesellschaft* (Buchtitel von Peter Struck, 1982).
Worum geht es? Um das Ästimationsdefizit eben dieser Humanpädagogik, das sich allzeit in der nimmermüden Einführung scharfklingender Schwerstbegrifflichkeiten beseiti-

gen will. Da wäre dann natürlich auch ein → Interaktionsdefizit, ein Glücksdefizit und ein Lustdefizit anzuraten. Wenn's die nicht eh schon gibt.

Euro- Kennen Sie alle von den Euroschecks, den praktischen. In letzter Zeit wird nahezu alles »Euro«, also grenzüberschreitend besser und internationaler: z. B. »Euroweiß« und »Euro-Glas«. Unser Kanzler Kohl kennt gar die »Euro-Sklerose«, was aber nichts mit ihm zu tun haben soll. »Euro« ist immer westlich, »drüben« hieß das »Inter« wie »Intershop« oder »Interpelz«.

Exponat Vermutlich ein DDR-beheimatetes Dummdeutsch mit jenem Flair von Design, das die Aura hinterm eisernen Vorhang des Ofens hervorlocken soll.

F

Fahrzeugaufkommen, hohes Der Skandal ist perfekt: Ja, wo kommen denn die vielen Brumbrums auf so wenig Autobahn her? Ja, wer soll denn nun für den zähfließenden und schließlich stockenden Verkehr aufkommen? Ja, wo kämen wir denn hin, wenn wir das Fahrzeug zu Hause ließen? Ja, da kämen wir ja gar nicht weit. Dann dürfen wir uns aber nicht wundern, wenn solche verbotenen Wörter aufkommen – oder, mal ganz spitz: Wer den Dachschaden hat, sich mit allen anderen auf die Straße zu stürzen, braucht für derlei Krawalldeutsch aus dem Autoradio nicht mehr zu sorgen.

Familienfrau Heißt nicht, daß sich jeder bedienen kann, sondern, daß diese weiterhin alle bedienen muß. Früher schlicht Hausfrau, durch die schwer bedenkliche Trennung »Nur-Mutter – Nur-Hausfrau« zur Familienfrau aufgewertet. Rente gibt's trotzdem keine.

Familiengerecht Das Erbauen familiengerechter Wohnungen unterstützte Franz Josef Strauß 1985 nach eigenen Angaben mit 30 Millionen Mark. Von den Fußgänger- und Verkehrsgerechtigkeiten namentlich der CSU mal gar nicht zu reden.

Fangfrisch Sind heute oft Sardinen. Und eben nicht → ofenfrisch und → sahnefrisch.

Faschistisch Der Schwerbegriff hat sich in den letzten Jahrzehnten zielstrebig zu dem Blindgänger hochgedient, den sein Widerpart, das meist DDR-beheimatete → Antifaschistische, schon seit dem »antifaschistischen Schutzwall« (DDR-Deutsch für DDR-Mauer) vorstellt. Als Reiz- und Imponier-

vokabel wohnt dem Faschismus nach wie vor erstaunliche Kraft inne, ja eine sich vielleicht sogar mehrende – was z. B. der Erfolg eines Buches wie der Theweleitschen *Männerphantasien* vermuten läßt.
Der allzeit drohend gehobene faschistische Zeigefinger im Verein mit dem Glückversprechen chimärischer Schweinigeleien – da wird sogar der alte *Spiegel*-Augstein mit einer Großrezension nochmals munter.

Fast-think Ist »Info-Speichern statt Denken«. Sagt ausgerechnet Fritz J»oetheschänder« Raddatz, und wurde »auf eigenen Wunsch« (haha) von »seinen Aufgaben entbunden« (hahaha), um eine »Professur« (hahahaha) in Paris (!) anzunehmen und der *Zeit* nur noch als »Kultur(!)korrespondent« zu dienen. Es wird immer toller. Vgl. → Haptik, porige.

Feeling »Das feeling«, definierte Wolfgang Prosingers → *Scene-Sprache*, »ist das A & O des alternativen Lebens.« Deshalb habe es möglichst → authentisch zu sein. Oder mindestens → echt. Oder jedenfalls → geil. Im unter Umständen sogar wieder treudeutschen Sinn der nagelneuen Gertrud Höhlerschen »Fühlqualitäten«; es darf dies alles nicht wahr sein, ist es aber.
Die Steigerung bzw. das Ziel des Feelings sind die Vibrations, die möglichst good zu sein haben; sonst ist auf sie gepfiffen.

Fehlheilung Nennt es Professor Rupprecht Bernbeck, wenn durch seine Schuld, ob Kunstfehler oder Dreck im OP, fast zweihundert Patienten geschädigt bzw. behindert sind. Und schämt sich dessen nicht.

Feld Der Landbevölkerung vertraut als Stätte des Kartoffelanbaus und des Fußballspiels (Kreisliga Südwest); begegnet uns auch gerne noch in Gestalt des Feldschrats, der Feldflasche und des Feldsalats. Schwer verdächtig des Wirrsinns in Tateinheit mit vorsätzlicher Verdummdeutschung sind hingegen das Handlungs-, Berufs-, Lebens- und Politikfeld. Das ist eben die → umgreifende Vernetzung des allseitig Feldhaften, von dem sich Acker- und Fußballfeld noch nichts träumen ließen. Vollends zu blamieren und abzuführen ist das Erlebnisfeld, besonders wenn der Kaufhof darauf seine »sun & fun Mode« abfeiern will (»Laß die alten Strikkies zur Hölle fahren«).

Fernbedienung Für Leute, die zu faul sind, vom Sofa aufzustehen. Nahbediener erheben sich und knipsen eigenhändig, ja selber aus.

Festschreiben Bedeutet keineswegs die Einladung zu einem Fest noch eine Festschrift. Sondern: etwas schriftlich festlegen (Parteiprogramm u. a.). Ersetzt das bislang genügende »aufschreiben«, bedeutet auch nicht mehr, suggeriert aber eine gewisse Gediegenheit. Spätestens beim → Fortschreiben dessen, was kürzlich »festgeschrieben« wurde, ist wieder alles beim alten. Bedrohlich auch das ziemlich gleichbedeutende »festmachen«, das uns vor allem auch aus eher losen Feuilletonistenmäulern immer öfter unterkommt.

Fetzig War früher vor allem Rockmusik. Heute ist es auch Beethoven. Der nämlich »fetzt voll rein«. Was das Fetzende sei, ist schwer zu sagen. Am ehesten so: was → Flippiges, aber mit jenem affengeil → Ätzenden versetzt, welches eben so rattenscharf heavy zu sagen ist.

Finden, Erfinden Hier handelt es sich um einen späten und wehen Nachklang zu Adornos *Jargon der Eigentlichkeit,* nämlich um einen besonders gepflegten und krisenfesten Feinsinn inmitten der machtgepolsterten Innerlichkeit. »Finden und Erfinden – Erzählungen vom Erzählen«, so lautete die Aufschrift z. B. eines Plakats, auf dem Peter Härtling einst besonders feinmimisch und auch merkwürdig verschlankt auf Frankfurt hinausschaute, um eine gleichnamige Vorlesungsreihe zu annoncieren.

Fit-Club Innerhalb des Reiseunternehmens DER ein Club, der unter anderem »Fit-Club-Fahrten« managt und überhaupt nicht ganz dicht ist.

Fitness Für die sind, meist in Anzeigenserien, unter anderem Walter Scheel, Anneliese Rothenberger und Peter Hofmann. Gegen sie sind nach neuerer Schätzung noch ca. 4000 Deutsche. Ehre ihrem Angedenken. Eine ZDF-Sendung 1982 betitelte sich »Alter schützt vor Fitness nicht« – und es ist nicht bekannt, daß der Titelerfinder für diese moralische Aufrüstung hinter Kerkermauern gelandet wäre. »Der größte Fitnessbrocken aller Zeiten« war laut Sidne

Rome bis Sommer 1983 das Aerobic, wurde dann aber durch Stretching abgelöst sowie durch Breakdance. Vgl. → Erlebniswelt, → Trimm.

Flächendeckend Flächendeckend operierte einst nicht nur der Libero Beckenbauer, sondern heute tut es vor allem die Post, das Kabelfernsehen sowieso – und nicht zuletzt sollte es aber auch laut *Stuttgarter Nachrichten* 1985 ff. der damalige SPD-Kanzlerkandidat Rau baldmöglichst lernen, »bundesweit flächendeckend politischen Einfluß auf die Partei zu nehmen«.

Flankierende Maßnahmen Ein dummwehmütiger Rekurs auf die Große Koalition der mittleren 60er Jahre unter der begrifflich-metaphorischen Fronherrschaft Karl Schillers. Heute praktisch vergessen.

Fleurist Neudeutscher Euphemismus für den alten Blumentandler. Der »Fleuroingenieur« dürfte nicht mehr lange auf sich warten lassen. Warum aber nicht auf das von Jean Paul (im *Quintus Fixlein*) überlieferte »Blumist« zurückgreifen? Weil es ja auch nicht »Blumop« heißt. Sondern »Fleurop«.

Flippig Ursprünglich → Szene- und Disco-Deutsch und lange Zeit meist in den Verb-Versionen »flippen«, »ausflippen, »rumflippen« bekannt; später auch in den Formationen »Flippi« (etwa identisch mit »Freak«) und »Flipperfraktion« geläufig und mit einem gewissen, nicht unpräzisen parapolitischen → Stellenwert versehen. Nachdem aber heute jede durchgedrehte Hausfrau und jeder knallköpfige Schlaffi sich als »flippig« versteht und ehrt, bedeutet das ex ovo nicht unfarbige Wort heute schließlich und endlich auch gar nichts mehr.

Fluggastbrücke Da war uns die alte Gangway aus drei Gründen lieber: 1. ist ein Flughafen der letzte Ort für neue deutsche Sprachschöpfungen; 2. merkte man gleich beim

Aussteigen, wie das Wetter war; 3. ist der Fluggast schon längst kein Gast mehr, sondern Opfer des legalisierten internationalen Luftverbrechertums, dessen finales Werkzeug, die Fluggastbrücke – eine Art ausziehbare Gummizelle – absaugt, was vom Reisenden übriggeblieben ist, der das ganze Programm hat kosten dürfen: Eingepfercht in Fluggastbatterien, sich und andere mit dem Kartonfrühstück bekleckernd, von bräsigen Lügen über die Verspätung beleidigt und von aberwitzigen Durchsagen an Lädies en Dschennelmän um den gnädigen Schlaf gebracht – gebrochene Naturen, zu schwach, den Hals unter dem wissenden Grinsen am Ausgang zu würgen. Dies und noch viel mehr spricht gegen die Fluggastbrücke.

Folgeschäden »Ja, mit de Beamte is des asselbe. Des teure an dene san ja im Endeffekt auch net nur die Gehälter, sondern die Folgeschäden, von dem, was's machen, weils immer noch was leisten müssen ... also, wenn die Beamten endlich amal überhaupts nix mehr leisten müßtn, des waar für unsere Volkswirtschaft eine Riesenerleichterung« (Hanns Christian Müller / Gerhard Polt, *Wirtshausgespräche*, 1985).

Formel Solidität suggerierendes Modewort der Werbesprache. Honda-Automobile bieten demnach »Die Formel für Erfolg«, Volkswagen offeriert eine »Formel E«, und der Stauborgasmus der deutschen Hausfrau gelingt nur mit der »Citrusformel« von Meister Propper. Vgl. → Blitzsauber.

Formfleisch Ist in der Tat eine Sauerei, nämlich ein aus Resten und Gekröse gepreßtes Stück, das vorgaukelt, ein Schnitzel o. ä. zu sein. Besonders gern verwenden sensible Schlachter hierfür auch Känguruhfleisch, das in letzter Zeit immer wieder als »Wild« in den Handel kam. Achtung: Formfleisch ist immer paniert (damit es zusammenhält) und äußerst schnitt- und bißfreudig (weil nicht von Gott zusammengefügt).

Form-Heck Was früher Kofferraum hieß und selbstverständlich vorn oder hinten am Auto dran war (den Käfer lassen wir mal aus), heißt heute also Form-Heck und kostet natürlich Aufpreis, weil es »beispielhaft alle Vorteile moderner Kompaktwagen mit den Vorzügen einer frischen und jungen Stufenheck-Limousine« verbindet. Meint die Firma Opel, deren Werber die kreativsten sind, ach was: die besten, schönsten, schlanksten, eben einfach: → top.

Forschung Kaum zu fassen, daß selbst ein so fromm unschuldiges Wort es spätestens via seine wildgewordenen Dependancen – »Grundlagenforschung«, »Verhaltensforschung«, »Weltraumforschung«, »Friedensforschung«, »Frauenforschung«, »Konfliktforschung«, »Katastrophenforschung«, »Unfallforschung«, »Chaosforschung«, »Attraktivitätsforschung« und anderem Mumpitz – peu à peu zum Dummdeutschbrocken bringen konnte.

Fortschreiben Nicht zu verwechseln mit → festschreiben. Sondern eher das Analogon zum »Weiterdenken«, das wir eigentlich auch in dieses Dumm-Wörterbuch hätten → einbringen müssen. Avanti, Kugelschreiber, schon aber wird fortgeschrieben zum nächsten Stichwort, welches lautet:

Frauenfeindlich Ist heute praktisch alles.

Frauenkultur Die Frauenkultur ist das Gegenteil der allzeit schmutzigen *Männerphantasien* (Theweleit), sie besteht aus Frauenliteratur, Frauenzeitungen, Frauengruppen und Frauenkneipen, und gültig auf den Begriff gebracht hat sie in ihrem Gedicht *Endlich Frauenkultur* die Hamburger Frauenkulturschnepfe Svende Merian: »Laß uns die Männerwelt vergessen.« Nein, besser hätte es auch die Neu-Hamburger Frauenkulturhenne Angela Praesent (*neue Frau*) nicht gakkern können. Von Alice (*Emma*, ARD, ZDF usw.) fast nicht zu glucksen.

Frauenspezifisch Sind vor allem Frauenberufe, Frauenrollen, Frühlingsrollen, pardon: Frauenzeitungen und Frauenkneipen – vor überhaupt allem aber ist es die frauenspezifische → Betroffenheit, neuerdings und, laut *Emma*, allen voran, durch den »Virus Mann«.
Gott, der gerechte. Aber auch ER ist ja bekanntlich ein Mann. Vorerst noch ...

Freie Marktwirtschaft Na ja, irgendwie gehört auch die zum Dummdeutsch. Doch.

Freiflächenentwicklungsplan Einen solchen hat schon vor einem Dezennium die Stadt Frankfurt erarbeiten lassen und als Broschüre veröffentlicht. Immerhin acht Jahre hat es gedauert, bis feststand, wohin die Stadt ihre Freiflächen gern entwickelt hätte, will sagen, wie die letzten unbebauten Plätze in der Stadt zu versauen seien. Wer die Betonier- und Plattenlegewut in Frankfurt kennt, wird sich nicht wundern, wenn aus den nun erkannten Freiflächen schon bald noch mehr abwaschbare Wallmann-Plätze (so der Name des damals zuständigen OB) geworden sind.

Freiheitlich Aus Leserkreisen werden wir darauf aufmerksam gemacht, daß zwar die landläufig bekannte »freiheitliche Grundordnung« bzw. »das freiheitlichste Staatswesen, das es je gab« etwas unleugbar Schönes sei; daß dem das »Freie« ersetzenden Quasi-Superlativ »Freiheitlich« nichtsdestoweniger etwas übers reichlich Kauzige hinaus Blödheitliches eigne, welches befürchten lasse, daß uns im Zuge der allgemeinen Blähungen und Auswuchtungen bald keine »Freiheit«, sondern nur noch »Freiheitlichkeit« auf die Nerven gehen möchte.

Freiräume Gibt es vor allem in der → Kreativität. Dort sind die → Mechanismen des Markts, der Politik, der Religion, der Gesellschaft, des Kapitalismus usw. noch nicht so stark. Das

Bewußtsein ist noch nicht so »in Gettos kaserniert« (Johann Baptist Dumpfmoser). Und man kann sich also noch einbeziehen und oft sogar voll → einbringen. Und zwar nicht nur → kreativ, sondern auch → aktiv und oft → voll.

Freisetzung Dem Mitarbeiter steht es frei, seinen Hut zu nehmen. Andernfalls wird er vor die Tür gesetzt.

Freistellen Besonders ekliger Ausdruck für die Entlassung abhängig Beschäftigter, die noch nicht einmal »umgesetzt« oder anderweitig »verplant« werden können. Und vielleicht nicht mal → freigesetzt.

Freizeitecke Gibt es seit einiger Zeit an Schulen. Dient dem → Relaxen, dem geistigen → Trimmen und der allgemeinen → Frischwärts-Bewegung.

Freizeit-Knick Der Freizeit-Knick ist keineswegs der Analogie-Knick zum Pillen-, zum Geburten- und zum Arbeitslosen-Knick; noch signalisiert er eine bedrohliche Reduzierung unser aller ständig fortschreitender Idiotisierung durch Vulgärhedonismus. Sondern er ist sogar noch blöder, nämlich hoffnungsfroher. Er bedeutet, laut Anzeige der Firma Lattoflex im Rahmen der »Aktion besser schlafen« sowie der »6. Betten-Testfrage«, daß man »per Hand oder Motor« aus einer Schlafcouch eine geknickte (aha!) Sitz- und Liegecouch machen kann. So daß die allseits zufriedenstellenden → Strukturen des niederen Lebens → irgendwie noch schöner und flachsinniger zu werden versprechen.

Freizeitland So heißen heute wahlweise gewisse Supermärkte oder aber auch Spielgelände für Infantile und Regressive.
Dagegen wurde das angejahrte Museum kürzlich von *Das illustrierte Wochenblatt* als neuer »Freizeit-Hit« ausgerufen.

Freizeit-Tag Auch die *FAZ* ist jetzt schwach geworden. Nach dem schon waltenden Inferno aus → Freizeitecke, → Freizeitland und → Freizeitwert etabliert ihr sonst so gediegener Redakteur Friedrich Karl Fromme qua Leitartikel in Gestalt von Weihnachten und Ostern das ehedem »Feiertag« genannte Prinzip des »Freizeit-Tags«.

Freizeitwert Haben heute u. a. Städte, Stadtteile und ganze Länder, vor allem Bayern. Freizeitwert hat irgendwie mit Freiheit, Freibier, → Lebensqualität, → Frischwärts und vor allem mit → Friedenssicherung, → Kulturidentität und → knabberknackig zu tun.
Der Berliner Ex-Baustadtrat Antes, früher von Amts wegen mit Freizeitwerten beschäftigt, dann von Amts wegen in Untersuchungshaft, über die Puffs eines Herrn Schwanz in Berlin: »Sie haben einen hohen Freizeitwert für Berliner und Berlin-Touristen, gleichsam als Sozialstation.«

Freßliegeboxen Ein besonders apartes unter vielen Beispielen aus dem Deutschneuschöpfungsinferno der Pharmaindustrie. In diesem Fall bezogen auf die wünschenswerte Profitmaximierung bei der Schweineaufzucht – mit Freßliegeboxen sind nämlich die Ferkel rentabler und rücksichtsloser auf ihren Naturzweck hinzukriegen; die kostensparende Produktivität unter Umgehung von Streßgefahren. Nachlesen kann man dies und vieles mehr genauer in der Zeitschrift *Schweinewelt – Berichte und Informationen für die Schweinepraxis*. Aufgespürt und mitgeteilt von Robert Gernhardt, in: *Letzte Ölung*, 1984.

Frieden Abwesenheit von Krieg; Arbeitsfrieden = Abwesenheit von Streik; Betriebsfrieden = Abwesenheit von DKP-Mitgliedern; häuslicher Frieden = Abwesenheit der Alten; Friedensnobelpreis = Anwesenheit von jeder Menge Kohle; Friedenspfeife = Anwesenheit von Apachen und Komanchen; Friedensstörer = Anwesenheit von Störenfrieden.

Friedenspflicht Laut *Spiegel* eine Genscher-Erfindung. Dagegen kommt die »Anschnallpflicht« direkt aus dem Zentrum der Haager Menschenrechtskonvention.
Ist die Friedenssicherung eindeutig eine Domäne der CDU/CSU, so wird der zuletzt wieder häufiger vernehmliche »Friedenskampf« vornehmlich, wenn auch nicht exklusiv, von der Gegenseite (Träumer, Chaoten, Terroristen usw.) geführt oder doch reklamiert.

Friedenspolitik Genaueres über diesen Schleim an Verschleierung aus der Politik der frühen 80er Jahre erfährt man z. B. in dem Sammelband *Tatort Wort* (1983) oder bei uns unter den Stichworten → Entsorgung, → Nachrüstung und → Null-Lösung.

Friedenspotential Dazu orakelte der Schauspieler und einstige Präsident Ronald Reagan: »Das Friedenspotential sollte

uns optimistisch stimmen, und laßt uns niemals, niemals davor zurückschrecken, miteinander zu sprechen.«
Genau.

Friedenssicherung Auch zur Friedenssicherung gibt es zahlreiche ausgezeichnete Wortbeiträge, der stärkste stammt aber wohl doch von Baden-Württembergs Minister Mayer-Vorfelder: »Der utopische Charakter verschiedener Konzepte der Friedenssicherung sollte den realen sicherheitspolitischen Erfordernissen des internationalen Systems gegenübergestellt werden.«

Frischegarantie Mit diesem erfrischend und doppelt frischsaftig positiven Monster, getragen u. a. von der Freiburger Breisgau-Milch, schließt sich der Kreis aus → Frischwärts und → Frischepack jenseits von Max Frisch.

Frischepack Der Frischepack der Firma Van Nelle Halfzware enthält, wie zu erwarten, »echten Geschmack«. Vgl. → echt, → frischwärts, → knabberknackig, → ofenfrisch, → sahnefrisch.

Frischwärts Eine Wahnsinnsbewegung der mittleren 70er Jahre, angeführt von dem gleichnamigen Werbeslogan zugunsten der Cola-Getränke. Man braucht nicht Theweleit zu heißen, um hinter der Frisch-Ideologie, ja Frisch-Metaphysik über die hausfrauliche Sauberkeits-Psychose hinaus latenten Faschismus zu wittern. Der sich z. B. zu dem sanften Massenwahn des Tchibo-gesteuerten Autoaufklebers »Alles frisch« entlatentisierte.
Die Frischwärts-Tollerei gibt es in Deutschland auch englisch: als »Fresh-Lotion« etc.
Insgesamt hat der Frisch-Wahnquatsch sicherlich auch damit zu tun, daß sich die Leute, wie man hört, heutzutage bis zu dreimal täglich waschen und duschen. Pfuiteufel.

Frisierkopf Bei diesem bildschönen Objekt handelt es sich um eine waschbare Plastikbirne mit Kunsthaar, an der kleine Mädchen lernen, daß der Dez vorwiegend zum Frisieren und Bemalen da ist.

Frühlingsleder Bedeutet nicht, daß das betroffene Tier sich zwischen März und Juni von seiner Haut verabschieden mußte, sondern daß die Firma C & A den Käuferinnen mal wieder die Hirnrinde gründlich gerbt: »Chère Madame, warum ich Ihnen zu diesem extravaganten Frühlingsleder-Ensemble rate? Nicht etwa, weil ich zufällig der Createur dieses Kostüm-Modells bin, sondern vor allem deshalb, weil ich ahne, daß Sie – chère Madame – darin überall in Ihrer Umgebung den Frühling wecken werden ...« Sibirien, Sibirien!

Frühlingsquark Es gibt eine Jahreszeit, von der die Werbung offenbar nicht zu Unrecht annimmt, daß schon ihre Assoziation Käufer in eine freudige Aufbruchstimmung versetze, die nicht nur ins Grüne oder zum Frühjahrsputz führt, sondern auch die Anschaffung von allerlei Artikeln begünstigt, die das Prädikat »aprilfrisch« tragen (ist der Februar nicht ungleich frischer?), oder die sich, wie im Fall des Frühlingsquarks, durch eine Prise → gefriergetrockneten Schnittlauchs und einen kleinen Aufpreis bemerkbar machen. Vor den Erwerb sei also die Früherkennung gesetzt. Vgl. → Frühlingsleder.

Frühlingswein Frage uns keiner, wieso und warum und was das nun wieder ist – aber: den gibt's auch. Und warum auch nicht.

Frühwarnsystem Der amerikanische Präsident ist, wie üblich, sehr früh aufgestanden. Da warnt ihn sein System, daß irgendwas Komisches im Anzug ist. Das hat er so intus. Es könnte ja auch eine Grippe sein. Also schnell ins Bett zurück, ehe er falschen Alarm gibt und den ganzen Haushalt unnötig in Aufruhr versetzt. Der Komet zischt vorbei. Na, das ist ja noch mal gutgegangen.

Frustrieren Die Frustration hatte ihre Gebrauchsklimax Ende der 60er Jahre und ist heute im Aussterben begriffen. Ein Wunder? War's am Ende doch zu frustrierend, daß seinerzeit etliche Hauptschullehrer das Wort in einem ihrer Bandwurmsätze 27mal verwendeten? Immerhin, der heute noch hin und wieder vernehmliche »Frust« ist wenigstens kürzer.

Funktionsgerecht Ist heute vor allem das Bauen, das Sanieren, das Gestalten, das Wälderabholzen, das Landschaftzerstören und vermutlich die Welt inklusive Mensch überhaupt; freilich aber auch etwas so Kleines und von Haus aus Rührendes wie das Baby beim Kacken. Vgl. → Babyglück.

Fußgängerzone Freiwilliger und massenpsychotischer Selbstmord der Städte. Vgl. → Fußläufig.

Fußläufig Sind vor allem → Fußgängerzonen, nicht zuletzt die in Wuppertal erstellte: »Die Zone soll fußläufig werden.«

G

Gagig Die Buchhändlerin Katharina Engelhardt, 3502 Vellmar, verbreitet, sie wolle nur noch »gagige Schaufenster« gestalten. Auf auf, Katharina, Reclams Vertriebsleiter anrufen, je 100 Exemplare von *Dummdeutsch* (ISBN 3-15-008865-8) bestellen, rein ins Fenster und verkaufen, verkaufen, verkaufen. Fänden wir sehr gagig. Gibt's auch bei der Büchergilde Gutenberg, für Mitglieder – versteht sich.

Ganggenau Sind alle Digitaluhren, was man ihnen auch geraten haben möchte, denn erstens ist gangungenau linguistisch-phonetisch eine noch viel gröbere Zumutung, und zweitens kann man die Schrotthäufchen sowieso nicht verstellen.

Ganzheitlich Könnte irgendwie auf Ludwig Erhard zurückdatieren; oder auf die deutsche Ganzheitspartei; hat aber auch irgendwas mit Pädagogik oder Medizin oder Aktion Gemeinsinn zu tun oder wie; oder wem; aber das ist ja wurscht.

Gebietskörperschaft Was das ist, wissen wir gleichfalls nicht, klingt aber erfreulich eklig, oder?

Geborgenheitsunsicherheit Oxymoron, Paradoxon und offenbares Unikat im Zuge jedenfalls der → Angstneurosen-Kollektion des uns schon weidlich bekannten Horst Eberhard Richter.

Gedenkstättenkonzept, integriertes Fordert der ansonsten hochanständige Verein »Die Wegscheide mahnt – den Frieden sichern« für das Frankfurter Landschulheim, das von 1939–44 Kriegsgefangenenlager war. Immer dasselbe: die

Idee ist schon recht, aber (vgl. → Partner) wenn sie dann den Mund aufmachen, wird wieder alles versaubeutelt.

Geflügelte Jahresendfigur Ehe das inzwischen etwas obsolete DDR-Deutsch restlos vergessen wird, soll diese geflügelte Presse-Pretiose für »Christbaumengel« hier doch, stellvertretend für den Restschamott, noch einmal konserviert, ja konsekriert, ja kanonisiert werden.

Gefrierbrand Kriegen die Rouladen in der Tiefkühltruhe, wenn Mammi irgendwelche Plastikbeutel nimmt und nicht die von der Firma »Dachschaden«, die den »Gefrierbrand« erfunden hat.

Gefriergetrocknet Eins von beiden Verfahren sollte eigentlich genügen, den frischen Dill, der uns als Heustaub ins Rührei rieselt, seines Geschmacks zu berauben, aber bitte, niemand soll uns fortschrittsfeindlich tadeln. Möglicherweise eröffnet die Gefriertrocknung ja neue Perspektiven in Abrüstungsverhandlungen. Was an Raketen bisher aus technischen Gründen nicht eingefroren werden konnte, wird entsprechend gedörrt und auf ein Drittel zusammengeschnurrt am Nordpol an die Eisbären verfüttert.

Gefühlsecht Steht seit langem auf Parisern – neuerdings aber auch, wie wir hören, in eher ländlichen Kulturkritiken.

Gegenuniversitäten Offenbar späte Nachfahren der Antistücke und der Antitheater der rammdösigen 50er und 60er Jahre. Vgl. → Lernfest, → Sommerakademien.

Gehirn-Jogging Leichte Übelkeit stellt sich ein beim Betrachten dieser unästhetischen Formation, die der Bertelsmann-Verlagsleiter Ulrich Wechsler auf der Buchmesse 85 für den Vorgang des Lesens gefunden hat. Man sieht und riecht geradezu, wie die kleinen Zellen in ihren grauen

Trainingsanzügen schwitzend und stinkend durch den Glibber traben. Wechsler wollte offenbar damit andeuten, daß sein Haus den Print-Medien (Büchern) so lange den Vorzug geben wird, bis die menschliche Rübe, von leichter Lektüre ermattet und dem Trivial-Kollaps nahe, nach den Erfrischungen des Videos ächzt, die ihm der vorauseilende Medienkonzern nicht verweigern wird. Dem Gehirn-Jogging ging im Jahr 84 das Love-Jogging voraus, ein Lustspiel an der Frankfurter Komödie und eine Angelegenheit von gleichermaßen gedankenleerer Motorik. Man kann beide sogar gleichzeitig betreiben und dazu noch Musik hören und essen.

Geil → Tittengeil.

Geistig-moralische Führung Erfolgt seit 1982 durch Helmut → Kohl. Der aber auch voll rohr für die »geistig-moralische Erneuerung« geradesteht. Zuletzt etwas seltener und jedenfalls weniger laut.

Gemein- und Partnerschaft Eine »solidarische Individualgemeinschaft« forderte Lothar Späth; eine »Wertegemeinschaft« kühn Heiner Geißler. Ja, was denn nun? Nun, bei Alfred Dregger nennt sich das Ding »Sicherheitspartnerschaft«; so daß wir denn am prächtigsten mit einer Solidarsicherheitswerteindividualgemeinschaftspartnerschaft aus dem Schneider wären.
Insgesamt ist der → Partner nicht nur immer schwerer im Kommen, sondern schon derart mit der guten alten sozialdemokratischen Solidarität kongruent, daß man diese insgesamt schon fast in die *Dummdeutsch*-Hölle aufnehmen müßte; und nicht nur die → Kohlsche und schon fast wieder geniale → »Solidaritätsaufgabe der Tagesordnung der Zukunft«; mit der Folge einer H. E. Richterschen »solidarischen Kooperation« im Sinne des sowohl »Sich- und Miteinander-in-Frage-Stellens« als auch des noch schöneren »Sich-miteinander-Entwickelns in einer Partnerschaft« im Geiste von

wenigstens »einem Stückchen Solidarität«, meint: »Sich-gut-Verstehen«. Hm, ja.

Genußorientiert Ist, glaubt man der seit ca. 20 Jahren ununterbrochen durchbruchsorientierten Prof. Dr. phil. Gertrud Höhler aus Paderborn, heute vor allem, ja allen voran der »Lustleister« im Rahmen der »Anspruchsgesellschaft« sowie sicherlich der gesamtgesellschaftlich christlichsozialliberalen → Orientierungsmuster; wobei Frau Höhler, als die neben und nach Christa Meves unermüdlichste Kraft auf diesem Sermonsektor, dergleichen Brummer seit ca. 20 Jahren jederzeit und sozusagen aus dem Stand approximativ wöchentlich von sich zu speien und notfalls auch noch in Buchform zu pressen vermag, daß selbst Gott Hören und Sehen vergeht.

-gerecht Behindertengerecht, blindengerecht und rollstuhlgerecht sind jetzt Parks, Klos, Ämter und Treppen. Der vorerwähnte Allerhöchste ist dagegen allenfalls noch – paradigmengerecht und in Tübingen daheim.

Geschenkcorner Belegt in Frankfurter Kaufhäusern und auch durch ein Kurzhörspiel von Gerhard Polt *(Im Kaufhauslift)*. »Presentcorner« ist dagegen offenbar noch zu viel verlangt – obwohl sich andererseits die »Präsentation«, im Volksmund genannt »Präsenteischn«, bereits auf breiter Front durchgesetzt hat.

Geschmackscontainer Es handelt sich dabei, analog zur → Aroma-Technik, um dicht schließende Gewürzdosen. »Wohl wahnsinnig geworden?« (W. W. Röhrig.)

Geschmacksneutral Weder → schokoschmackig noch → noggernussig.
Aber → irgendwie auch → umweltpositiv.

Geschmacksverstärker Finden sich seit neustem in Thüringer Bratwürsten, wohl, um aus dem widerlichen Seim, der da in Plastikhüllen gepreßt wird, etwas halbwegs Eßbares zu machen. Wir warten nun auf die Intelligenzverstärker (für die Bundesregierung), auf Lustverstärker (für Herrn Woityla) und auf das Sensibel-Verstärkerchen (für Peter Handke).

Gesichtsduschen Kann man bei der Parfümerie Douglas bundesweit kaufen. Es handelt sich dabei um Mineralwasser in Spraydosen zum Benetzen der werten Rübe. Quelle idée! Macht zehn Mark fünfundneunzig.

Gesprächsfelder »Eröffnet« im Zuge seines allgemeinen – postmodernen – Paradigmenwechsels → ein Stück weit Hans Küng, Tübingen.

Gesundhaut Eine solche macht, deutschen Drogerien nach zu schließen, angeblich irgendeine Creme. Man beachte das hoch elegante Wortspiel mit »Gesundheit«!

Gesundheitspaß Wenn uns die *Metro Handelsinformation* nicht beschwindelt, dann ist »Rudmed« tatsächlich »das Hemd mit dem Gesundheitspaß«. Na ja, wir glauben inzwischen alles.

Gesprächsaustausch Siehe nicht unter → Interaktion, sondern vielleicht unter → Handlungskompetenz. Da ist dieses etwas herzige Relikt aus dem Eigentlichkeitsjargon der 50/60er Jahre nämlich akut zu Hause.

Getreidekontingentierung Irgendwas mit EG und Brüssel und mit langen Ministernächten.
Vgl. → Intensivhaltung.

Glattweg softig Ist die »Mode aus dem Land der Freizeit«, nämlich aus dem Hause Karstadt und für »Globetrotter«,

nämlich: »Nappaleder erster Klasse, Globetrotters zweite Haut … Jeans mit Po-Pockets … Glattweg modisch.«
Was ein schamloses Geschwörl.
»Softig«: ein Beispiel auch dafür, wie gewisse ehedem poetische Techniken des Wortspiels oder des Wortkoppelsinns (softsaftig) in der Werbung nochmals auf den Hund kommen. Was der dazu abgebildete Nappaleder-Dressman, die Linke in der Po-Pocket, mit melancholisch-idiotischem Blick ins Leere stark bestätigt.

Glaubwürdigkeitslücke »Ich habe keine Glaubwürdigkeitslücke, ich war schon immer gegen die Raketenstationierung«, beteuerte laut *taz* Rudolf Schöfberger auf dem SPD-Parteitag 1985 in Hof und wurde deshalb auch prompt zum Landesvorsitzenden gewählt.

Glücksfall Franz Beckenbauer war, auch als Coach, ein Glücksfall für die Fußball-Nationalmannschaft, Peter Hofmann ein Glücksfall für Bayreuth, eine neue Laurence-Sterne-Edition »ein Glücksfall der Literaturpflege« (*FAZ*) – seit einiger Zeit soll auch, laut Theo Waigel, Helmut Kohl »ein Glücksfall fürs Bonner Parlament« sein. Der größte Glücksfall aber ist: Heutzutage darf man jeden, aber auch wirklich jeden Stiefel sagen und schreiben, ohne daß sich jemand noch groß wundert. Und so soll's ja sein.
In besonders eklatanten Fällen aber kommt der Glücksfall gleich doppelt des Wegs: »Wir sind ein gegenseitiger Glücksfall«, so einigermaßen voluntaristisch Peter Boenisch (laut *BamS*) anläßlich seiner Verehelichung mit Susanne Fischer. Ja, und daß der Mann kurz zuvor als Regierungssprecher die Mücke machte, rundet die Gegenseitigkeit irgendwie sogar noch im Sinne des ubiquitären neuen »Glücksappetits« (Gertrud Höhler) zur Omnilateralität auf und ab.
»Herbert Wrdlbrmpfd ein echter Glücksfall für das radiogerecht niederemsländische Hörspiel« – man kann und kann es nicht mehr hören. Muß aber.

Grausamkeitsarbeit → Erinnerungsarbeit.

Grenz- »Haben im kulturellen Kontext der Grenz-, Entgrenzungs-, Begrenzungs- und Grenzübertrittsgeschichten die 80er Jahre überhaupt eine eigene Signatur?« (Wolfgang Rath, *Entgrenzung ins Intersubjektive. Zu den literarischen achtziger Jahren*, Suhrkamp 1992). – »Ja, eine von Ausgrenzung, leider!« (Egon Krenz.)

Grenzüberschreitend Eberhard Falcke heißt der Mann und Literaturkritiker der *Süddeutschen Zeitung*, der uns in einer Buchrezension zeigt, wo's mit und nach den → Annäherungen und → Versuchen sowie nach der → Spurensicherung innerlichkeitsmäßig und schöngeistigst weiter- und überhaupt langgeht.

Nämlich es geht unter vielem anderem um »Orientierungsgänge« (→ Orientierungshilfe); um »Andeutungen«, die »in Beobachtungen, Reflexionen und Betrachtungen aus(ge)breitet« werden; um reichlich beschwipste »Explorationen« und schon berauschende »Bedingungen für Identitätsbildung und Selbstverständigung«; es geht ferner darum, an »Identitätsentwürfe und Denkmodelle anzuknüpfen« und möglichst unbeschwert und ohne grün und rot zu werden an die »Gemeinschaftlichkeit und diskursive Verständigung« zu denken; so daß, wenn's gut geht, »gehaltvolle, bewegliche Denkstücke entstehen«, möglicherweise sogar »Suchbewegungen des Peter Glotz« (vgl. → Qualifizierungsoffensive des Peter Glotz) – kurzum: bei all dem verworrenen und dafür nur um so lautforscheren Gemurmel handelt es sich um »Erkundungen«, welche die «grenzüberschreitende Suche befördern«.
Und da sage noch einer, a) die Innerlichkeit habe bei uns weitgehend ausgespielt; b) mit der Joyce-Carol-Oates-haft grenzüberschreitend bewußtseinserweiternden Kooperation sei es auch nichts mehr; und c) die *Süddeutsche* sei eine halbwegs zurechnungsfähige Zeitung. Klar, daß inmitten einer solchen Schwer-Bagage von schönen Seelen wie der von München ein Hans Maier nicht mehr den Kultus-Kasper machen wollte.
Grenzüberschreitend sind andererseits auch die interdisziplinär-metafakultativ hedonistischen → Lernfeste und → Sommerakademien sowie die ab sofort grenzenlos offenen → Gegenuniversitäten.
Westberlin war dagegen bis zur Neuvereinigung an ein »grenzüberschreitendes Energieversorgungssystem« angeschlossen, nämlich mit Sibirien – nein, der Russe macht ab sofort auch vor nix mehr halt. Unterdessen umgekehrt die Frankfurter Musiksommerfestspiele 1992 mit dem Titel »Grenzfälle fallende Grenzen« die Hommage an den Russen mit der schon üblichen wahnwitzigen Wortspielartistik fusionieren.

Grill-Shop Ex-Imbißbude.

Groß fahren Früher wurde ein Thema vom schrumpeldeutschen Journalistenjargon »groß aufgemacht« – heute groß gefahren.

Großraumdekorations-Element Natürlich hätte die renommierte Frankfurter Scherzartikel-Firma Sennelaub ihre zehn Meter langen Luftschlangen und Papierketten im Bavariamuster einfach als solche anbieten können; aber wo bliebe beim Schaufenster-Betrachter dann der Eindruck von flughafenmaßstäblicher Prachtentfaltung, von weißblauem Sphärengeraschel und unauslotbaren Lustbarkeitsdimensionen, der ihn erst zum Käufer dieser Dinge macht? Das fragen wir Sie!

Großraummine Sofern uns unser freier Londoner Korrespondent keinen Bären aufbindet, handelt es sich dabei um den »Lamy Liner M 31« – einen Kugelschreiber. Ja, Großdeutschland sucht halt noch immer Räume – die schon der alte Faust II nicht gefunden hat.

Großschadensereignis Hört sich doch schon ganz anders an als »Katastrophe«, oder?

Gruftis Heißen heute die Vertreter der mittleren Generation bei den Jungen, denen die ganz Alten quasi als Staubis und Aschis schon aus dem Gesichtskreis entschwunden sind. Gleichwohl hat die Vorstellung, daß die noch frischen 40jährigen Klopfzeichen aus den Grüften geben, während ihre ungezogenen Kinder, die über ein kurzes von noch jüngeren in die nämlichen Gruben getreten werden, über ihren Köpfen tanzen, etwas überraschend Tiefes, Reifes, ja nahezu Apokalyptisches, eine Einsicht in die Weltordnung und die ökologischen Kreisläufe, wie man sie den jungen Dingern gar nicht zugetraut hätte.

Grunddaseinsfunktionen Wenn wir unserem Informanten Glauben schenken dürfen, handelt es sich da um eine neue und professorale Schwerkategorie, nicht aus der Existenzphilosophie, sondern auch noch weit über den vorerwähnten Faust II hinaus aus dem Bereich der sog. Planer- und Sozialgeografie speziell Braunschweiger Prägung vor dem Hintergrund der heute allgemeinen Probleme des Arbeitens, Wohnens, Bildens und der Verkehrsteilnahme. Schön zu ahnen aber auch, daß die Daseinsgrundfunktionen in diesem speziellen Genre genau das gleiche bedeuten.

Grundi Verharmlosender, eigentlich verwahrloster Soldatenausdruck für die militärische Grundausbildung. Nach der Grundi sind dann alle schlaffi, wollen nur noch saufi und wichsi, und sind schließlich so bekloppt, wie sie es verdient haben.

Grundströmung Diese wird gern und meist als eine »breite« von Politikern verspürt. Aber nur, wenn's in den Kram paßt. Oder wenn sie sich eine Idee vielleicht *zu* wohl fühlen.

Gutdraufsein Eigentlich: gut drauf sein. Der ehedem im Szene-Deutsch heimische Infantilismus meint ungefähr, auf die eigenen good vibrations echtgut abfahren und vollfit die eigene Power spüren.

Gut unterrichtet Sind immer Kreise. Meist in Bonn, aber auch in anderen Hauptstädten. Warum dann trotzdem nichts dabei herauskommt: ewiges Geheimnis der Politik.

H

Haarneutral Im Fernsehen warb »Gard« für ein Shampoo mit »haarneutralem PH-Wert«. Ja ja, die Akademisierung der Haare im Zuge der → Gegenuniversitäten im Fernsehen wird immer pädagogisch-hochschulmäßiger, ja suhrkampdiskursverdächtiger.

Händlerschürze Heißen nach Meinung des Moewig Verlags ab sofort Kleinpakete »für Ihre Verkaufsräume«. Wieder einmal haben die Insassen die Leitung der Anstalt übernommen.

Haftungsgemeinschaft Einer solchen Einrichtung gehören unter dem Vorsitz von H. Hupka die Schlesier »als Deutsche« an. Was will der ebenso schwerblütige wie leichtsinnige Mann damit sagen? Daß die schlesische Scholle noch immer an seinen wie ihren Hosensäumen haftet, oder daß der Verein die unbeschränkte Verantwortung für alles übernimmt, was dort von den Garderobehaken verschwindet? Geheimnisvoller Osten.

Halbamtlich Damit zerstörte uns der Köpcke jahrelang die Nerven, besonders durch sein Expertenwissen, das er immer aus der »halbamtlichen Kairoer Zeitung *Al Ahram*« bezog.

Handerotisch Ist laut Verlagswerbung die Ausstattung der Bücher der Edition Pestum im Schneider Verlag. Mit anderen Worten: Geschenkt ist noch zu teuer.

Handlungsbedarf Allzeit gern gebrauchter Politiker-Schmonsus, bestens geeignet, persönliche Unfähigkeit, oder schlicht: Dummheit, zu kaschieren. »In diesem Punkt erkennt die Bundesregierung keinen Handlungsbedarf« (Genscher), will sagen: Wir sind allemal zu blöd oder zu faul, um a) die Lage zu erkennen, b) entsprechend zu reagieren, c) erkennen wir nicht, was für uns dabei herausspringt, d) hat der Kanzler es noch nicht kapiert, e) handeln wir sowieso höchst ungern.

Handlungskompetenz Helmut → Kohl hat die Richtlinienkompetenz – den → Handlungsbedarf sowie den → Handlungsspielraum. Die Handlungskompetenz liegt gleichsam in der Mitte zwischendrin. Wird wohl Wolfgang Schäuble sein, der sie momentan hat.
Handlungskompetenz gibt es aber auch an den Oberschulen. »Der Unterricht sollte dem gesteigerten Anspruch der Einübung von Handlungskompetenz genügen«, postulieren die einigermaßen KZ-mentalitätsgestählten hessischen Richtlinien *Studienseminar II für das Lehramt an Gymnasien*. Vergessen aber dabei nicht, auch darum zu bitten: »Bleiben Sie im Gesprächsaustausch mit dem EG-Fachleiter Ihrer Schule.« Weil es sich dabei kaum um die Europäische Gemeinschaft handeln dürfte, nehmen wir mal an, daß wir's hier mit dem Fachleiter der Einübungsgemeinschaft für Handlungskompetenz zu tun – und damit sogar die DDR betreffs Sprachnot eindeutig hinter uns gelassen haben.
Auch im Uni-Fachbereichswesen soll sich das Ding jetzt andauernd rumtreiben. Nicht nur bei ordentlichen Profs, sondern auch bei den integrierten Lehrbeauftragten. Und zumindest das letztere sollte verboten werden. Oder besser noch: die letzteren.

Handlungssituation Eine solche erblickt unser Europaminister Bangemann. Uns wäre es lieber, wenn er gar nicht mehr handeln würde bzw. weiter bei → Arbeitsessen solche Mengen wie bisher in sich reinschichtet und damit fortschreitend handlungsunfähig wird.

Handlungsspielraum Eigentlich könnte das schlanke Wort von Genscher erfunden worden sein. Andererseits: Sich einen im Raum spielenden Genscher vorzustellen? ... Nein, dann schon lieber ... seinen Schüler Kinkel. Oder doch gleich den überreifen Rainer Barzel!

Haptik, porige Des Starkdeutschen in der Kunstkritik ist kein Ende. In der *Stuttgarter Zeitung* lesen wir: »Der Bildraum als aperspektivische Erscheinung, geschaffen in zahlreichen Malschichten, signalisiert die Grenzen des gestischen Prinzips bei Herwig Schubert. Dieser begrenzt nämlich seine Freiheit selbst, wenn er den Farbzug stoppt, auf eine porige Haptik zumalt, um diese etwas ziellos-partiell wieder neu einzufärben.« Wenn aber ein Journalist, und sei er noch so plem, »Kritiken« dieser Art schreibt, so gilt er allemal etwas in unserem Kulturbetrieb, dem verrotteten. Und wenn das Unerträgliche zuviel wird, so langt's noch immer zum »Kulturkorrespondenten«, jawohl, in Paris zum Beispiel. Womit wir den Blick der *Zeit*-Redaktion freundlichst auf das Talent der *Stuttgarter* lenken möchten. Vgl. → Fast-think.

Hauptversammeln Im *Börsenblatt für den Deutschen Buchhandel* lesen wir von Georg Ramseger den Satz: »Die Maximilianer werden 1987 in Darmstadt hauptversammeln und feiern.« Der Dichter will uns damit sagen, daß ... daß ... ja, was will er uns eigentlich sagen? Daß er prima aufgelegt ist und vor Jux und Dollerei ja fast schon platzt.

Hausfrauisierung Das Verlangen nach zügiger Besetzung bislang Männern vorbehaltener Positionen in Politik und Gesellschaft förderte bei den »frechen Frauen« der Grünen in Hamburg den Wunsch nach einer reinen Frauenliste. Frau Regula Bott, offenbar eine Gemäßigte, erblickte in dieser Forderung eine »Hausfrauisierung des Abgeordnetenhauses«, ferner eine »unkritische Mystifikation von Weiblichkeit« und obendrein »unreflektierten Biologismus«. So unrecht hat sie damit nicht, nur ausdrücken kann sie sich halt wieder mal nicht.

Head-Hunter Der Head-Hunter ist eine Zentralfigur der → Medienlandschaft, nämlich ein Insider, der so sehr Head ist, daß er aufgrund seiner → Connections und seines Budgets es sich leisten kann, für andere den Head zu hunten, jenen, der dann im → Marketing- oder im → Merchandisingbereich oder aber in Sachen Sales-Promotion die → Brainstormings leitet und überwacht.

Heizkamine Sind die Dinger, in denen man Feuer macht. Daneben gibt es die Eis-Kamine, in denen die Milch kaltgestellt wird, und die Wasch-Kamine mit Schongang und Spartaste. Nicht zu verwechseln mit dem Dekor-Brunnen im Vorgarten, der nur zur Aufnahme der Geranien dient, aber von verwandtem Geist zeugt.

Hektigkeit Stammt natürlich aus dem Mund unseres Kanzlers Kohl und wurde vom *Spiegel* überliefert. Unser Kanzler wollte damit wohl ausdrücken, daß ausgerechnet ihm, dem anerkannt größten »Aussitzer« im Bonner Stall, der dortige Alltag und das dauernde Rumreisen ein Gefühl der Hektigkeit gibt. Was angesichts des mangelnden → Handlungsbedarfs und der vielen Männerfreundschaften keinen mehr wundert.

Heranziehung Ein Glanzstück an bestialischem, nein, verkehrt: hochmenschlichem Bürokratendeutsch leistete sich der einstige Parlamentarische Staatssekretär im CDU-Verteidigungsministerium, Peter-Kurt Würzbach, als er die infamen Tierversuche innerhalb der Bundeswehr u. a. so charakterisierte: »Versuche zur Entwicklung eines kugelsicheren Körperschutzes unter Heranziehung von Versuchstieren« (*Der Spiegel*). Was eine, mit Adorno zu seufzen, »Explosion von Barbarei«!

Und das bei einem wahrhaft, so Würzbach, sehr → »sensiblen Thema«.
Dagegen wird die Steuer gern »hintangezogen«. Und zwar kugelsicher.

Herausforderung Nachdem schon der vorerwähnte H. → Kohl ein unübertrefflicher Großmeister darin war, sie in jeder Gestalt jederzeit anzunehmen (ein wackrer Oggersheimer forcht sich nit), hat das Unwesen unseres Erachtens vor allem durch die Wiedereingliederung der Ex-DDR noch einmal stark zugenommen – gleichzeitig aber auch fast noch unholder und saudümmer im nationalen Feuilleton. Desto vehementer, je sichtbarer dieses dabei ist, vollends wegzunicken.

Heroin-Bestseller *Frankfurter Rundschau,* nimm dich in acht! So redet man nicht von Gedrucktem, nicht mal von *Wir Kinder vom Bahnhof Zoo.* Wenn schließlich der *Faust* zum Boxer-Drama, *Die Sturmhöhe* zum Sauwetter-Thriller und *Die Elixiere des Teufels* zum Fantasy-Klassiker degradiert werden, kommt das MEW (Mobiles Einsatz-Kommando Wortmüll) und steckt euch alle mit den Manuskripten in den Sack.

Herz für Kinder Haben angeblich die Deutschen eins. Ganz besonders aber die, die 1. *Bild* lesen, und 2. deren grunzdummen Aufkleber sich ans Auto kleben und zu Hause weiterhin heftig und regelmäßig ihre Kinder verprügeln, einsperren, totschlagen. Ein moderner Ablaßzettel von *Bild,* und mit freundlicher Unterstützung der Bundesregierung.

Highbrows Übermäßig unerträglich wird es, wenn unsere Manager ein paar Jahre in den USA waren und dann in Interviews sich einer Sprache bedienen, von der man rasch bedient ist. Ein schönes Beispiel ist ein aufstrebender Verlagsmanager und Geschäftsführer des Münchner Kindler

Verlags (sämtliche Hervorhebungen von der Redaktion): »Im *Non-Fiction-Bereich* macht Kindler die *Highbrows.*« … »Mehr *Faction* als *Fiction* …« … »Die Belletristik war, bis auf ein paar *Highlights*, vielleicht nicht das dem Haus Kindler gemäße Feld; sie wird bei Kindler, wo sie hauptsächlich unter dem *Label* Lichtenberg lief, nicht fortgeführt … Wir lassen die *Backlist* auslaufen, übernehmen das eine oder andere als Droemer-*Hardcover*…« Das waren noch Zeiten, als Verleger 1. noch mit der deutschen Sprache umzugehen wußten oder 2. wenigstens den Rand hielten.

Hinrichtungsjournalismus Das – hie Steuerhinterziehungs-, dort Parteispendenaffäre – Graf Lambsdorffsche Gegenstück zum H. → Kohlschen »Kloakenjournalismus«. Ja, da wird sich der Stoiber hart tun, da noch einen draufzusetzen.

Hinterfragen Hinterfragt wird heute z. B. das Atlantische Bündnis, der Marxismus sowie der hinterletzte Mindersinn. Dieser vor allem.

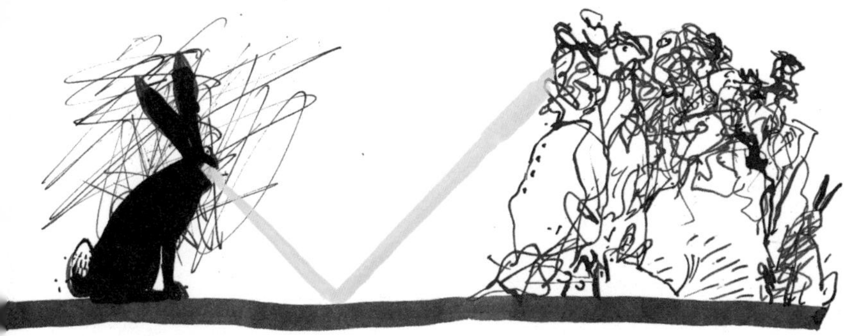

Hocheskalieren Der ehemalige hessische Innenminister Winterstein im Landtag: »Sie werden mich nicht hocheskalieren.« Gewiß nicht, aber daß mit dieser Familie nicht alles zum besten steht, sieht man schon daran, daß des Ministers Schwester leibhaftige Polizisten beißt, statt ihrem Bruder die Hucke vollzuhauen.

Hochkarätig Der Mensch als Karfunkelstein, aber was das schmückende Beiwort eigentlich bedeutet, weiß keiner zu sagen. Reich? Berühmt? Brillant im Kopf? Oder nur des Kidnappers fette Beute?

Hochsensibel Sind Computer sowohl als Botho Strauß und Reiner Kunze; sowie Christa Wolf, jawohl, die vor allem.

Hörverstehen Gemeint ist hier ganz evident die simultane Konkordanz synchronen Zuhörens und möglichst noch Kapierens bei der Gesamtrezeption. Besonders beliebt ist Hörverstehen in der pädagogischen Literatur und als Lernziel der hessischen Rahmenrichtlinien. Oder was. Vgl. → Dichtungssprechen.

Hoffnungsträger Zu ihrer Zeit waren das O. Lafontaine (bis 1990), H. Kohl, B. Engholm (ab 1990), M. Binz, H.-K. Hiersemann, W. Schäuble, V. Rühe und M. Stich. Später wurden das fast alles → Leistungsträger und z. T. → Sinnproduzenten.

Holzfällerdiplom Ferien beim Forstadjunkt. Zwei Wochen Vollpension im Bauwagen in idyllischer Lage. 20 Festmeter Tagesprogramm. Wetthacken, rustikale Vesper, jeder Gast erhält ein Teilnehmer-Diplom. 850 DM (ohne Motorsäge). Gar nicht mal so teuer. Vgl. → Schaukelbratenseminar.

Hometrainer Rattenfleißig durch die Wohnung zu radeln, ohne vom Fleck zu kommen, ist die akute Betätigung bewegungsarmer und selbstgenügsamer Naturen, die sich durch ihre Disposition Speckbauch und lahme Knochen erst zugelegt haben. »Kilometerzähler und Wattanzeiger« (Kaufhof) erscheinen bei der vollgebremsten Bauart des Geräts sinnlos, »ermöglichen« jedoch dank nicht genannter Kräfte »ständige Leistungssteigerung«.

Hopsa So nennt sich – nein wirklich, im baren Ernst – der Arbeitskreis »Hoffnungsprojekt südliches Afrika«, der via Diavortrag, Ausstellung und Diskussion »Informationen zur Lage in Südafrika« andient.

Humanisierung Ergänze fast immer: »der Arbeitswelt«. Manchmal aber auch des Lebens insgesamt: »Das Verpakken von Paketen wird jetzt durch eine Selbstklebe-Kartonverschließmaschine automatisiert und damit humanisiert« (Pressemitteilung zur Hannover-Messe). Irgendwo paradox. Aber hochhuman.

Hygiene, politische Der Regierende Bürgermeister der damaligen Frontstadt hielt arg lang an seinem Innensenator Lummer fest. Begründung: wegen der »politischen Hygiene«. Von dort ist's nur ein kleiner Schritt zur »sozialen Hygiene« (von der man in letzter Zeit auch schon wieder hört) und zur »rassischen Hygiene«. Der nächste nochmals aktualisierte Band *Dummdeutsch* heißt dann wieder *Aus dem Wörterbuch des Unmenschen.*

Hypermarkt Wenn man Dieter E. Zimmers »Schön verlogen. Was häßlich klingt, wird sprachlich befördert und verbrämt« (*Die Zeit*), glauben darf, gibt es den also längst auch. Wie den → Grillshop, den Außendienstreferenten, das Gesundheits-Center, die Ruheparks und die → Fitness-Residenz. Na dann.

I

-i Die Merkwürdigkeit sei festgehalten, daß im ungemein schal zu Ende blödenden Jahrhundert mitunter schon ein einzelner Buchstabe zum puren Dummdeutsch reifen kann. Siehe: Multi, Softi, Sponti, Schlaffi, Litti, Gorbi, Berti, Stolti, Schiri, Wasi, Radi, Moni, Kati, Kinsi und Klinsi.

-ideen Gibt's momentan als »Geschenkideen«, »Wohnideen« und »Sitzideen«. Die letzteren hat man sich so vorzustellen:
Mann: Mensch, Frau, ich bin so hundemüde, wenn ich nur eine Idee hätte, wo ich mich kurz mal hinsetzen …
Frau: Setz dich doch einfach auf den Stuhl!
Mann: Den Stuhl?
Frau: Ja, den Stuhl hinter dir!
Mann: Meinst du wirklich? Ja, das wäre vielleicht eine Idee …

Ideenmarkt Nach Platons Ideenlehre und der freien Marktwirtschaft mit Ideenschutz nun also auch noch dies: »Wir sind der Meinung, daß das Herstellen von Öffentlichkeit auf dem Ideenmarkt das Dunkel lichtet«, teilt das Verlagshaus Schmitt der Agentur *outline* ungebeten mit und schließt die Impertinenz »in der Hoffnung, Ihnen hiermit ein attraktives und marktgerechtes Angebot zu machen«, jawohl, das Angebot wird akzeptiert.

Ideenproduktion Ramschvokabel aus der Nebelwelt der Zeitungsredaktionen, Werbeagenturen und PR-Gaunereien. Zentrum der Ideenproduktion ist das → Brainstorming, wo alle Mann hoch beieinandersitzen und von Platons wie von Hegels Idealismus aber trotzdem keine Ahnung haben. Gott sei Dank.

Identifikationsangebot »Ihre Filme stellen für mich letztlich kein echtes Identifikationsangebot dar«, sagt in Botho Straußens *Paare, Passanten* (1981) ein junger Filmdummbeutel zum alten Regisseur. Na, hoffentlich ist das wenigstens Rollenprosa; und nicht die Straußens.

Identitätsbildung → Grenzüberschreitung.

Identitätsentwurf → Grenzüberschreitung.

Im Grunde Abgrundtief grundloses Füll- bzw. Wichtigwort, mit dem noch dem normalsten Satz eine Gedankentiefe eingehaucht werden soll: »Du, im Grunde steh ich echt nicht drauf, weißt du?« Stark zunehmende Tendenz, was kaum mit Eichendorffs kühlem Mühlengrund, schon eher aber mit den »Grundwahrnehmungen« unseres Kanzlers zusammenhängen wird.

In Amerikanismus, der die letzten Jahre aber Gott sei Dank wieder nachließ. Nicht ohne noch ein paar Highlights aufs Parkett zu zaubern. Nicht so sehr das »In-Sein«, das partiell von → Sache-Sein abgelöst wurde, ist es, was uns heute noch nervt. Sondern aus den angejahrten »Sit in« und »Teach in« reiften Mysterien wie »Drive in«, »Drop in« und → Sleep-in und schließlich in einem Frankfurter Nudelgeschäft auch → Teig in. So wächst sich doch noch fast jeder Schmarrn zum puren Segen aus.

Individualgemeinschaft Nicht zu verwechseln mit der Solidar- und der → Wertegemeinschaft, nein gar nicht zu verwechseln. Sondern diese ist von Heinrich Geißler, jene aber als sogar »solidarische Individualgemeinschaft« von Lothar Späth und, laut Bernd Eilerts Kommentar in der *Titanic*, handelt es sich dabei um die sehr magische Formel für die unio mystica von »Arbeitslosen und Fließbandbedienern«. Zusammengehalten aber werden Werte- und Individualgemeinschaft durch die Dreggersche → Sicherheitspartnerschaft der NATO, und wer diesen → familiengerechten → Wahnsinn von → Sinnstiftung noch immer nicht rafft, dessen → Zielsetzungen müssen eben erst mal eine → Denkpause machen.

Individualversicherung Prangt hier stellvertretend für die Corona vom »Individualverkehr« bis zur »individuellen Wohn- und Freizeitgestaltung«. Mit einem Wort: Man muß heute, mit Gerhard Polts unsterblichem Schwanthaler zu reden, »ein Auge für das Individuum, für Subjekte, für das Individuelle« haben.

In etwa Auf besonderen Wunsch mindestens zweier Leser nehmen wir auch diese leichte Debilität, welche in etwa die *Dummdeutsch*-Redaktion als einen Bankert mit Gewohnheitsrecht so gerade noch in etwa hätte durchgehen lassen, hier strafend auf.

Informationsvorsprung Die schon angejahrte Zentralideologie unserer an sich ja ideologiefreien Zeit. Vgl. → Sich schlau machen.

Informell Heißen Gespräche, bei denen von vornherein feststeht, daß dabei »hinten« (Kohl) nichts rauskommen wird. Steigerungsform: informeller Meinungsaustausch, noch besser: bilateraler Meinungsaustausch. Vgl. → Trialog.

Info-Trip »Auf Einladung des Fürstentums Monaco wurde ein Informationstrip für Opinion- und Decision-Makers auf dem Sektor des Geschäftstourismus mit Schwerpunkt Incentives nach Monaco durchgeführt«, teilt das Blatt *Der Fremdenverkehr* mit. Und, wie war's? Triptop?

Infrastruktur Bedeutet so gut wie nichts. Wird deshalb gern von Wirtschaftssprechern benutzt, vor allem aus fortschrittlichen Kreisen der SPD; meist in Form von »Strukturpolitik« oder eben, noch einen Tick nichtiger, von »Infrastrukturpolitik«. Dagegen läßt die CDU/CSU meist lieber die Finger davon. Man weiß da nichts Genaues, und die Sache scheint anstrengend zu sein; vor allem, wenn es um die »Verbesserung der Infrastruktur« geht.

Innerstädtisches Erholungsgebiet Das ist eine Synthese aus »Parkierungsanlagen«, »Grünflächen« und → Straßenbegleitgrün.

Innovation Plötzlich und kaum mehr abweisbar war auch dieses Wort da. Nicht mehr ganz zu ergründeln, ob es ein Architekt, ein Hochglanzdesigner oder ein allgemeiner Scharffortschrittskulturschwätzer war, der es zu verantworten hat. Macht und Einfluß des Wortes neigen sich aber schon wieder zum Verweslichen hin: r. i. p.

Institutionalisieren Wurde in den gehobeneren Kreisen und vor allem in den 70er Jahren allenfalls durch das »internalisieren« noch in den Schatten gestellt. Bitte, Setzer, nichts verwechseln! »Internalisieren« = verinnerlichen = Überbau, Feind der Basis. »Internationalisieren« ist wieder was anderes.
Helmut Schmidt hat seine Vortragstätigkeit z. B. keineswegs internalisiert, sondern durch Internationalisierung externalisiert. Oder so ähnlich jedenfalls.

Intelligenz Fehlt leider vielen. Nicht aber dem BH »Vertige« von »Chantelle«, über den wir lernen, daß er ein »BH von besonderer Intelligenz, auf die eine Frau Anspruch hat«, sei.

Intensität Sehr langlebiger Nachzügler aus dem Sumpfbereich von Adornos *Jargon der Eigentlichkeit*. Noch immer hört man die Intensität aus den Mündern schwer radikaler Theaterregisseure und leicht zurückgebliebener Provinz-

feuilletonisten – spürbar bedroht neuerdings freilich von der »Präsenz«.
Die Intensität muß etwas äußerst Intensives an sich haben. Dabei ist »Eindrücklichkeit« immerhin zwei Etagen weniger töricht. Besonders schlau ist freilich auch sie wiederum nicht, nein, kann man ihr nicht nachsagen.

Intensivhaltung Auch: Intensivmast. Vgl. → Getreidekontingentierung.

Intensivierung Droht jetzt meist das Island-Tief oder das Provinz-Feuilleton an.

Interaktion → Partnerarbeit.

Interessengruppe Wird so dit und dat genannt. Dahinter steckte lange Zeit vorzüglich immer das Kapital oder die »Zone«, je nachdem, ob man die *Rote Fahne* oder *Bild* las.

Intertextualität Sehr einleuchtender, vielleicht aus dem Ausland kommender neuer, ja nagelneuer Furz. Hat wahrscheinlich etwas mit → Postmoderne, Posthistorie, Poststrukturalismus sowie → Dekonstruktivismus und → Diskurs-Ethik zu schaffen. Oder jedenfalls zu tun.

Intimbereich Gibt es seltsamerweise nur bei Damen (Frauen). Vgl. → Sicherheitszone.

Irgendwie Zwar suggeriert Hans Pleschinski in seinem Roman *Gabi Lenz* (1984), die dauernde Verwendung der Vokabel »irgendwie« sei irgendwie eine spezifische geistige Schrumpfleistung der Post-No-Future-Generation und überhaupt der 80er Jahre.
Indessen, Spuren verweisen irgendwie auch ins Reich derer von der Neuen Sensibilität – sowie auch ins zeitlos Dümmliche.

Und zurück in die akutesten 90er Jahre: Denn immer noch, auch im Rahmen ihrer politischen Standortfindung, haben wir eine »Generation, die das alles auch so irgendwie meint, die das irgendwie beknackt findet, was da läuft, die auch so irgendwie das Gefühl hat, die Alten hätten Scheiße gebaut« (Tilman Spengler).
Irgendwo.

J

Jagdliche Einrichtung Ein Hochsitz ist nur dann eine jagdliche Einrichtung, wenn er mit abknöpfbaren Hirschhorntapeten, Lodenteppich und einem Zwölfender über dem Rehledersofa ausgestattet ist. Ganz allein für den Förster und seine Frau.

Jeansbegleiter Das sind, wenn wir die Frauenzeitschrift *Ingrid* recht verstanden haben, Pullis und Polopullis. Ein VW Polo dagegen dünkt uns für Ingrid nicht der rechte Jeansbegleiter. Sondern zu einem schweren Motorrad möcht sie's schon bringen.

Jesus-Center Aber hallo! Aus Essen erreicht uns nebst Beweis-Foto die Nachricht von einem hypermodern-christlich gestylten Hause, unter dessen Giebeldach tatsächlich die prächtige Inschrift »Jesus Center« prangt. Dort also haben die Jesus-People von anno dunnemals jetzt ihr Auskommen gefunden – jenseits der alten vermieften Gruppenzimmer und Teestuben haben sie's gar herrlich weit gebracht. Hoffentlich wird dann ER bald herniederfahren ins Center, in all SEINER Kraft und Herrlichkeit. Und so dann den Erfindern der Sache links und rechts eine kleben wegen Amerikanismus, → Centerismus und allgemeiner Strohsinnship der crazystupidsten → Kids-kind. Das wünschen wir im Namen dessen, der da downrush wird, already now.

Jockey-Selbstbewußtsein Verrät eine Unterhose der Firma Schießer. Vgl. → Sexy-Slip.

Jung fahren Wahrlich auf den → Dollpunkt gekommen ist der um sich fuhrwerkende Jugendwahn in einer Farbanzeige der Firma BMW: »Warum sollten Sie nicht so jung fahren, wie

Sie sich fühlen?« Im Verlauf des Reklametextes wird dann noch die Behauptung aufgestellt, daß der BMW mit seiner »zukunftsorientierten innovatorischen Technik« wesentlich zur »Frische beiträgt« und – weil's so schön war, gleich noch einmal frisch losgelogen – »jung hält«. Na bitte. So wird, mit J. von Eichendorff zu hoffen, gewiß das Herz nicht alt.

Jungsenioren Gibt es schmeichelhafter- und glücklicherweise nur beim Tennis. Es sind Damen und Herren über 35 Jahre. In der Welt draußen heißen sie → Gruftis, sprachlich genauso brummdumm, aber wenigstens von Perspektive zeugend.

K

Kältekiller Meint den Dachverband der Pelzmäntel aus Nerz und bildet die momentane Spitze eines reichlich sich türmenden Sprachmüllbergs aus Rostkillern und Fettkillern, Schmutzkillern und Lackkillern, Fettkillern und Miefkillern. Dagegen heißt der Tintenkiller oft auch »Tintentod«.

Kaffeesurrogatextrakt Ist und bleibt unser guter alter Mukkefuck.

Kamerafilm Seit wann werden Filme mit Keksschachteln gedreht? Vgl. → Kinoereignis.

Kaputt In den späten 70er Jahren reifte das Eingeständnis, »kaputt« zu sein, zum dröhnenden Qualitätsnachweis. Und nicht zuletzt zur erotischen Attraktion. Vom Schreiber dieser Zeilen persönlich belauscht wurde im Münchner Café Capri der stundenlange Sermon eines Jungschlaffis, der eine blonde Tussi mit dem Nachweis aufzureißen versuchte, wenn schon nicht er, so doch immerhin sein Freund sei »unheimlich kaputt«. Wozu die Augen der Tussi immer runder und sensitiver wurden – man hofft, die zwei leben heute kerngesund in Indien.

Karnevalskollektiv Prachtexemplar von einem wahrhaft ausgeflippten DDR-Deutsch. Nach einem Bericht der *Süddeutschen Zeitung* »verbreiteten in der DDR 750 Karnevalskollektive an drei tollen Tagen Jubel, Trubel, Heiterkeit«. Ach, wer da mitfeiern konnte.

Kaum ein ... Entweder ist der Schreiber eines solchen Satzanfangs aufrichtig falsch informiert oder er ist zu bequem, um nachzusehen. Kaum ein Dichter, Boxer, Rinderbraten, Gangster, Präsident und Rennsportwagen, kaum ein Liebespaar, kaum ein Schäferhund hat unsere Aufmerksamkeit mehr gefesselt, unsere Sinne tiefer aufgewühlt, unser Jahrhundert nachdrücklicher geprägt. Ja denkste! Dutzende andere auch. Aber die verraten wir nicht.

Kausalnektisch Ein besonders neckischer Begriff aus dem neueren deutschen Wissenschaftsjargon. Häufig auch in Form von »Kausalkonnex« oder »Kausalnexus«. Das Wort will uns sagen, daß im Sinne Clemens Brentanos alles → irgendwie und irgendwo miteinander zusammenhängt, ja direkt korreliert. Vgl. → Syndrom.

Keinst Ein Fundstück aus der Kiste mit Übertreibungsdeutsch. Will Steigerung suggerieren, wo Steigerung nicht mehr möglich ist und schlagartig im sprachlichen Abseits endet. Vielgebrauchte Wendung: »... in keinster Weise ...« Verwandt mit → Optimalst.

Kelchschaft Diese Pretiose wie die auraverwandten »Petschaft«, »Siegelknauf«, »Knotenkeule«, »Ordnungsstifter« und »nihile Hoheit« dankt sich unserem derzeit führenden Albatros Botho Strauß und seinem auch ansonsten köstlichen 74-Seiten-Schwergedicht *Diese Erinnerung an einen, der nur einen Tag zu Gast war,* und sie gehört in die Dummdeutsch-Brühe selbst dann, wenn die Vermutung der Zeitschrift *konkret* sich bestätigen sollte: »Vielleicht hat sich Strauß nur einen Jux gemacht und lacht sich jetzt ins Fäustchen.« Denn diese Vermutung geht eben ins Leere. So hochmögend byzantinistisch und orbital verquast schreibt unser gegenwärtig aufgeblasenster Hölderlin als Friederike Kempner schon seit Jahren daher.

Kenntnisstand Der hängt vom Sachverhalt, vom Zeitraum, vom → Informationsvorsprung und vor allem vom → Timing ab.

Kernigfein Sind Eiernudeln. Und außerdem voll mit Hühnerscheiße, Kükenfetzen und Bakterien.

Kids Jetzt auch ein Zeitschriftentitel. Hört denn das nie auf? Nein, man kann und kann sie nicht mehr hören, diese mal ursprünglich auf 68er Bälger gemünzte, so flotte Klebrigkeit der ewig Heutigen!

Kinderwunschbehandlung Neuhochdeutsch schauerlicher Volksmund für »extracorporale Reproduktionstechnik«, welche in Kiel zu Hause und jetzt sogar im Rahmen eines Fördervereins schwerproduktiv sein soll, wenn wir die *Kieler Nachrichten* richtig gedeutet haben.

Kinoereignis Was soll sich im Kino schon ereignen? Ein Film, ganz recht. Dazu gibt es Eiskonfekt oder Happy Kirsch. Manche schlafen auch ein. Dann war's wohl nicht so weit her mit dem → Ereignis.

Kitchenette Soll ab sofort zur guten alten Küche gesagt werden. Was ungefähr so einleuchtend ist wie Carport für Garage, Nagelstudio für Fußpflege oder Tuner für Radio. Ein Herr Riemann aus Bonn hat in der *FAZ* vorgemacht, wie so etwas eskalieren kann: »Altersheim – Altenheim – Seniorenheim – Altenwohnstift – Seniorenresidenz«.
Harren wir also gefaßt auf die Mercedesresidenz oder den Porschepool.
Analog zur Kitchenette bietet sich fürs Schlafzimmer vielleicht »Dreamland« oder fürs Clo »Fäko-Studio« an.

Klassiker, knuspriger Ist keine Erfindung des Deutschen Klassiker Verlags (gegrillter Honnefelder etwa), sondern die neue Werbung der Wienerwald-Restaurants für ihre Brathühner, die früher mal saftig, heute nur noch knusprig sind, was uns aber weiterhin piepegal ist.

Klimabündchen Klima kennen wir, hat irgendwas mit dem Wetter zu tun, das passende Bündchen könnte also der Rand der Klimazone sein, die Firma Moltex aber sagt euch: Klimabündchen hat ab sofort die Höschenwindel, damit die Babypisse nie mehr auf Mammis Teppichboden platscht und selbst unsere Kleinsten frühzeitig merken, wo es in der Hygiene (also untenrum) langgeht.

Knabberknackig Sind z. B. Kartoffelchips. Im genauen Unterschied zu »knabberfrisch« und zum »funny-frisch« der Erdnußchips, welche ihrerseits mehr der allgemeinen → Frischwärts-Bewegung angehören.

Knackig Sind vor allem knackige Frauenärsche, knackigfrische Salate, knackige Knäckebrote, knackige Modefarben, knackige Männerärsche – kurz: beknackt. Beknackt aber ist heute praktisch alles. Und deshalb andersherum wieder: knackig. Vgl. → knabberknackig und → knusperknackig.

Knackpunkt Offensichtlich etwas Ähnliches wie der → Dollpunkt, also der früher sogenannte springende Punkt. Die Hamburger Professorin Heide Pfarr über den Kampf der SPD-Frauen für eine Quotenregelung: »Der Knackpunkt war, unsere Forderung in die Satzung aufzunehmen« (*Spiegel*).

Knallharte Preise Hier stellt sich das nämliche tiefsinnige semantologische Problem wie bei den → Superpreisen und den → Wahnsinnspreisen.

Knitterwelle »Die Knitterwelle hat auch die Kleinkindmode erreicht«, teilt uns eine Anzeige der zuständigen Firma Konen in der *Süddeutschen* mit – und des wollen wir doch alle froh, dankbar und ein paar Sekunden stille sein. So. Waren wir still? Haben wir da die lautlos dröhnenden Sprach-Schmerzenswellen in der Luft sirren und schnarren und schnurren gehört? Ja? Gut, dann geht's schon wieder weiter.

Knusperknackig Gleichfalls ein Begriff aus der Kartoffelchips-Werbung. Nicht zu verwechseln mit »knabberfrisch« bzw. → knabberknackig, nein, gar nicht zu verwechseln.

Körperarbeit Endlich wieder mal was halbwegs Handfestes! Aus *Psychologie heute* erreicht uns die frohe Nachricht, es gebe jetzt auch eine »Körperarbeit«, nämlich die »Umerziehung des Körpers«. Genauer wollen wir es aber für diesmal gar nicht mehr wissen; nein, wirklich nicht.

Körpergeist Ein weit jenseits von Hegels Welt-, von Goethes Erd- und von E. T. A. Hoffmanns Weingeist situiertes, extrem intrikates Inkarnat von – suum cuique – Botho Strauß; wem denn sonst.

Körpersprache Dieser schon längere Zeit kurrente wissenschaftliche Halbunfug fand 1984 in Günter Franzens Buch *Muskelspiele – Versuche, den Körper zur Sprache zu bringen* eine derart überwältigende bleisprachliche Erfüllung, daß wir ihm, den zugehörigen Text für die Ewigkeit zu retten, einen auszüglichen Platz in *Dummdeutsch* einräumen:
»Passanten ohne Geschichte: Außenaufnahmen des Inneren, unversöhnliche Bilder, immer wieder gebrochene und zerberstende Beziehungen. Verzweiflung darüber, daß Nähe sich nicht herstellen läßt, Liebe nicht möglich zu sein scheint. Körper werden durchpflügt und geeggt, gemartert und gequält, aufgegeilt und fallengelassen.« Ja freilich, so redet sie daher, die allerneueste deutsche Fallgeilprosa.

Kohl, Helmut Soll nicht unerwähnt bleiben, ist er es doch, der unsere Sammlung auf unvergleichliche Weise bereichert hat. Das »pfälzische Gesamtkunstwerk« (Joschka Fischer) gilt zu Recht als kaum nachlassender Lieferant des Dummdeutschen. Gerne denken wir zurück an »in diesem unserem Land«, verzückt suchen wir die »Spur einer Nuance«, immer

stellen wir die Löffel auf, wenn sein »lassen Sie mich das einmal in aller Deutlichkeit sagen« ertönt, und dann ein nicht enden wollender Summs bester schrumpfdeutscher Sprüche uns befeuchtet. Und wie recht hatte schon Ambrose Bierce: »Ein bekanntes Küchengemüse, etwa so groß und klug wie ein menschlicher Kopf«!
Wie umfassend unser Kanzler sein Dummdeutsch versteht, entnehmen Sie bitte den folgenden Ausführungen: »Man ist sich heute eigentlich völlig einig – wobei ich zugeben muß, die Art und Weise, wie es umgesetzt wird, ist unterschiedlich, auch in der Heftigkeit der Entscheidungen oder der Drastigkeit der Entscheidungen –, daß Schulden machen sich nicht auszahlt.« Nein, besser kann man es wirklich nicht sagen. Stringenter nur noch des Kanzlers Ausführungen zur Inflation: »Es ist zum zweiten eine ganz wichtige Entwicklung in der Inflationsrate. Wir hatten seit langen, langen Zeiten nicht in der Gesamtheit der Industrieländer eine solche Inflationsentwicklung nach unten. Das heißt, wir sind hier in der Spitzenposition praktisch mit Null, aber auch die anderen sind weiter herunter gekommen.«
Wahrscheinlich auch »mit Null«, in ihrer »Gesamtheit«, jedenfalls »nach unten«. Oder so ähnlich. Vgl. → Hektigkeit und → Solidaritätsaufgabe.

Kommunikation Ein, ja *das* Zauberwort und anscheinend der trübe Rest dessen, was von der christlichen Kommunion und vom sozialistischen Kommunismus verblieben ist: im wesentlichen also das Kabelfernsehen. Vgl. → Du, → Medienlandschaft, → Sinnproduzenten, → Kreativität, → Verständigung und → Ideenproduktion.

Kommunikationsskulptur Heißt es ab sofort, wenn Musiker am Telephon sitzen und ihren Kollegen über Draht eins vordudeln. Außerdem ist es eine »experimentale Performance« und ein ausgesuchter Schwachsinn, den die Stadt Frankfurt auch noch bezahlt.

Kommunikationstage »Kommunikationstage mit gemeinsamem Frühstück gehören fest zum Betriebsklima à la McDonald's«, heißt es in einer Anzeige des »etwas anderen Restaurants«. Auf deutsch: Die Aushilfspakistani mit den schnuckeligen Papiermützchen dürfen unter Aufsicht der Geschäftsleitung die aufgeweichten Hamburger und Restfritten vom Vorabend zum halben Preis essen, dafür aber nur halbwarm. Reden tun nur die Geschäftsführer. Vgl. → Blitzsauber.

Kompakt Sind meistens Automobile, ganz besonders der BMW »3er«, der außerdem noch bietet: »professionelle High-Performance«, »Cabrio-Faszination« sowie »Diesel-6-Zylinder-Kultur« und »Allrad-Zukunfts-Technologie«. Mit anderen Worten: die Jungs bei BMW haben ein Rad ab.

Kompaktseminar Ob das Gerücht stimmt, daß es an der Universität Freiburg jetzt auch schon Kompaktseminare gibt, war bis Redaktionsschluß nicht mehr ganz zu überprüfen. Früher oder später wird es aber sowieso dazu kommen. Vgl. auch unter → Gegenuniversität, → Lernfest und → Sommeruniversität.

Komplexitätserziehung Exemplarische Schlumpfvokabel aus dem neueren Pädagogendeutsch – und ein Prachtexemplar dazu. Die dazugehörigen Sätze lauten z. B.: »Je dichter die Vernetzung von Systemzusammenhängen wird, desto mehr wird Komplexitätserziehung zum Kern der Bildungsanforderungen« (*Die höhere Schule*). Gemeint ist wahrscheinlich das alte Humboldtsche Universalbildungsideal, und verbessern ließe sich die Bauernregel vielleicht so: »Je vernetzter die Stringenz von Syndromen, desto nuklearzentraler die Komplexität des Wrrdlbrmpfd.«

Konfliktfähigkeit Die Voraussetzung zur gleichfalls sehr schönen Konfliktbewältigung sowie das Pendant zur Friedensfähigkeit, welche die CDU/CSU nicht draufhat – und sicher bald ein Teil der Reifeprüfung.

Konstruktiv und kritisch Seit mindestens 30 Jahren firmiert die *Frankfurter Rundschau* als »kritisch und konstruktiv« – so als ob sie sich im letzten Moment ihrer kritischen Gesinnung doch noch schämte und deshalb rasch als Alibi den konstruktiven Hammer rausholen möchte.
Einst hat V. Rühe den Spieß umgedreht und »einen konstruktiven und kritischen Dialog mit Südafrika« gefordert. Wir aber erkennen abermals im Gefolge Ernst Jandls: Rinks und lechts sind wilklich reicht zu velrachen.

Kontaktbereichsbeamte Abgekürzt: KOB. Polizeilich uniformierte und ausgewiesene »Distriktbesänftiger« (Harry Rowohlt), die z. B. in der Eppendorfer Landstraße in Hamburg viel spazieren gehen, selten einschreiten und bei schönem Wetter gern Fräuleins anschauen.

Kontext Mit diesem sprachwissenschaftlich-linguistisch wahrlich hegemonialen – Basisbegriff wird seit 1000 Jahren so viel modisch-inflationäres Schindluder getrieben, daß man mit Gregory Bateson nur seufzend zusammenfassen kann: »Das Wort ist der Kontext des Phonems.«
Aus dem pädagogischen Leben weiß Uwe Pörksen in der *Frankfurter Allgemeinen* ein schönes Stück Schummeldeutsch: »Die verwendeten kontextfreien Regeln können als Sonderform kontextabhängiger oder kontextsensitiver (context sensitive: CS gegen context free: CF) Regeln angesehen werden, bei denen der Kontext gleich Null ist.« So viel zum Zustand unserer Linguistik.

Kontraproduktiv Gemeint ist meist: nicht gut.

Kontrovers Wird heute vor allem diskutiert. Vgl. → Konfliktfähigkeit.

Konzertierte Aktion Ein schon bejahrtes Highlight aus der wunderbaren Zeit der Schiller-Straußschen Großen Koalition, an deren wortschöpferisch-neologistischen Zauber wir hiermit pars pro toto nochmals wehmütig erinnert haben möchten.

Korngesund Die Bäcker sollen die Finger von den Wortspielen lassen und lieber etwas Schmackhafteres kneten als ihre weißen Wollbrot-Pakete, sauren Sorbin-Scheiben und scharfkantigen Krachsemmeln. Ihre Kampagne »Brot ist gebackene Vielfalt« kann in diesem Zusammenhang nur als ausgekochte Einfalt und Schuß in den Ofen zurückgewiesen werden.

Kostendämpfung Wird meist im Gesundheitswesen gefordert. Unser Hannoveraner Mitarbeiter sieht zwei Erklärungsschienen am Horizont: Versteht man »Dämpfung« als Schwächung von Schwingungen und Wellen durch Umwandlung der Schwingungsenergie in andere Energieformen, z. B. Wärme, dann könnte es drauf rauslaufen, daß die Kostendämpfung etwas für den Kostenzahler Erwärmendes abstrahlt.

Interpretiert man das »Dämpfen« aber aus dem ernährungstechnischen → Kontext heraus dergestalt, daß Fleisch, Obst und Gemüse im eigenen Saft kochen oder dünsten müssen, um schmackhafter und saftiger zu werden, dann könnte die Kostendämpfung z. B. im Gesundheitsbereich dahin zielen, daß man jene so lang dünsten läßt, bis es keiner mehr hören mag; worauf man ihr Ausbleiben als schmackhaft verkaufen kann.

Kraftaktivpunkt Der Kraftaktivpunkt gewährleistet beim neuen fortschrittlichen Zähneputzen »optimalen Putzeffekt«, er ist »von führenden Dentalwissenschaftlern an Schweizer Universitäten« entwickelt worden und sein → Dollpunkt ist die Zahnbürste »Benefit« (!) mit ihren »drei Abwinkelungen«. Der Kraftaktivpunkt aber liegt (wenn wir's richtig verstehen) an der tangentialen Schnittlinie der imaginären Verlängerung des ersten Haltestabstücks mit der eigentlichen Bürste nach Absolvierung der drei Abwinkelungen – und er »putzt Knick für Knick für Knick besser« (Anzeige in der *Basler Zeitung*).
Und verbündet sich so aufs einleuchtendste mit dem ohnehin → optimalen → Freizeit-Knick.

Krankengut Ist gut für Professor Brinkmanns Geldmäppchen, den Leuten geht's eher schlecht.

Kreatives Kochen Bietet der Laden »Lorey« (»Seit 1796«) in einem Vierwochenkurs an. Wir können lediglich zitieren: 1. Woche: Brat- und Brutzelschau oder ... für knusperbraune Brat- und Brutzelgeheimnisse – 2. Woche: Profi-Kochen im Trend unserer Zeit oder ... Chefköchen in den Topf geguckt – 3. Woche: Aus dem Topf geplaudert oder ... weil die Liebe auch durch den Kochtopf geht – 4. Woche: Schnelles Kochen oder ... schlagen Sie den Vitaminkillern ein Schnippchen!
Wir schlagen lieber den Kalorienkillern ein Schnitzelchen

um die Ohren, spucken in die Töpfe, und statt brutzeln bevorzugen wir noch immer knispeln, vgl. → Bumsen.

Kreativität Ein seit rund 20 Jahren faselndes Laberwort vor dem Hintergrund einer zunehmend schwelenden kollektiven Geisteskrankheit (vgl. z. B. auch → Phantasie und sich → Einbringen). Die Sinnverlustigkeiten des Lebens machen sich da bemerkbar samt dem Telosschwund und dem Verlust der Mitte sowieso – wahrscheinlich aber vor allem stupide Geltungssucht: »Keine Sau will mehr rühmen, jedes noch so dumme Schwein möchte berühmt werden« (Robert Gernhardt, *Glück Glanz Ruhm*, 1983). Und deshalb ist Kreativität etwas, »wovon heute Zahnärzte, Grüne, Surfer oder Keramiker träumen« (Reinhard Baumgart in der *Zeit*). »Auch Sie können kreativ schreiben«, garantiert die Anzeige eines rororo-Büchleins; das man zur Verfolgung dieses Ziels allerdings garantiert nicht lesen sollte.

Kreativ-Urlaub Den gibt's u. a. in Form von »Kreativferien«, → Sommerakademien und »Freizeitakademien« mit → Lernfesten im unser aller Gertrud Höhlerschen Kainszeichen all unserer »Kreativvorräte« nun schon eine ganze Weile, z. B. wöchentlich mit einem schweren Summs von Anzeigen in der *Zeit*. Und niemand wundert sich mehr drüber.

Krebsatlas Nach dem Weltatlas, dem Käse-Atlas, dem Burgen- und Weinatlas, den Atlanten für Sportler und Schmecklecker nun ein Nachschlagwerk für Krebserreger, herausgegeben vom Bundesministerium für Forschung und Technik, in dem Teile der Republik nach der Häufigkeit auftretender Krebserkrankungen markiert sind. Interessant dabei: In der Nähe der übelsten Dreckschleudern gibt es nicht mehr Lungenkrebskranke als im dicksten Wald (s. auch Hochschornsteinpolitik / neuartige Waldschäden). Rätsel gibt der Schilddrüsenkrebs auf, der südlich der Mainlinie besonders aktiv ist, während der Prostatakrebs im Osten seltener auftritt als im Westen. Alles in allem: Krebserreger dürfen sich in ganz Deutschland wohl fühlen. Der Krebsatlas weist die schönsten Routen, die lohnendsten Ziele.

Kreislaufsituation Über die Kreislaufsituation berichtete, wenn wir unserem Informanten glauben dürfen, das NDR-Vormittagsprogramm anläßlich eines kollektiven und öffentlichen Pulsmessens im Rahmen der Scharbeutzer Aktion »Trimming 130« – und was die nur wieder Trümmerdummes ist, wollen wir gar nicht so genau wissen.

-krimi »Politkrimi«, »Pokalkrimi«, »Tenniskrimi«, »Sexkrimi« – ja, das journalistische Schrumpf- und Stopseldeutsch hat schon was kriminell, ja krimogen Arschiges.

Kritisch Zwei Jahrhunderte nach Kant und ein halbes nach dem Emporkommen der *Kritischen Theorie* Frankfurter Prägung meint heute »kritisch« meist nichts als mehr oder weniger »laut«, »naseweis« und »aufdringlich«, bzw. »geisthaberisch«. Und nicht zuletzt »g'schaftlhuberisch«. Respektive »engagiert«, d. h. »nicht ganz dicht«. Mit einem Wort: kritisch eben.

Krusta So hieß einst die Pizza in der Deutschen Demokratischen Republik. Womit klar wäre, wohin unsere Pizzabäkker die harten Ränder unserer Pizza geschickt haben, wenn wir sie nicht aufessen wollten; und außerdem nochmals einleuchtend wird, warum unsere Brüder und Schwestern immer so hart aus der Wäsche guckten.

Kuchenretter Ja, da dürfen wir zu Recht gespannt sein, was das nun schon wieder ist. Ein Pulver, das selbst den schlappsten Pfannekuchen zu Cremetortenformat aufgehen läßt? Ein unverhoffter Besuch, der den Rest Frankfurter Kranz wegputzt, ehe er schimmelig wird? Falsch. Es handelt sich um einen Tischtennisschläger aus Plastik vom Umfang eines

Tortenbodens, mit dem angeblich auch das klebrigste und schwärzeste Gebäck aus der Form befreit werden kann. Wie das Opfer danach aussieht, ja, ob die Rettung überhaupt lohnte, hat der Konditor mit seinem Gerät alleine auszumachen.

Kult Jeder Dreck ist heute gleich »Kultbuch« und »Kultfilm«, auch ohne Bogart o. ä. Den Vogel hat der ansonsten weitgehend zurechnungsfähige Verleger Gerd Haffmans abgeschossen, der da über Potockis Roman *Die Handschriften von Saragossa* mitteilen läßt: »Kultbuch der Kultbücher und Quelle der Kultbuchautoren« – und das war aber bestimmt wieder ironisch gemeint, wie so oft, wenn man ganz besonders verheerend danebengelangt hat.

Kultfilm Dazu reift ein Streifen, wenn das Publikum (Kultgemeinde) im Lichtspielhaus beginnt, die Texte mitzusingen und dem Hauptdarsteller zu respondieren. Er: Ich schau dir in die Augen, Kleines. – Gemeinde: Huhuu.

Kultur Ein schönes Wort, von uns allen gern benutzt, auch genutzt. In den letzten Jahren aber oft in dummdeutscher Absicht erweitert, z. B. in »politische Kultur«, von der ausgerechnet Kohl, Stoiber und Geißler, aber auch B. Engholm jetzt ständig schwafeln und schwallen, was den Begriff bereits diskreditiert. Dagobert Lindlau vom Bayerischen Rundfunk hat »imponierende Beiträge zur Gesprächskultur« geliefert, und der *Pflasterstrand* erfand ehedem im Zusammenhang mit dem Stammheim-Film die »Bewältigungskultur«, von der er aber dann meinte, daß es sie gar nicht gibt. Als Steigerung bleibt nur noch die Kulturkultur, die garantiert von irgendeinem öffentlichen Klugscheißer erfunden wird. Vgl. → Literaturliteratur.

Es wird darüber gestritten, ob Göring oder Goebbels oder Bormann es war, der beim Wort Kultur »den Revolver entsicherte«. Allerspätestens bei der neudeutsch wiederauferstandenen »Kulturarbeit« oder auch »Kulturhauptstadt Europa« (Berlin bzw. das Karla Forbecksche Nürnberg, da ist man sich noch nicht ganz einig) geht auch und gerade den Vertretern der → Schamkultur wenigstens das Schnappmesser in der Hosentasche auf. Vgl. → Angstkultur, → Ereigniskultur, → Lachkultur, → Leitplankenkultur, → Lesekultur, → Rivalitätskultur, → Streitkultur u.v.a.

Kulturbeutel Der sprachliche Beweis, daß Zivilisation mit Seife zu tun hat. Der Kulturbeutler ist, abweichend davon, kein dem Waschzwang Verfallener, sondern ein Feuilletonredakteur.

Kulturidentität Nachdem wir den Spenglerschen Kulturverfall und den Sedlmayrschen Verlust der kulturellen Mitte einigermaßen sauber hinter uns gekriegt haben, wird unsere genetisch wohl stark megalomanische Kulturidentität neuerdings wieder gefährdet, und zwar vor allem durch den Türken. Bzw. umgekehrt: Indem sie noch länger bei uns verweilen, so fürchtete seinerzeit Innenminister Zimmermann, gefährden die Türken auf bedrohliche Weise ihre eigene Kulturidentität. Indessen die Schlesier z. B., wenn sie bei uns bleiben, ihre und die hiesige Kulturidentität noch erhöhen. O du schönes Riesengebirge, was ein Circulus großquatschius!

Kulturraum Nennen sich jetzt häufig die ganz modernen Kirchen; während die Andersgläubigen oder Alternativen im Sinne der allgemeinen deutsch-jüdischen → Trauerarbeit in Frankfurt a. M. jetzt von der »Initiative 9. November« bald einen → Trauerraum kriegen sollen, in dem »Juden und Nichtjuden trauern können« (*FAZ* 1988), ja freilich, der Arier darf auch mit und rein.

Kundeninformation Das Gas wird schon wieder teurer.

Kuren Kuren, ähnlich wie »urlauben«, ist nicht nur eine nagelneue dümmlichdeutsche Tätigkeit, sondern es gibt jetzt sogar schon eine gleichnamige Zeitschrift.

Kuscheltest Die Firma Betten-Deinert in Burg empfiehlt heute zum Kuscheltest: »Das tiefschlafphasensichere Oberbett für frischluftorientierte Kaltraumschläfer.«
Grundgütiger!

Kuschelweich Kuschelweich wird heute das Leben durch ein ganz bestimmtes Waschmittel. Anschließend beginnen die → Knusperknackigkeit oder die → Knabberknackigkeit. So wie überhaupt die »Knabberfreudigkeit« (Gerhard Polt, *Leberkäs Hawaii*). Des Lebens wie der Liebe.

L

Lachkultur Spätestens mit dem *Literaturmagazin* vom Frühjahr 1992 haben wir auch mit der verschärft zu rechnen. Noch selten zu hören: Humorkultur. Kommt aber sicher noch. Im Rahmen dieser allgemeinen und allseitigen »Pestkultur« (Karl Kraus, *Die Fackel*, Nr. 457, S. 94).

Läden Gibt es jetzt meist als Bio-, Frauen-, Kirchen-, Kinder- und Kulturshops – äh: pardon, eben nicht; sondern gut ökosprachlich und spätreformistisch als: Läden. Das ist der Fortschritt, von welchem Walter Benjamins Engelmetapher träumt.

Lärmschutzzone Hier wird niemand vor Lärm geschützt, vielmehr macht die Bundeswehr dort einen sagenhaften Krach, über den sich niemand beschweren darf. Bewohner der L. I und II bekommen zum Ausgleich vom Staat eine Kordel gestiftet, mit der sie sich den Hut festbinden dürfen, den startende Phantomjäger ihnen sonst vom Kopf fegten.

Landesleistungsträger Den → Leistungsträger hat es nicht nur im Fußball bzw. im gedankenlos nachplappernden Sportreporterdeutsch. Sondern, neuerdings und massiert, laut Staatsminister J. Möllemann, sogar auf Landesebene: Er, Möllemann, sehe im Zusammenhang der Parteispenden- und Steuerhinterziehungsaffären eine eminente Gefahr. Nämlich es sei »verdrießlich für die unbescholtenen Leistungsträger des Landes«, plötzlich derart am Pranger zu stehen.
Nein, schöner hätte das auch die *FAZ* nicht formulieren können, und zu Recht war Möllemann deshalb bald drauf schwer gescholten weg vom Fenster.

Landvogelfedern Sind offenbar ganz was Feines. Damit polstert die Firma Ikea ihre Sofas und folgt darin dem Trend zum → Bio-Möbel. Nur hartgesottene Umweltsünder wälzen sich noch auf dem denaturierten Gefieder von Dreckspatz und Haustaube.

Laufbuch Joggen Sie auch so gern, besonders da, wo es schön still ist? Dann sind Sie vielleicht der einzige potentielle Kunde des Buches *Des Lebens Dernier Cri* des Autors Peter Stephan, über das sein Verlag mitzuteilen weiß: »... kein Reiseführer im herkömmlichen Sinn, nicht einmal ein komplettes Nachschlagwerk der zahlreichen Friedhöfe von Paris, eher ein Lauf- und Lesebuch über die Totenstädte in der französischen Hauptstadt.« Aber lesen Sie weiter: »Mit den Füßen geschrieben« hat es der Autor, und aufgefallen ist ihm, daß »der Puls der als so lebendig beschriebenen Stadt Paris hinter den Friedhofsmauern nicht zu schlagen aufhört«. Außerdem kam es ihm nicht darauf an, »die Auswahl der beschriebenen Grabstätten nach der jeweiligen Prominenz ihrer *Insassen* zu bestimmen«.
Das Kreuz heutiger Verlagsstrategien: jeder, aber auch jeder Depp, der einmal über einen Friedhof gelatscht ist und dem dabei noch irgendwelche Gedanken kommen, darf sein erlaufenes Gräberwissen gleich runtertippen und findet auch noch eine willige Druckmaschine für seine bleichsüchtigen Tödlichkeiten.

Lebensbausteine Braucht der Mensch, und reibt sich folglich morgens die Nuß-Nougat-Pampe »Nutella« aufs Brötchen, die eben nicht nur Nuß und Nougat enthält, sondern auch jede Menge Lebensbausteine, wie uns die Firma Nutella mitteilt.

Lebensqualität Dieses Monstrum wurde von der SPD neu entdeckt und im besonderen von Willy Brandt empfohlen. So glaubwürdig dieser Wein, Weib und Gesang zugeneigte

Protagonist – so wenig überzeugend die Lebensqualität der Asketiker Schmidt und Wehner. Kein Wunder, daß es in der Trias zum Knatsch kommen mußte. Eine besonders dumpfe Dreistigkeit leistete sich in diesem → vitalisierten Qualitätszusammenhang eine Großanzeige des Bundesverbands deutscher Banken: »Die Bürger sind wieder optimistischer geworden. Durch besseres Lebensgefühl zur besseren Lebensqualität.« Der Teufel soll sie alle holen. Banken und Bürger zusammen.

Leger-Hose Selbstverständlich gibt es auch die Steher- und die Sitzer-Hose, jene aber nicht mit der markanten Arschfalte und dem Druckknopfverschluß in den dynamischen Freizeitfarben Sand und Schlamm.

Leihmutter Nicht zu verwechseln mit dem ehrenwerten Stand der Tagesmutter, da die Genannte in der Regel keinen Tag zögert, das aus Leih-Ei und Fremd-Sperma Entstandene (→ Zweitvater) den Auftraggebern auszuhändigen, gegen

gutes Bares, versteht sich. Für die Ware ist noch niemand sprachschöpferisch tätig geworden.
Wie wäre es mit Abfall-Kind, vom Umtausch nicht ausgeschlossen?

Leistungsgemeinschaft Nach der → Individualgemeinschaft und der → Wertegemeinschaft darf natürlich auch die Leistungsgemeinschaft nicht zurückstehen. Zum Beispiel die »der deutschen Augenoptiker«.

Leistungsträger Seit etwa 1980 eine Stammvokabel aus dem Fußball-Reporterdeutsch. Gemeint sind, im Unterschied zum »Wasserträger« (Wimmer, Sammer, O. Thon u. a.), z. B. Beckenbauer, Völler und jetzt Effenberg. Sofern man das Tragen als Arbeit versteht, käme beim Leistungsträger in etwa der Leistungsarbeiter heraus. Haut irgendwie physikalisch nicht hin.

Leitplankenkultur, hastige Können wir leider nicht erklären, hat aber nichts mit Autobahnen oder Mehrzweckspuren daselbst zu tun, sondern ist eine Schöpfung des Schriftstellers, Dichters, Lyrikers etc. Günter Herburger, der schreibt: »Ohne unsere hastige Leitplankenkultur wäre der Traum nach einem anderen Leben nicht entstanden.«
Schreibt er hin – und schämt sich nit.

Lernanforderungen Der Leiter eines deutschen Gymnasiums bei der Verabschiedung der Abiturienten: »Nicht nur einmal hörte ich Formulierungen der Art: ›Gott sei Dank, nun hat die Lernerei ein Ende.‹ Meine Damen und Herren Abiturienten, ich akzeptiere diesen Satz im Kontext einer eben abgelegten Prüfung; im Hinblick auf eine Diskussion um Perspektiven der Gestaltung des weiteren Lebensweges zeugt der Ausspruch eines solchen Satzes von einem Verkennen der geistigen Lernanforderungen der nächsten Jahre.«

Zu übersetzen ist das etwa so: »Ich verstehe, daß man so sprechen kann, wenn man eben eine Prüfung abgelegt hat; denkt man aber weiter, dann wird einem klar, wie falsch eine solche Meinung ist: Lernen muß jeder sein Leben lang.« Vgl. → Anforderungsprofil.

Lernfest Zu einem merkwürdigen Vorgang kam es, als der AStA der Universität Gießen ein »alternatives Lernfest« an der »Sommeruni« veranstalten wollte; was aber beim damaligen Universitätspräsidenten Alewell auf Widerstand stieß, weil mit dem Begriff »Universität« allein Forschung und Lehre auf wissenschaftlichem Niveau gemeint sei. An dem Begriff »Lernfest« rieb Alewell sich offenbar weniger; holen wir es hier für ihn nach: Er ist so grauslich wie der → Lernprozeß und wie die im Hedonismus-Wahn vollends verstrickte Ideologie, welche die allseitige Alternativität hier auf ihre alten Tage auf bildungkommraus noch immer mit sich schleppt.
Wann nach Lernfesten bald auch Strand-Klausuren, Dünenseminare, Olivenfeld-Rigorosa und Riverboat-Antrittsvorlesungen der diversen → Sommerakademien folgen werden, kann man sich heute schon ausrechnen. Spätestens heuer irgendwo südlich von Siena.

Lernprozeß Wer das sackdumme Wort erfunden hat, weiß heute niemand mehr. Brecht war es jedenfalls nicht. Sondern wahrscheinlich ein Lehrer. Oder mindestens ein Pädagoge.
Der »Lernprozeß« meint nichts anderes als »Lernen«. Verwandt sind ihm ebendeshalb gesinnungsmäßig das → Problembewußtsein, das → Umweltbewußtsein und der → Denkanstoß.
1973 veröffentlichte Alexander Kluge seine *Lernprozesse mit tödlichem Ausgang* – seitdem gibt es scheint's überhaupt kein planes Lernen mehr, sondern nur noch Prozesse. Etwa $a^2 + b^2 = c^2$. Einen der besten großdumpfen Schläge in dieser Richtung plazierte 1986 das »Komitee für Grund-

rechte und Demokratie e. V.«, Sensbachtal, z. Hd. Wolf-Dieter Narr, Hanne + Klaus Vack, insofern es das einsitzende RAF-Mitglied Peter-Jürgen Boock in einem offenen Brief beschwört, auch »andere an Deinem Lernprozeß teilnehmen zu lassen, für einen Weg des aufrechten Gangs«. Diesem eingeboren Blochschen Erbgut sei man verpflichtet, nämlich: »Wir (werden) mit Dir sein ... im Mit-Schmerz und Mit-Zorn«, welche beiden → Mitbürger-Tugenden endlich noch sogar die Willy Brandtsche »Compassion« an die Wand äh: in den Schatten der guten alten Empathie stellen.

Lernzielkontrolle Ehedem: Klassenarbeiten.

Lesekultur Auch die gibt es, klar – und eine frappante, stringente und jedenfalls definitive Definition leistete 1991 im Zuge einer Buchkritik der Sexualforscher Eberhard Schorsch: »Das Buch verführt zu einer rar gewordenen Kultur des Lesens: Es ist keines, das man von A bis Z liest, bis man es ›durch hat‹, auch kein lexikalisches Nachschlagewerk, dessen man sich bedient, sondern ein Buch zum Hinein lesen.« Wahrscheinlich im Zuge der → Kultur des → Schnupperstudiums.

Leserinnenlich Weibliche Endungen und Einsprengsel sind in der Regel selbst erteilte Sondergenehmigungen für schlicht Gewirktes. »Schreibt leserinnenlich!« fordern die Veranstalterinnen eines feministischen Gesamtkunstwerks von den lieben Frauen, die sich zu seiner Feier anmelden wollen. Die Macker bleiben natürlich draußen. Drinnen wird es dann ganz froh und warm, denn jede bringt sich selbst → ein Stück ein in eine gemeinsame große Tanzbewegung, und überhaupt ist es ganz → wichtig, daß die Kraft und das Mitgehen aller zu spüren sind. – Mal raten, was gemeint ist? Grundsätzliches. Da geigt der rosa Block den Schwestern vor, sie sollten untereinander so schlicht und kritiklos sein, wie sich das im Umgang mit der Männerwelt von selbst verbietet. Kopf ab-, Seele einschalten, Hautkontakt statt Diskussion, Begegnung statt Bewegung. Mannohfrau, so kann das ja nichts werden!

Letztendlich Heißt ungefähr soviel wie »schlußendlich«, also gar nichts. Wird aber gern gebraucht, um haltlosen Behauptungen den Anstrich von letztendlicher Seriosität zu geben.

Leuchten Kann ein Mensch erklären, warum im Elektrohandel Lampen Leuchten heißen, Birnen dagegen Glühlampen und Fassungen nach Flammen gezählt werden? Aus dem gleichen Grund, aus dem Objekte, die weder als Lichtquelle noch als Hut noch als Vase taugen, Deckenfluter und Klemmspot genannt werden. Damit die Aufmerksamkeit möglicher Käufer wenn schon nicht durch sichtbare Vorzüge, dann wenigstens durch sprachliche Mängel am Glimmen gehalten werde.

Liebesurlaub Eine Erfindung der *Bild*-Zeitung. Das schon fest gebräuchliche Imbezillium meint, daß sich Charles und Lady Di oder aber irgendein anderer Queen-Sohn irgendwo in einem Rennstall herumtreiben und dabei – nach aller mutmaßlichen Lagebeurteilung durch *Bild* – das Vögeln nicht vergessen dürften.
Freilich, wenig spräche deshalb gegen die Einführung analoger Mixta composita: Liebeswochenende, Liebeswetter, Liebeshaus- und Liebeslottozahlen wären die, die einem Ehepaar nach dem Knispeln einfallen. Real ist aber immerhin auch schon die »Liebesinsel« – abermals und unnachahmlich der *Bild*-Zeitung. Nein, viel braucht es nämlich nicht zur modernen Gestaltung; denn siehe: »Die Liebe blähet sich nicht« (1. Kor. 13).

Liedermacher Kulturschaffender besonderer Prägung, der weder dem deutschen Liedgut noch der Sangeskunst anhängt, sondern nur ein echt geiles Bedürfnis hat, sich auszudrücken, eben zu machen.

-light Bekannt wurden zuletzt vor allem Leasing light, Fanta light, Cola light sowie Soft- und Hardwarelight.

Linksgerichtet Sind meist Rebellen. Vor allem aber im Bayerischen Rundfunk.

Live-Erlebnis Ein Live-Erlebnis, also tatsächlich ein lebendiges Erlebnis, vermittelt tatsächlich das Compact-disc-digital-audio-Gerät der Firma Sony's Digital laut Reklame z. B. im *Spiegel*. Daß ausgerechnet dieser → Mixed-media-Affenkasten ein so ein kostbares Live-Live-Dings zuläßt – ist es nicht wunderbar?

Location Wird oft verwechselt mit dem wahlverwandten »Catering« – sollte aber nicht.

Locker, flockig, cool Sind, laut Eigenwerbung, allzeit die Teilnehmer der »Transalpin«-Eisenbahnreisen. Mit drei anderen Worten: nicht ganz dicht.

Löffelstückig Sind die Himbeeren der Firma Michelsen in Hamburg. Außerdem schwimmen sie in Übersee-Rum. Am besten: das Glas zulassen, Augen zu und das Ganze hochkantig über Bord geschmissen.

Lohnvernunft Sollen die Arbeitnehmer annehmen; doch nicht etwa die Arbeitgeber. Es reicht, ein so kostbares und bemerkenswertes Wort geprägt zu haben. Die Spitze an Unternehmerzynismus bieten uns die Arbeitgeber der Metallindustrie »Gesamtmetall« in einer Anzeige mit der Überschrift »Lohnvernunft '86«, deren knallige Überschrift lautet: »Denn nicht jeder hat einen sicheren Arbeitsplatz.« Offenbar sind am Verlust des Arbeitsplatzes jetzt die Arbeiter schuld, hingegen gehört es weiterhin zu den Aufgaben der Arbeitgeber, die Arbeiter zur »Vernunft« aufzufordern, was in diesem Fall wohl gleichbedeutend mit Erpressung ist.

M

Männerfreundschaften Zum Beispiel Kohl – Mitterand. Die *FAZ* mit hauchzart knalliger Ironie: »Ein Duumvirat«.

-mäßig An sich gar kein Dummdeutsch, aber durch abstruse Verwendung in den letzten Jahren zum Dummdeutschen geadelt. Beispiele: »Also, du, rein gefühlsmäßig bin ich nicht so gut drauf heute, du.« Oder: »Erholungsmäßig war der Urlaub nix« usw.: »sprachmäßig«, »geschmacksmäßig«, noch besser: »rein sexmäßig«. Wie finden wir das? Wir finden das maßlos mäßig.

Mammut- Als müsse aus irgendwie theologischen Gründen alles zumindest monatlich immer noch immer gottferner werden, gibt's jetzt auch als die noch dummdreistere Alternative zu »Super«- und »Hyper«- und »Mega«- und »Gipfel«-Verbalinjurien diese neue. Gewißlich bald vorübergehende.

Mangelfeucht Kein Begriff aus der Ökologie (Biotop oder so), sondern der Zustand der Wäsche, wenn sie aus einem »Miele«-Wäschetrockner purzelt.

Mannesanwartschaft Erfinder dieser Köstlichkeit ist unser kleiner Braver aus Rüsselsheim, vulgo der Herr Bundesarbeitsminister Norbert Blüm. Entgegen den Vermutungen unserer Leserschaft handelt es sich nicht um einen Zustand präpubertärer Zappeligkeit, oder gar eine Beschreibung des Ministers selbst, sondern um einen »Fachausdruck« zur geplanten Rentenreform. Vgl. → Doppelrentnerin.

Marketing Ursprünglich Eingeweihten-Deutsch aus dem Bereich Werbung und Public Relations; nämlich für die Gesamtheit der Maßnahmen, die alle betrieblichen Funktionen auf den Absatz, auf den Markt und auf den Kunden abrichtet. Mittlerweile ist der Begriff so zum allgemeinen Schrott-Deutsch verkommen – daß sich vornehmere Bereiche der Werbebranche mit der noch etwas geriebener, ja fast durchtriebener tönenden Kreation → Merchandising schadlos halten.

Maßnahmenkatalog Weil jetzt immer überall zahlreiche Maßnahmen innerhalb der Veranstaltungen der Verantwortlichen zur Durchführung kommen, spricht man im Bereich dieser Einsätze und Planungen auch gern und zu Recht von einem Maßnahmenkatalog, genannt auch → flankierende Maßnahmen, die ihrerseits gern auf »flankierenden Überlegungen« fußen. Seit dem 26. 8. 92 wird jetzt sogar ein Maßnahmenkatalog gegen die Rostocker Rechtsradikalen erheischt. Erhischen? Erheischt.

Meat Shop Wo der Dummdeutsche seine sausages und den bacon holt.

Mechanismen Kommen meist als Druckmechanismen vor. Oder zumindest als gesellschaftliche Mechanismen. Aller Art. Mechanismen sind so gut wie nie im Singular, fast immer im Plural gebräuchlich. Wahrscheinlich deshalb, weil die Mechanismen in unserer pluralistischen Zeit immer so pluralistisch sind. Bekannt wurden zwischen 1968 und 1993 vor allem die »Abwehrmechanismen«, die »Marktmechanismen« und die »Feinmechanismen« – aber auch dieser Sonderfall des ehemaligen Bonner Grünen-Kulturreferenten Paul Pauly: »Wenn ein kultureller Gesamtbegriff existieren würde, könnte man große Teile der Politik daran ableiten ... Was in Hamburg, Köln oder Frankfurt abläuft, kann man von hier aus nicht in den Griff kriegen. Wenn du dann Eckpunkte oder Richtlinien überstülpst, kommt schnell der Punkt, wo nur noch Abhakmechanismen funktionieren. Kunst muß betroffen machen, so betroffen, daß man sie in die eigene Wirklichkeit umsetzt.« Hermann L. Gremliza aber sei Dank, daß er auch noch diesen ungetümen, ja ungestümen Schwerstdreck für die große Abrechnung am Jüngsten Tage festgehalten hat.

Medienlandschaft Diese, hin und wieder auch als »Medienszene« anzutreffen, reicht meist von Flensburg bis Garmisch und wurde in den letzten Jahren durch den Zustoß von Video und Kabelfernsehen noch reichhaltiger und ausgewogener zugleich: Die Spitze des Eisbergs bildet das Fernsehen, für die landschaftliche Ausgewogenheit sorgt der Rundfunk, der Fluß der Informationen haut einen jeden Tag nieder, und für den Sumpf steht weiterhin *Bild* bolzgerade.

Medienzukunft Diese wurde spätestens anläßlich der Einweihungsfeierlichkeiten des Kabelfernsehens mit eben diesem Wort vom ZDF eingeführt und sollte uns alle ab sofort sehr interessieren.

Mehr → Ein- und Mehr-, → Ein Mehr an.

Mehrfruchtig/vielfruchtig Mehrere Früchte in einer Limo? Ganz viele? Welche? Oh, Spiegelfechtereien der Getränkeindustrie! Wer soll nur das viele aufgeweichte Konzentrat plus Sorbin, plus natürliche Aromastoffe, plus Zuckerkulör plus halbe und ganze Früchte schlucken?

Mehr und mehr Ein Sonderfall von Dummdeutsch. Der bisher stärkste Satz dazu gelang der Grundsatzerklärung der neuen Agentur »outline« (»Die Ideenbörse für Exposés, Treatments und Manuskripte«) mit dieser bedauernswerten Grauenhaftigkeit: »Die Medienszene hat sich überall erweitert. Mehr und mehr Programme brauchen mehr und mehr Stoff.« Am besten immer noch Bourbon-Whisky in allen »outline«-Schreibtischen.

Mehrzweckhalle Schon früher wurden Hallen oft für mehrere Zwecke genutzt. Erst seit etwa 30 Jahren tragen sie den ästhetisch reizvollen Namen »Mehrzweckhalle«. Ob das dahinterstehende Denken mehr auf die CDU zurückgeht oder → mehr und mehr auf die SPD: Man wird es nie erfahren.

Mensch Hat angeblich »frau« statt »man« abgelöst und ist gleich noch meschugger, ja fast dämlicher.

Merchandising Praktisch das gleiche wie → Marketing, nur noch just a little bit ausgerasteter, ja mondsüchtiger.

Midlife Crisis Wenn Papi aus dem Reihenhaus ausbricht, Sport treibt, ein neues Rasierwasser kauft, sich schämt, den Waldi auszuführen, und den Opel Rekord gegen ein BMW-Cabrio austauscht.

Mikrofontäter Meint die Nachfahren der Schreibtischtäter – ein Begriff, der einmal für Adolf Eichmann und Kollegen geprägt wurde. Der Mikrofontäter, den seinerzeit übrigens F. J. Strauß dingfest gemacht hat, ist nicht weniger heimtückisch, hetzt er doch kraft purer technologisch gesteuerter Verführung Menschen an Orte, an denen sie nichts zu suchen haben, nach Wackersdorf, Biblis oder Brokdorf.

Milchquotenregelung → Getreidekontingentierung.

Minitarif »Supergünstig zum Minitarif« fährt z. B. laut Eigenwerbung die TT-Saga-Schiffahrtslinie. Ähnlich ist häufig die Rede von »Minipreisen« bzw. auch »Minuspreisen«; so z. B. bei der bekannten Teppichbodenfirma ARO, welche diese Minuspreise symbolisch durch einen Daumen darstellt, welcher ein Markstück krummquetscht. Was natürlich auch so verstanden werden könnte, daß ARO das Geld kaputtmacht. Überhaupt geht zwischen Minikrampf und Maxiquatsch heutzutage so einiges kreuzweis durcheinander.

Minuswachstum Eine der Keimzellen des schleichenden Sprachverfalls ist die Ökonomen- und Bankersprache, die besonders verschleierungssüchtig ist, weil es immer ganz offen um die Kohle geht. Noch für die wahrhaft oberfaulen Kreditnehmer gibt es feinsinnige Umschreibungen, und Wörter wie Profit oder Gewinn kommen zunehmend aus der Mode. Zauberworte mit steigender Tendenz sind z. B. »Rückstellungen«, »Zinsspanne« oder »Zinsgefüge« und eben auch das »Minuswachstum«, das ja mit Wachstum eigentlich nix zu tun hat, oder? → Nullwachstum.

Mit B. Brecht und U. Johnson hatten noch eher marginale »Schwierigkeiten beim« Schreiben der Wahrheit, Reinhard Lettau noch »Schwierigkeiten beim« Häuserbauen; heute hat man »Schwierigkeiten mit«: mit seiner neuen Sozialisation, mit Gabis neuem Partner, mit seinen Gefühlen und natürlich damit, mit seinen Schwierigkeiten richtig umzugehen.
Hat man aber die Schwierigkeiten hinter sich gebracht, dann hat man → zu tun mit oder → Umgang mit. Fritz J. Raddatz z. B. hatte »Umgang mit« so ziemlich allem: mit den französischen Strukturalisten, mit Tucho, mit konkreter Poesie, mit der eigenen Sprache, früher hatte er auch mal mit Biermann. Aber da setzte es dann wieder »Schwierigkeiten mit« F. J. R. Indessen der bekannte Horst Eberhard Richter mit seinem Buchtitel aus dem Jahr 1991 neben vielem anderen Mindersinn – von der »Schamkultur« und der »Rivalitätskultur« bis zur »Geborgenheitsunsicherheit« – doch tatsächlich schon den »Umgang mit Angst« lehrt. Sage und schreie.
Hingegen »Augen-Lieder zum Mit-Sehen und Nach-Denken« wiederum entbietet 1992 die Malerin Edelgard Stryzewski-Bullien. Auf ihrer Vernis-sage. Im Zug des Schwach-Sinns uns-erer Ze-it.

Mitbürger Verwaltungskonforme Weiterentwicklung des schlichten Bürgers, immerhin der Person, »auf die es ankommt«. Dennoch ist er die Abwärtsentwicklung vom freien und aufgeklärten citoyen zum staatlich kontrollierten und gezählten Befehlsempfänger, dessen »Mittun« etwa bei Volksbegehren o. ä. gar nicht gern gesehen wird. Vgl. → Mündiger Bürger.

Miteinprogrammieren »Als ich anfing, Motorrad zu fahren, da war es von meiner Seite schon miteinprogrammiert, daß mal ein Unfall passieren kann« (Manfred Müller, Bayern 3). Er will sagen: Praktisch muaßt heit damit rächan, daß de amol dahutzt.

Mitnahmepreis Da die Möbel schon teuer genug sind, darfst du sie wenigstens nach Hause tragen und selber zusammenbauen: vier Bretter eine Kiste, zehn Bretter ein Regal, zwei blaue Daumen, ein Haufen Wellpappe. Geschieht dir recht: Warum soll der Händler gerade dein Geld nicht mitnehmen?

Mixed-media Bedeutete ursprünglich, daß zu Popmusik auch noch Lichteffekte kommen müssen, damit der Lärm erträglicher werde. Inzwischen hat die Mixed-Media-Idee

allerdings unverhofft universelle Geltung erlangt: In den Kaffeeläden verkaufen sie Bücher und Lampenschirme, in den Buchläden Videofilme und in den Tankstellen neben Südfrüchten, Sitzkissen und Gartenstühlen vor allem Alkohol. Woraus man schließen kann, daß die Mixed-Media-Idee stark mit der älteren und cusanischen der coincidentia oppositorum korreliert, vulgo: mit dem Auf und Nieder des Lebens selbst, untereinander übereinander …

Möbelbibliothek Eine solche besitzt das Möbelhaus Wohnwelt 2000. Wer eine mit viel Liebe und Sachverstand zusammengetragene Büchersammlung über Möbel erwartet, wird bitterlich enttäuscht. Was man da ausgeschamt als Weltneuheit anpreist, ist nichts anderes als der schlechte alte Auskunftsschalter, an dem man auch Prospekte abkriegt. Vgl. → Cafeteria.

Moment-Sofa Ein Sofa der Möbelfirma Ikea aus Schweden. Ein Sofa also, auf dem man aber auch wirklich nur einen Moment lang sitzen möchte. Im nächsten Moment explodiert es nämlich. Vor Gräuslichkeit.

Motivation Der soziologische Allerweltsbegriff wurde etwa 1980, nachdem er ihn um 1979 kapiert hatte, durch den Fußballer Paul Breitner populär gemacht, seither verwenden ihn auch Spitzenkräfte wie der Torwart Schumacher und sogar Franz Beckenbauer. »Motiviert sein« heißt: zusätzliches Geld zu erhoffen, erwarten, gewärtigen haben – und deshalb vielleicht eine Idee regsamer über den Rasen zu trotten. Bei der Winter-Olympiade 1984 erfuhr man aus Reportermund auch vom Gegenteil. Unsere Bobfahrer hätten deshalb nichts ausgerichtet, weil sie »demotiviert« gewesen seien. Der »Motivationsentzug« von Jürgen Habermas hat dagegen wieder mehr mit dem universellen Telosschwund respektive mit dem → Sinndefizit zu tun; was, das wissen wir hier jetzt auch nicht so genau.

Motivationsschub Eine Verfeinerung der allgemeinen Motivation, deren auch Breitner und Boris Becker teilhaftig werden können, ist für die höheren Medizinmänner des neueren Pädagogendeutsch der Motivationsschub, dessen besonders der narzißtische Sozialisationstyp bedarf, weil er ohne den ruckartigen Druck dieses Schubs nicht und nicht vom Arsch hochkommt und sein Lebtag lang ein Schlaffi bleibt.

Motivationszusammenhänge Früher nannte man die schlicht den Motivkonnex oder so ähnlich. Jetzt wird das nichtend Großkotzige aber vielleicht wieder essentiell wortexpansitivitätstendenzieller.

Mündiger Bürger Nachfolger des Willy Brandtschen »Bürgers draußen im Lande« und des noch früheren »kleinen Mannes von der Straße«.
Beliebt ist auch die auraverwandt spätkantisch-aufklärerische »Erziehung zur Mündigkeit«, die wenn schon nicht auf Adorno, wer weiß, vielleicht auf Hildegard Hamm-Brücher zurückgehen könnte und ihr allzeit wieselflink → betroffenes Mundwerk.

Multifunktional »Semantische Feinunterschiede«, schreibt Kester Schlenz in einer Rezension mehrerer marktgängiger Lexika der Jugend- bzw. → Szenen-Sprache, »machen die Szenensprache so hammergeil und multifunktional«.
Einerseits ja. Andererseits, auch wenn es ironisch gemeint ist: An dem »multifunktional« hätten wir uns vielleicht doch gerieben; aber in Verbindung mit »hammergeil«, was offensichtlich die schon wieder verjährte rattenscharfe turbo- und bibercoole → Tittengeilheit abgelöst hat, lassen wir's uns halt gefallen.

Multifunktions-System »Mit unserem Multifunktions-System können dynamische Manager leicht einen Schritt zulegen.« (Philips Kommunikations Industrie AG, Anzeigenserie z. B. im *Spiegel*.) Und das heißt genau: »Office Micro Systeme, Dialogsysteme, Multifunktionssysteme, Textsysteme, Btx-Editier- und Textsysteme, Bankterminalsysteme, Anwendersoftware, Dienstleistungen.« Undsoweiter undsofort.

Multikulturell *Heimat Babylon – Gebrauchsanleitung für die multikulturelle Demokratie*, so lautet der Titel eines Buchs von Daniel Cohn-Bendit und Thomas Schmid, erschienen im Hoffmann und Campe Verlag 1992 – nein, auch aus diesen beiden extrem erlesenen Federn kann man das um 1983 hochgekommene Wort nicht mehr lesen. Und hören. Geschweige denn glauben. Zumal auch durch dies Dioskuren-Opus die alles entscheidende Frage, die Cohn-Bendits *Pflasterstrand* schon im März 1990 auf seiner Titelseite stellte, noch immer und ewig unbeantwortet bleibt: »Was heißt ›multikulturell‹?« Nämlich der *Pflasterstrand* ging gleich drauf an Frankfurter Multikulturalität und sonstiger Inkompetenz ein. Was die Frankfurter »Psychiatriewoche« im Juni 1992 allerdings nicht dran hinderte, abermals ein »multikulturelles Fest« in die ohnehin schwer überbelastete Welt zu stemmen.
Indessen der omnilateral ubiquitäre New-German Vorzeige-Prof. Claus Leggewie, sein eigenes Niveau noch einmal und geradezu sensationell unterschreitend, schon 1990 ein Buch namens »MultiKulti« verantwortete. Und zwar glatt.
Demgegenüber und vor dem Hintergrund dieses Dauerhits ist die zäh anhaltende Anbiederung an die aber eigentlich auch längst verdrießliche *Gegenkultur* (zuletzt per »edition ariane«) von 1968 ff. heute definitiv nur noch zweite Sahne.

Multi-Vitamin Zu diesem Bomber sinniert unser treuer freier Mitarbeiter F. Bückendorf: Wenn irgendwann in einer fernen Zukunft ein Historiker das Fazit dieses Zeitalters ziehen wird, wenn er alle Manifestationen abendländischer Kultur, weltumspannenden Handelssinnes und kühnen Er-

findergeistes gemustert hat, dann wird er dieses Wort finden, die Summe allen Denkens und Fühlens auf der Neige des zweiten Jahrtausends. Und er wird andächtig vor sich hinsprechen: »Flarom kalorienverminderter Multi-Vitamin Diät-Fruchtnektar«. Noch einmal: »Flarom kalorienverminderter Multi-Vitamin Diät-Fruchtnektar«. Und ganz langsam auf der Zunge zergehen lassen: »Flarom kalorienverminderter Multi-Vitamin ...«
Chemie, sei verdammt.

Multiwäsche Erfolgt jetzt als Kompaktangebot in Autowaschanstalten und bringt uns so gleichfalls das klassisch-humanistische Latein wieder → ein Stück weit näher.

N

Nachmoderne Religiosität Nein, keine → postmoderne, sondern neben eben dieser steht mitunter auch die fast noch erhabenere »nachmoderne Religiosität« an. Und wer könnte die, die nachmoderne Religiosität im Zeitalter der Habermasschen *Neuen Unübersichtlichkeit*, wieder ausgegoren haben? Johann Baptist Metz? Papst Woityla? Gertrud Höhler? Raddatz?
Nein. Sondern vielmehr, richtig, the one and lonely Hans Küng! Und zwar wo? Genau, jawohl, in Blaubeuren, genau da.

Nachrüstung Das Gegenteil der → Null-Lösung. Ersetzte 1983 definitiv die Aufrüstung, die uns seit 1945 so → betroffen macht.

Nachzugsalter Das offene Seitenstück zu dem schon gewürdigten → Ehegattennachzug und eventuell das Gegenteil zur → Vorruhestandsregelung.

Naherholungsgebiete → Park.

Nahtlose Übereinstimmung Ist immer dann zu verzeichnen, wenn → Kohl aus Washington zurückkommt.

Naßzelle Kein Unterwassergefängnis, sondern gepflegtes Architektendeutsch, Bad und Toilette meinend. Bei der Bundeswehr heißt es dagegen standesgemäß »Naßrevier«.

Natürlich Als »die natürlichste Sache der Welt« wird das Sprudeltrinken, das Benutzen von grauem Klopapier und neuerdings auch das Ankleben von Rauhfasertapete bezeichnet. Wer denkt sich so was bloß aus?

Naturbelassen Mit Vorsicht zu genießen. Jeder Giftnickel kann es auf sein Etikett schreiben und tut es auch. Noch nicht eingebürgert hat sich die naturbelassene Spontanvegetation für ungebeten aufschießende Nesseln und dergleichen, aber das kann sich noch ändern.

Nektar Früher Saft. Der jetzt, wie wir hören, vom Orangenjuice aufwärts »Nektar« heißt. Wie? Nein, Ambrosia statt Waffeln hat sich noch nicht durchgepowert.

Neu Es wird wohl Jürgen Habermas gewesen sein, der mit seinem Buch über *Die Neue Unübersichtlichkeit* die Welle des allzeit Neuen losgetreten hat. Kurz darauf tadelte die *Titanic* bereits die »Neue Lieblosigkeit«, während »Neue Wilde«, »Neue Zärtlichkeit« und vor allem die »Neue deutsche Welle« schon wieder abklingen. Fein profiliert hat sich wieder einmal Theo Sommer in der *Zeit*, der die amerikanischen Bomben auf Tripolis als »Neue Ruppigkeit« erkannte. Diese vertritt auch die berühmte »Neue Frankfurter Schule« (Gernhardt, Henscheid, Maletzke usw.) nach dem ewigen Auftrag der alten (Adorno, Habermas usf.): Das Neue sei dazu da, daß sich immerzu → irgendwie irgendwas scheibe.

Neue Besinnlichkeit Nach den »Neuen Wilden« und nach der von *konkret* ausgemachten (und gleich auch schwer gegeißelten) »Neuen Heiterkeit« dessen, was seit gut zehn Jahren dito »Neue Frankfurter Schule« heißt, gibt es auch die »Neue Besinnlichkeit«. Und zwar auf einer Schallplatte der Rainer Bärensprung Band, deren Reklametext also lautet: »Dies ist die Zeit, in der Lieder wieder erträumt werden. In der man Geschichten schwelgerisch erzählt. Die Zeit der Poesie, der neuen Besinnlichkeit. Die Zeit der Rainer Bärensprung Band. Lieder für die Phantasie.«

Neugier Dochdoch, auch so unschuldige Wörter wie »Neugier«, »pfiffig«, »Gier«, »Sinnlichkeit«, → aufregend und →

Zärtlichkeit können es dank dauerhaft dümmlicher Verwendung zum Dummdeutsch, ja zur lebensverleidenden Infamie bringen.

Nicht-Wahrnehmungsstruktur Überaus berechtigt wehrt sich die »Staatssekretärin bei der Bevollmächtigten der Hessischen Landesregierung für Frauenangelegenheiten«, Marita Haibach also, gegen einen doofen *Spiegel*-Artikel über ihre bisherige Arbeit. Daß sie aber kontert, der *Spiegel* habe eine »gezielte Nicht-Wahrnehmungsstruktur«, das, Frau »Staatssekretärin bei der Bevollmächtigten der Hessischen Landesregierung für Frauenangelegenheiten«, nehmen wir Ihnen übel, ja fast krumm.

Niederschlagstätigkeit, nachlassende Es hört auf zu regnen.

Nierentischig Waren nach Auskunft des Chefredakteurs des *Börsenblatts für den Deutschen Buchhandel* (Heft 94/1985) die 50er Jahre. Die 60er sind dann wohl als »knüppelig« und die 70er als »bombig« zu bezeichnen. Was ja auch irgendwie hinhaut, bzw. genauso bescheuert ist wie die Schöpfung des Herrn Chefredakteurs.

Niveauvoll Nachzuweisen ebenso im *Spiegel* wie vor allem im Zusammenhang mit Partnerwünschen bei zahllosen *FAZ*- und *Zeit*-Heiratsanzeigen-Schreibern. Da »Niveau« nun mal »Höhe« bedeutet, hat man es also mit nichts geringerem als mit »Höhenvollem« zu tun, kurz: mit Höhenräuschen, von denen sich nicht mal der Kraxler Messner träumen läßt. Verwandt ist dem Niveauvollen der Unsinn des »Stilvollen«; zu beobachten z. B. in einer Anzeige der *Männer-Vogue*, die sich dafür starkmacht, »Geld stilvoll auszugeben«. Ja, wer so viel Geld hat, der kann sich zur Not sogar die Stilvollheit noch leisten, ohne daß es groß auffällt.

Nobelherberge Absteige von Edelpennern.

Nobelkarosse Jawohl, mindestens ein Exemplar von ganz speziellem *Spiegel*-Inferiordeutsch in all seiner wundersam witzlosen und gleichsam schon in statu nascendi dahinwelkenden Verblühtheit soll in diesen Band auch rein.

Noggern »Nogger dir einen!« befiehlt eine bekannte deutsche Eiscremefirma, die auch für das »knispern« zuständig ist. Aber: Noggern ist noch viel, viel schöner als → reinknispern!

Nudel-Up Besonders widerlicher Resteseim für die »schnelle Küche«. Der Werber wollte offenbar sagen, daß »Nudel-Up« auf die Nudeln geschüttet werden soll, aber hätte es dann nicht irgendwie anders heißen müssen? Merke: Die Nudel liegt immer unten. Vgl. → Teig in.

Null Bock Gottseidank im Aussterben. Womit wir nicht sagen wollen, daß wir die nächste Generation, die wieder Bock auf alles hat (vgl. → voll), für klüger erachten. Nein, dies nun keineswegs.

Null-Lösung Diese spielte 1983 eine große Rolle, aber der Russe machte damals nicht mit. Vermutlich verwechselte er sie wieder mal mit der Endlösung und hielt sie für was Böses. Dabei ist sie doch eine so schöne Kreation; inhaltlich wie sprachlich.

Nullmenge Die Mengenlehre scheint ausgestanden. Aber im *Darmstädter Echo* macht sich Roland Hof trotzdem seine Gedanken über »vielfältige geheimnisvoll klingende Mengenbegriffe für schwer überschaubare Ansammlungen«: Komplementärmenge, offen konvergente Menge, Mengenlimes, naive Menge, leere Menge, Restmenge, Nullmenge … Auch wenn es sich dabei um so gravierende Dinge wie Gift und Wohlstandsmüll zu handeln scheint: Wir verstehen null – und dabei soll's auch bleiben.

Null-Morphem Etwas ganz besonders Apartes, das sogar schon lange vor dem → Null-Wachstum entdeckt worden sein soll. Unser zuständiger Leser-Gewährsmann Dr. Dürbeck teilt uns dazu mit: »Die Stärken des Strukturalismus liegen vor allem im sprachschöpferischen, nicht-beschreibenden Bereich ...: Ein Null-Morphem liegt dann vor, wenn nichts vorliegt und eben dadurch etwas bezeichnet wird. Was ist ›Endungslosigkeit‹ für ein unwissenschaftlicher Ausdruck! Vor allem: Man kann sich überhaupt nichts darunter vorstellen!«
Nun, wir werden auch das Null-Morphem überdauern. Wir sind zäh. Wir haben schon ganz andere Sachen (Möllemann, Jupp Derwall, Karin Struck!) überdauert ...

Null-Wachstum Stagnation. Nichts rührt sich mehr. Rien ne blabla plus. Wohlgemerkt: nur wirtschaftlich-konjunkturell. Ach, gäb's ein Null-Wachstum doch auch im Sprachlichen – fast alles Elend hätte ein Ende.

Nuts »Wenn du kein Nuts hast, hast du kein Nuts. Nuts hat's.« Noch stringenter als »Mein Bac – dein Bac«. Über »Persil bleibt Persil« hinaus die zeitgemäße Replik des Gertrude Steinschen »Eine Rose ist eine Rose ist eine Rose« im Sinne des Wittgensteinschen »Die Welt ist alles, was der Fall ist«; nämlich: »Es ist wie es ist, und es ist fürchterlich« (Hans Henny Jahnn, *Fluß ohne Ufer*). Dagegen wäre »Nuts tut's« schon wieder leicht überreizt, ja überkandidelt.

O

Objektorientiert Nicht zu verwechseln mit → genußorientiert, mit »leistungsorientiert« (H. Kohl, S. Effenberg usw.) und »basisorientiert« (SDS, SPD, usf.). Sondern: »Betrachtet man diese unterschiedlichen Szenarien, so nehmen objektorientierte Programmiersprachen eine zentrale Stellung ein. Das objektorientierte Paradigma ist fundamental in bezug auf zugrundeliegende Konzepte« (EDV-Fachzeitschrift DOS).

Oder was »Alles Müller – oder was« (Müller-Milch-Kampagne 1992). Gegen diese Unerträglichkeit empfehlen wir → alternativ »oder wie«. Oder wenigstens »oder wie oder was«. Andererseits wollen wir das »Oder was« doch → irgendwie hochhalten. Denn irgendwo ist es immerhin das ragendst Imbezillste, was die Neunziger bisher hervorgebracht haben.

Ofenfrisch Sind immer Semmeln. Diese aber sind nie »knabberfrisch« oder »funnyfrisch« (vgl. → knabberknackig oder gar → sahnefrisch). Nie und nimmer!

Open-end-Diskussion O Herr, laß Sendeschluß werden, die Schwätzer sind nicht mehr zu stoppen.

Opinion-Leader Begriff, ursprünglich aus der Soziologie, der den Wortführer einer Gruppe meint. Etwa beim → Brainstorming. Wird der Leader noch gesucht, heißt er freilich Head – und es handelt sich also um die bezaubernde Tätigkeit des → Head-Hunting.

Optimal So viel wie → wahnsinnig oder → flächendeckend oder → total oder → super oder → absolut → oder was.

Optimalst Irgendeine neue Straße, so schreit's der *Gießener Anzeiger* heraus, »bringt die optimalste Verkehrsentlastung«. Optimaler wäre natürlich, die Opis ließen ihren 200 D gleich in der Garage, am optimalsten aber wäre, wenn der Redakteur von ihnen puttgefahren würden täte oder so ähnlich.

Order Hieß einmal soviel wie Befehl, Anordnung – und zwar ein bißchen ruckartig. Im Zeichen allgemeiner sprachlicher Verschwiemelung hat sich der Buchhandel der militärischen Vokabel bemächtigt. Haben Sie, lieber Sortimenter, also *Dummdeutsch* schon ruckizucki geordert? Was, noch nicht? Dann aber zackzack!

Ordnungsstifter Dies hölderlinisch rarschöne Wort verdanken wir wie viele ähnliche dem Dichter Botho Strauß (*Diese Erinnerung an einen, der nur einen Tag zu Gast war*, Gedicht, 1985), welcher hier auch wieder mal zu Potte bzw. zur → Kelchschaft kommen möchte.

Orientierungshilfe »Je unsicherer die Zeiten, desto eher sucht man Orientierungshilfen«, weiß akkurat der hessische Unternehmensberater Gerhard Lenz und betreibt deshalb eine Firma für ökonomische Orakel.
Zu scheiden von der Orientierungshilfe ist das → Orientierungsmuster sowie der Orientierungsrahmen, der unseres Erachtens wieder mal auf H. D. Genscher zurückgehen könnte.

Orientierungsmuster Aus dem Soziologendeutsch adaptiertes neueres Bürokratendeutsch, bei dem der Berg meist eine Maus gebiert.

Orwell-Jahr Das Orwell-Jahr ist zwar an sich noch kein Dummdeutsch, jedenfalls kein besonders überragendes – es wurde es aber durch Gebrauch und Mißbrauch. Gerade

im Orwell-Jahr 1984. Exponiertester Fall: »Der siebte Führungswechsel an der Tabellenspitze der Bundesliga und die Punktverluste von Stuttgart, München und Hamburg unterstreichen, daß im Orwell-Jahr alles möglich ist« (dpa).
Weißgott.
Und doch war damit dem Orwell-Jahr noch immer nicht die Krone auf die Palme gesetzt. Sei's daß ein Sportkollege den Gedanken so begeisternd fand, sei's daß die gleiche Pfeife sich selber abkupferte – am 19. 3. 84 schon eröffnete die *Offenbacher Sport-Post* ihre Lagebetrachtung mit dem Satz: »Es kommt, wie es im Orwell-Jahr 1984 wohl kommen muß: das 21. Titelrennen in der Fußball-Bundesliga entpuppt sich als Neuauflage des Duell(!) der ›Großen Brüder‹ Bayern und HSV, die seit 1979 die Meisterschaft gepachtet haben.« Rennen, puppen, pachten, neuauflegen, duellierte Brüderschaft – nein, diesen Orwell an Metaphern darf auch kein Nabokov zu Ende denken.

Outdoor Ist laut Firma Süd-West ein »Begriff aus dem Amerikanischen, sinn- und aussagerichtig nicht übersetzbar«. Demzufolge erklärt »Süd-West«: »Outdoor ist ... Backpacking, Canoeing, Wilderness.« Also offenbar ein zünftiger Urlaub an der frischen Luft. Die den Textern von »Süd-West« auch mal wieder guttäte.

Outen Meistens: das Outen. Ursprünglich auch outing bzw. aktivischreziprok coming out. Seit genau 1990 die neue Offenbarungswut bzw., um genau zu sein, die meist medial gesteuerte kollektive Einbildung von deren Notwendigkeit als Menschheitsfortschritt und als vulgär protzende Regenese dessen, was einst als guter alter Exhibitionismus prangte.
Es geht dabei nicht nur um das Eingeständnis von Homosexualität bzw. überhaupt von besonders ragender Erotik. In der *Abendzeitung* vom 3. 6. 93 »outete« (*AZ*) Marcello Mastroianni im Gegenteil: »Ich war nie ein toller Lover.« Schon

1991 hatte es im *Spiegel* eine Story, die praktisch nur noch aus der Vokabel »outen« bestand – und wiederum in der *AZ* vom 12. 5. 92 »outete« Stefan Effenberg seinen Teamkameraden Olaf Thon dergestalt, daß er ihn »blöd« nannte – ein coming out sozusagen als (jetzt auch leider immer häufigeres) »warming up« fürs nächste Match gegen den Abstiegskampf.

Output Aus einem Mund, dem sonst eher Schwerblütiges entschlüpft, konnte man kürzlich vernehmen: »Mir ist ganz klar, daß dies ein ganz ungewöhnliches Verhältnis von manpower und output ist«, unkte der Suhrkamp-Lektor Friedhelm Herborth, und meinte damit aller Vermutlichkeit nach ausdrücken zu wollen, daß es für zwei Lektoren viel zu tun gibt, wenn der Verleger verlangt, daß die beiden pro Jahr rund 80 Bücher zu lektorieren hätten. Folglich überlastet sind und darüber ganz vergessen, daß Lektoren zuvörderst die deutsche Sprache zu beherrschen haben – gerade wenn sie an der Suhrkamp-Kultur mitbasteln.

Oversized In diese Kittel wächst so schnell keiner rein. Und falls doch: In zwei Jahren ist undersized wieder Mode, nämlich der achselzwickende Knopfsprenger und der schwer schließbare Schrittpetzer.

P

Paketlösung Wird meist dann angestrebt, wenn irgendeine Sauerei durchzusetzen ist, die »einzeln« auffällt. Drum ist auch unser Kanzler → Kohl, Helmut (vgl. → Spätgeboren) ein »erklärter Freund« der »Paketlösung«, an der wir alle noch unser Päckchen zu tragen haben werden.

Pantolette Schmeckt schon beim Sprechen nach Staubstrumpf und Hammerzeh.

Paradigma Neo-geisteswissenschaftliches Modewort, dessen Beherrschung den Beherrscher von jenen abhebt, die nur »Exempel« draufhaben.

Paradigmen-Verflüchtigung Da wir wirklich nicht alles lesen können, kibitzen wir diesmal in der *Titanic*, die in der *Zeit* etwas sehr Schönes von einem Herrn Thomas Meinecke (der nun auch schon Suhrkamp-Autor ist) fand. Über die »Drehungen und Windungen im Nach-68er-Zeitalter« orakelt der Herr Meinecke: »Positions-Verzwirbelungen, deren Dynamik unweigerlich jenen inzwischen automatisierten Teufelskreis spiraliger Paradigmen-Verflüchtigung heraufbeschwören mußte, der es wiederum jedem poststrukturalistischen Mode-Geck erlaubt, sich mit Hilfe einer mystifizierten Meta- und Simulations-Begrifflichkeit auf einer Wendeltreppe der Meinungen beliebig hinauf und hinab, jedenfalls im Kreise zu bewegen.« Weitermachen, Brummkreisel und Nichtgeck Meinecke, am Ball bleiben, möglichst unter der Wendeltreppe, Paradigmen suchen, dann in den Keller, wo die große Stahltür ist, aufmachen, reingehen, zuschließen, Schlüssel runterschlucken.
Dagegen ist der allbekannte »Paradigmenwechsel« als speziell Tübinger (Küng, Kuschel usw.) → Projekt bzw. → Denk-

spiel schon fast gar zu bekannt und ordinär, ja beinahe schon vulgär, als daß wir ihn hier noch kritisch vollends zuscheißen müßten.

Parameter Ursprünglich eher naturwissenschaftlicher Begriff, seit Ende der 70er Jahre neo-geisteswissenschaftliche Unansehnlichkeit. Bedeutet gleichfalls nicht allzu viel.

Park Insgesamt gibt es heute u.m.a. Parkplätze, Parkhäuser, Parkgaragen, Parkpaletten, Parkprofessoren, Parkstudenten sowie Parkwähler (Martin Bangemann). Dagegen heißen die alten Parkanlagen jetzt »Parkierungsanlagen«, Grünflächen → Naherholungsgebiete und Straßenbegleitgrün. Aufgehört hat sich das einfache Parken. Es heißt jetzt Parkparken und meint das vorläufige Parken mitten auf der Straße; bis unterhalb der Straße ein reguläres Parken möglich wird.

Park and Ride System Hinweis für Autofahrer, vom Stadtrand ins Zentrum nicht mehr zu fahren, sondern zu reiten. Den Auftrieb möcht man erleben!

Parkleitsystem Gehört in die zunehmende Gruppe des Verkehrs-Dummdeutsch wie → Verkehrsberuhigung und → Boulevardcharakter. Die Redaktion gesteht ihre Unfähigkeit ein, zu erklären, was ein Parkleitsystem ist. Wir geben das Wort dem Herrn Bausenator Eugen Wagner aus der Hansestadt Hamburg: »Der Stellenwert der Verkehrspolitik, sprich in diesem Falle der Parkpolitik, wenn ich das mal so sagen darf, hat für den Bereich der inneren Stadt einen hervorragenden Stellenwert, meine ich, zumindest im Bereich der Verkehrspolitik ...
Wir haben die Vielzahl nach wie vor von 30 000 Stellplätzen. Davon sind seit 1977 bis heute rund 2000 mehr dazugekommen. Außerdem möchte ich hier insbesondere sehen, daß wir für die Innenstadt nicht so gerne haben den Berufspendler ...

Was wir gerne berücksichtigen wollen mit unserer Parkplatzpolitik, sprich Verkehrspolitik, ist, daß der Kurzparker, der einkaufen will, der in der Stadt sich bedienen will, daß dieser, der mit seinem Auto kommt und auch von weit her kommt, daß er hier die Möglichkeit, kurz zu parken, hat und dann auch seine Besorgungen machen kann. Wir möchten eins vermeiden: den Eindruck zu erwecken, daß Hamburg etwas grundsätzlich gegen den Autofahrer in der Stadt hat, sondern hier liegt wirklich die Wahrheit auch in der Mitte. Wir sind selbstverständlich nicht in der Lage, alle Wünsche zufriedenzustellen, aber wir möchten gerne, daß sowohl der Fußgänger als auch der Autofahrer sich vernünftig bedient sieht.«
Danke, Herr Wagner. Besser kann man es gar nicht sagen.

Parkstudium Das Parkstudium hat nichts, wie noch zu Goethes Zeiten, mit dem Studium im Park (Weiber!) zu tun; sondern es ist ein besonders hübscher Ableger der älteren → Park-and-Ride-Philosophie – und es meint nichts geringeres als dies, daß, wenn man schon nichts Gescheites zu studieren kriegt, man halt irgendwas anderes studieren soll. Zum Exempel Paradigma und Parameter.

Parteienlandschaft »Wie arm wäre die deutsche Parteienlandschaft ohne diesen Fels Franz Josef Strauß!« rief mit letzter Überredungskraft der *Rheinische Merkur* (April 1984). Zu scheiden von der Parteienlandschaft ist die Parteilandschaft, in diesem Fall die CSU, in der Strauß freilich auch ein Fels war. Und nicht zu verwechseln ist sie mit der → Medienlandschaft, obwohl das heute alles stark ineinander greift und spielt und hinten oft höher als vorn ist, und Strauß auch in dieser seinen Fels stand. Jedenfalls zu Lebzeiten.

Partner Zwar gab es schon seit längerem dümmliche Verschleierungs-Komposita wie »Tarifpartner« und »Sozialpartner«. Aber merkwürdigerweise (und möglicherweise im Gefolge des *Playboy*, der schon seit geraumer Zeit anläßlich von Liebenden, Ehepaaren usw. von »Partnern« wie von kommerziellen Gaunern redet) verwendet jetzt auch noch die neue und → sensible Linke respektive → Psychosprache den Begriff, meist in der wissenschaftlich harmlosen Kombination mit »Beziehung«. Ein großer Schlag an Vulgarität aber gelang vor einigen Jahren im Wahlkampf den bayerischen Grünen, die sich nicht entdumpften, auf ihren Plakaten von den Menschen als den »Partnern der Natur« zu quallen. Der Stil ist eben auch die Partei – und der macht hier ziemlich → betroffen.

Partnerarbeit In einer nervenheilanstaltsreifen Propektannonce der Bewegung »Dance from the Melting Pot« (die ausgerechnet in Tübingen ausgerechnet in der Hegelstraße 7 ihren Stammsitz, meint: ihre »Kontaktadresse« hat) wird sie so definiert: »Partnerarbeit. Wenn beide Partner bereit, offen und aufmerksam sind, wird das Teilen eines Tanzes zu einer heilsamen Beziehung. Wir werden unsere intuitiven Kräfte schärfen und lernen, den Energiefluß und das → Timing des anderen wahrzunehmen und zu folgen. Offene, vertrauensvolle und ausdrucksstarke Interaktion werden wir durch → sensibles Leiten/Folgen, Zuhören und Ansprechen unterstützen.«

Pauschalreise Geht mit Pausch und Bogen wohin auch immer.

Pausenbrot Ist und bleibt genau das, was wir früher immer in den Papierkorb geworfen haben. Der Jugendliche von heute dagegen versteckt es geschickt in Mammis Servierkörbchen und rennt mit begeisterter Miene in die Schule – während Mutti den Reihenhauskoller kriegt. Die liebevoll eingepackten Superstullen sollen nun durch die »Milchschnitte« ersetzt werden, einen mit Altmilch gefüllten Körnergummiwabber, der ein »Pausenbrot ist, wie es heute sein soll«. Und wenn Sarah (12) und Daniel (14) endgültig Zahnfäule von ihren EG-Restschnitten haben, ist Mammi wieder mal die Angeschmierte. Was muß sie auch Kinder in die Welt setzen.

Passiv Ein scheinbar unverfängliches Wort, das seine Tükke erst in Verbindung mit anderen Begriffen offenbart. »Passive Bestechung« bedeutet z. B., daß eine Amtsperson gegen Herausgabe eines Vorteils schon mal einen höheren Betrag einsackt. »Passive Bewaffnung« bedeutet wiederum nicht, daß die Polizei Demonstranten mit Waffen ausstaffiert und die sich mit einer vorgezogenen Schlußkundgebung im kleinen Kreis erkenntlich zeigen. Vielmehr prügelt die Polizei aktiv die eher unwillig Duldenden, weshalb das Passiv auch Leidensform heißt.

Pelz-Bewußtsein Es handelt sich dabei nicht um den Verdacht, am nächsten Morgen mit Brummschädel, pelziger Zunge und übelriechendem Hals aufzuwachen, sondern darum, daß die neue »Pelzgeneration leicht und ganz selbstverständlich getragen werden darf«; eine Botschaft, die Waschbär, Blaufuchs und Karakul gar nicht gerne hören werden, auf der die Firma Peek & Cloppenburg aber nichtsdestoweniger beharrt.

Penetrieren Emanzenvulgärdummsoziologisch; erfunden und penetrant popularisiert vor allem von Alice Schwarzer. Soll offenbar etymologisch vage das Gewalt-Motiv »Penis« assoziieren und derart den Frauen Furcht und Abscheu a priori einjagen. Denn: Penetrieren kann nur der Mann, die Frau kann nur penetriert, irgendwie vergewaltigt werden. Da wäre dann freilich »phallokratisieren« noch eine Idee perhorreszierender. Warum A. Schwarzer einen solchen Stiefel in die Welt setzt, wird ihr Geheimnis bleiben. Es wird halt vielleicht so sein, daß sie irgendwie ihr Blatt und ihren Kragen vollkriegen muß.

Performance Hat meistens mit Kunst zu tun, manchmal auch mit Zeltmission. Über das Tanzseminar »Dance from the Melting Pot« schreiben die Veranstalter, Performance sei »das Teilen eines Rituals, das uns und unser Publikum verändert, indem wir ein Kanal zur energetischen Welt werden«. Der Mensch als Kanal, durch den die ungeklärten Abwässer einer unerklärlichen Welt rauschen – ist das nicht sehr ungesund? – Geschrieben aber am schönsten und als geradezu demütige Sumpfblüte findet sich die Performance in einer Kleinanzeige in der *Amberger Zeitung*: »Performenz«.

Persergemusterte Kleinvorlagen Sind keine Wichsvorlagen für Chomeini, sondern Teppiche, die ein Persermuster tragen. Bei Karstadt, für DM 10,–.

Persönliches Meinungsbild »Eindeutig. Kritisch. Engagiert.« So preist sich in einer Zeitungsanzeige die Wochenzeitung *Deutsches Allgemeines Sonntagsblatt* selber und im letzten VW-Reklamestilaufguß an und fährt fort: »Der christliche Blickwinkel steht dabei häufig im Mittelpunkt. Er rundet Ihr persönliches Meinungsbild über Themen aus Politik und Wirtschaft, aus Kultur, Gesellschaft und Kirche ab. Woche für Woche.«

Das kann man wohl sagen. Ein Blickwinkel, der im Mittelpunkt steht und dabei abrundet, nämlich keine Meinung über Themen, sondern auch gleich noch ein Meinungsbild über –: das dünkt uns, alles in jedem, wahrlich die dümmste und sprachkorrupteste Spruchwerbung des Jahres. So geht's, wenn sich Fromme mit Werbefritzen gemein machen. Da kann man mit dem *Sonntagsblatt* nur nochmals zusammenraffen: »Kritisch, christlich, kreativ« – haha!

Personenbezogen Sind immer Daten. Und die will jeder von uns, kriegt er aber nicht, sondern eins in die Fresse. Vgl. → Verniemandung.

Perspektive haben »Euer *Dummdeutsch* hat keine gesellschaftliche (emanzipatorische, aufklärerische, klassenkampfproletarische usw.) Perspektive«, hören wir aus übelwollenden Kreisen immer wieder tadeln. »Ihr mosert da nur rum!« Genauso isses. Wenn *wir* schon keine Perspektive haben, dann braucht unser Buch erst recht keine. Höchstens eine Hypotenuse. Und die lautet: Die Perspektivhaber sind die lästigsten, ja die allerdümmsten Moserer.

Pfadarbeit Beim Durchblättern von Workshop-Angeboten der einschlägigen → Szene: »Körperarbeit mit Agostina Hampel« – »Mit Tausenden von Lichtarbeitern zur Cheopspyramide« – → »Trauerarbeit« – »Energiearbeit« – »Pfadarbeit am Baum des Lebens« – »Chakraarbeit zur Öffnung der inneren Flöte« (zit. nach: Hermann Peter Piwitt, *konkret* 5/92).

Pflegeleicht Nicht zu verwechseln mit → kuschelweich, nein, gar nicht zu verwechseln. Sondern die Pflegeleichtigkeit ist ein Gratisservice zum Kuschelweichen.

Pfund Früher geltende, haarscharf 500 Gramm darstellende Maßeinheit. Der Firma Tchibo blieb es vorbehalten, erst 400 Gramm bei gleicher Packungsgröße auf den Markt zu bringen, um dann 1. deutsche Hausfrauen in heillose Verwirrung zu stürzen, und 2. kurz danach dummdreist zu behaupten: »Ihr Pfund ist wieder da«, was nichts anderes als das Eingeständnis des 400 g-Flops war.

Phänomen Noch für Kurt Georg Kiesinger war speziell die DDR ein »Phänomen« und wurde deshalb noch spezieller von der Springer-Presse mit Gänsefüßchen geschrieben. Aber auch auf eher schöngeistigem Gebiet spukt das Phänomen weiter herum, so bei Uwe Kraemer, wenn dieser für ein Platten-Cover über Anton Bruckner schreibt: »Es ist bis heute ein unerklärliches Phänomen geblieben, wie dieser einfältige Musiker ... die architektonischen Wunder seiner neun Symphonien konstruieren konnte.«
Ein »Phänomen, wie« ist schon sehr schön; schöner noch, daß es sich dabei gar um ein »unerklärliches Phänomen« handelt. Und da wäre es dann natürlich drittens am allerschönsten gewesen, wenn Kraemer den Gedanken, den er nach Karl Kraus sowieso nicht hat, also ausgedrückt hätte: »Es ist bis heute ein unerklärliches Wunder geblieben, wie dieser Musiker die architektonischen Phänomene seiner neun phänomenalen Symphonien konstruieren bzw. dingsbums konnte oder rumpelte oder kotzte oder wie oder was am Arsch.«

Phantasie »Phantasie an die Macht!« kreischt als vorerst letzter alter Hut der Hanser-Verlag in seiner Frühjahrsproduktion – seit tausend Jahren dröhnen sie derart daher, und zwar am lautesten jene, die der Phantasie nachweislich am fernsten stehen – der Nachweis fällt leicht, denn Phantasie läßt sich nun mal nicht per Veranstaltungsplakat, via Wochenendseminar und Appell herauslocken. So wird der Ruf nach Phantasie meist zum pendantischen Begleitgrün des dumpfmeisterlichen → Betroffenheits-Bekenntnisses.
»Die Phantasie an die Macht«, so lautete die Parole vom Pariser Mai 1968. »Phantasie allein ist Geisteskrankheit«,

sorgt sich dagegen Gregory Bateson. Vor allem, wenn es beim Gratis-Bekenntnis bleibt. Als Obermacker der Phantasie hat sich seit Äonen André Heller installiert, er erkannte im Zuge des 365. Aufgusses seiner einschlägigen Feuerwerks-Aktivitäten auch noch, Berlin sei »die Hauptstadt der Phantasie« – das mußte ja auch mal einer aussprechen. »Die Phantasie an die Macht – die Losung der Technokratie« (Jean Baudrillard, *Der symbolische Tausch und der Tod*). Schwer verwandt der Phantasie sind die → Kreativität und das sich → Einbringen. Obwohl ja Phantasie von Haus aus eher ein sich Ausbringen, ein sich Entäußern meinen könnte. Aber macht nichts.

Phantasiearbeit Diese existiert neben verwandten → Phänomenen wie der → Trauerarbeit und der → Pfadarbeit speziell für die theoretische Aufarbeitung der »neuen Kinder« der steinalten und ewigneuen Linken und ihren ganz speziellen und → arbeitsfeldmäßigen »Phrasenkaskaden« (Karl Kraus, 1918) – und man wundert sich doch immer wieder mal, daß noch immer kein Blitz drein fährt in dieses → Arbeitsfeld und das ganze Schwafelgesocks aus den Stinkesocken haut.

Phantasialand / Holidaypark Nur immer hinein ins Paradies der Langweilergesellschaft! Hier wird die Freizeit entsorgt, werden die Träume endgelagert. Abenteuer so prickelnd wie nasse Tempotücher: Delphine in Neuschwanstein, Wikinger in Wildwest, Saurier in der Gondelbahn, alles super magic zu gesalzenen Preisen. Bunt, laut und garantiert phantasievernichtend. Hauptsache, den Kindern gefällt's nicht.

Phantasma Ein genuin eher medizinisches Wort für Trugbild – heute ein in hohem Schwang befindliches Lieblings- und Imponierwort der geisteswissenschaftlichen Schickeria, das wie das gesinnungsverwandte → Paradigma so ziemlich alles und jedes bedeutet.

Pharmareferent Dieser war vordem ein ordinärer Ärztebesucher oder Arzneimittelvertreter und ist jetzt Teil der »Pharmakommunikation«, die ihrerseits, nach einem Bericht der *FAZ*, dem Münchener »Institut für Pharmakommunikation« unterstellt ist.

Pillenknick Ein schon älteres Problem. Wird aber jetzt durch den → Freizeit-Knick weitgehend neutralisiert.

Pilotprojekt Früher hieß dieses schnittige → Projekt »Versuchskarnickel«.

Pleasure-Abteilungen Enthalten z. B. Äpfel, Birnen und Pflaumen in den Supermärkten, die aber jetzt z. T. auch schon und fast allzu herzig »Superpoints« heißen. Da können wir nur noch seufzen: Hyper.

Plus Eine deutsche Lebensmittelladenkette, deren Entschlüsselung nach eigenen Angaben da, unerhört genug, lautet: »Prima leben und sparen.«

Poller Sind »fahrzeugabweisende Elemente zur Eindämmung und Verhinderung illegaler Parkvorgänge«. Das meint ein Tiefbauamt, das mal wieder dringend gelüftet werden sollte.

Posing-Beutel Vertreibt rücksichtslos der »Top-Versand«, 8047 Karlsfeld, neben u. a. Stretch-Slips, Schnür-Jeans, Jochstraps, Zweite-Haut-Hosen, Sex-Geschirr und feuchtglänzender Satin-Bettwäsche u. a. an »junge Bodybuilder + Strip-Boys«. Jaja, wir sagen's ja immer: in 8047 Karlsfeld, da ist ganz schön was los.

Positiv-Denker Ein, nein: »Der Positiv-Denker« schlechthin ist laut Innsbrucker *Bücherzeitung zur Selbstfindung – die alternative* der »bekannte Hypnosetherapeut« Erhard F. Feitag, dessen gesammelter Lebenshilferamsch jetzt auch noch als Goldmann-Taschenbuch-Duo gedruckt vorliegt.

Positiverlebnis »Hartinger hatte dann sein Positiverlebnis«, schreibt der *Deutsche Sportinformationsdienst* anläßlich der Geschehnisse bei der Fußball-Europameisterschaft 1984, »als er an der Hotelbar mit Menotti, Bearzot, Di Stefano und Höttges ins Gespräch kam.« Das Positiverlebnis ist einerseits die Umkehrung des Negativerlebnisses und sprachlich noch knarzender als dieses. Andererseits erscheint es als ein Pendant zum Aktivitäts- und → Action-Ideal wie auch zum → Frischwärts-Drang, und daß das Ganze → irgendwie mit der Wende, → Kohl und dem ganzen → Wahnsinn zusammenhängt, ist ja nicht schwer zu erahnen.

Post- Mit knappen Stichworten skizziert der Theologe Prof. Dr. Hans Küng aus seinem *Projekt Weltethos* die Dimensionen der heraufkommenden Weltkonstellation der → Postmoderne: »Politisch gesehen: posteurozentrisch, postkolonialistisch, und postimperialistisch; ökonomisch gesehen: postkapitalistisch und postsozialistisch; gesellschaftlich gesehen: postpatriarchalisch und postideologisch; religiös-kirchlich gesehen: postkonfessionell« (zit. nach: *Süddeutsche Zeitung* vom 16. 4. 92: Aus einem Interview mit dem *Börsenblatt*).
Dagegen bedeutet laut Hermann L. Gremliza der »Postfeminismus« (anders als die → postphallische Feminisierung), daß die Briefträgerinnen ab sofort nicht mehr oben ohne austragen wollen.

Postkopernikanisch Diese hochgewiefte und geradezu niegelneue Vokabel, die auch → irgendwie so viel wie »ptolemäisch« meinen soll, kreierte der Philosoph Peter Sloterdijk als Schlüsselchiffre für unser aller Gesamtbefindlichkeit, für die der Kritiker der zynischen Vernunft auch gleich noch »das wunderbare Wort« *(Die Zeit)* »Postismus« prägte. Wir finden's weniger selbstironisch als vielmehr im Zweifelsfall nichtsnutzig bis überflüssig, ja kropflastig.

Postmaterielle Werte Wie uns unsere Auguren draußen im Lande melden, sind in progressiven Fortbildungskreisen gerade diese speziellen Werte momentan sehr gefragt. Und kein Mensch sagt uns, was das nun wieder ist.

Postmoderne Muß Anfang der 80er Jahre und parallel zur »Postbürgerlichkeit« in irgendwelchen obskurantischen akademischen Faselrunden begonnen haben – und bezieht neuerdings, wenn's hart auf hart geht, alles, aber auch alles ein, auch das, was noch bis vor kurzem als »Moderne« galt; z. B. einen Romancier, der zwischen 1900 und 1925 veröffentlichte:
»Svevo ist der postmoderne Schriftsteller, der vielleicht mehr als alle anderen die Dämmerung des Subjekts erfaßt hat.« So – sage und ächze – Claudio Magris in seinem entsetzlich törichten Vorwort zur deutschen Italo-Svevo-Ausgabe 1983. Obwohl doch, einer Ausstellung in Frankfurt 1984 nach zu schließen, »die Postmoderne« von 1960–1980 anzusetzen ist. Wenn überhaupt.
Ursprünglich galt der Begriff nur für die neuere Architektur und bedeutete: »Postmoderne: das heißt Erkerchen sind wieder erlaubt« (Chlodwig Poth). Jedenfalls hat die Postmoderne nichts mit der Modernisierung der Post zu tun, Gott sei Dank, obwohl sich auch auf diesem Feld gefährliche Tendenzen abzeichnen (Kabelfernsehen, Schwarz-Schilling u. a.), die Franz Kafkas Befund zu widerlegen drohen, die Post sei ein »Amt ohne Ehrgeiz«.

Postphallisch »Nur als Feminisierung (schien) eine postphallische Männlichkeit vorstellbar« (Regula Venske, *Kritik der Männlichkeit*, 1992).
Hem??

Po-Strumpfhose Heißt so und nicht anders, weil die Trägerin sie über den Hintern struppen soll und nicht über den Kopf. Das machen nur Arschgesichter.

Power Ein neuer, möglicherweise noch aus den »Black Power«-Zeiten herrührender Begriff aus dem Juvenil-, Disco- und Halbidiotengenre, der in fast jedem Fall auf die Unappetitlichkeit des Verwenders schließen läßt. Den Höhepunkt schaffte (laut *Spiegel*) der Fußballer-Berater Holger Klemme: »Um Power zu spüren, brauch ich Trouble.« Noch im selben Jahr verbessert Eckhard Henscheid in seinem Roman *Dolce Madonna Bionda*: »Um Power zu feelen, brauch ich Trouble!«
Gesichtet wurde u. a. die ebenso kosmetische wie beklemmend binnenreimpoetische Ausweitung »Shower Power« – am bedrohlichsten aber erscheint doch das Frankfurter Plakat: »Pampa Power – die Hesse komme!«

Präzisionsarbeit Ein Sonderfall. Wie Christoph Ransmayr im Kontext der »großen NS-reflexiven Projekte in der deutschen Nachkriegsliteratur« (Klaus Briegleb, *Sozialgeschichte der deutschen Literatur*, Bd. 12, 1992, S. 105): »Das deutsche Wörterbuch ist in letzter Präzisionsarbeit an Vokabel-Ästhetik und topographischer Elementar-Poetisierung ausgeschöpft und zugleich legitimiert als Instrumentarium, die ewige Menschenvielfalt auf die Schaubühne des ›Schuldzusammenhangs‹ zu stellen, wo die Umkehrung des Mythos gespielt wird, der einmal auf Zivilisation und Erlösung verwiesen hat.«
Das kann man wohl sagen. – Der Herr Professor kann aber auch wirklich auf vollen 150 Druckseiten nachweislich und präzis keinen einzigen deutschen Satz schreiben.

Praxisnähe Eine Art Pendant zur → Bürgernähe; in Form z. B. eines schleimend-hechelnden Vorort-Arbeitens von Politikern und Managern, das bei den dümmeren der meist medial Partizipierenden eine Art positive, nämlich wohlig angenehme → Bürgerbetroffenheit zeitigt.

Preisbruchvergütung In einer Pressemitteilung des Bonner Ernährungsministeriums lesen wir: »Bundesernährungsminister Ignaz Kiechle hat die EG-Kommission erneut dringend gebeten, rasch die Preisbruchproblematik im Sinne einer Preisbruchvergütung zu lösen.« Wir vermuten, daß es sich um eine besonders infame Art der Subvention unserer dummen Bauern handelt, verweisen aber lieber auf das Bundesernährungsministerium, 5300 Bonn, z. Hd. Ex-Minister Kiechle.

Problembewußtsein → Umweltbewußtsein.

Problemzonen Darunter verstehen wir mitnichten alte und neue Zonenrandgebiete von großer Arbeitslosigkeitsgeschädigtheit und Dürre und dergleichen; sondern im Gegenteil die offensichtlich allzu gut gepolsterten Sektoren bei der Frau, denen aber Springers vorerst letztes Blödmacherblatt zu Leibe rückt: »*Bild der Frau* zeigt die schönsten Bikinis und Badeanzüge, die Ihre Figur ins rechte Licht rücken – und Problemzonen verstecken«. Nach Ansicht der Firma Ravir sind das Hüften, Po, Oberschenkel und Bauch. Das Gehirn zählt offenbar nicht dazu.
Wie schon Tucholsky ahnte, als er 1920 Komposita mit »problem«-Segment ahndete.

Produktionsschub Der hat uns *Dummdeutsch*-Autoren heute gewaltig von L nach P vorgehauen. Wichtiger aber ist er natürlich noch bei VW und Mercedes.

Produktpalette Wenn z. B. aus einem Pressekonzern nicht nur eine, sondern ein ganzer Haufen samt und sonders kreuzüberflüssiger Zeitungen kommt.

Projekt Begonnen haben muß alles, der ganze damals in seinen Folgen noch komplett unabsehbare Zauberwahn, mit Habermasens Adorno-Preisrede von 1980 und ihrem »unvollendeten Projekt (der) Moderne«. Oder aber vielleicht auch schon mit Peter Steins »Antikenprojekt« von 1980 ff. Das meinte zwar eigentlich nur die gute alte Atridentrilogie des Aischylos – aber jedenfalls war dann so spätestens ab 1985 der Siegesmarsch des »Projekts« nicht länger aufzuhalten.

Sein »Kleist-Projekt« realisierte da zum Beispiel Zug um Zug da und dort Hans Neuenfels – und es war auch dies eine Folge von diversen und offenbar eng zusammengehörigen Kleist-Inszenierungen beziehungsweise (je nach Optik) Neuenfels-Berserkereien an Kleist; aber »Projekt«: Das hörte sich doch schon gleich ganz anders an, auch für die Journalisten, die darüber zu berichten hatten und des Schreibens über irgendwelche Regiearbeiten und neue Bücher schon lange sterbensmäßig müde waren.

Und genau in diesem Sinne kriegte dann der Peter Handke auch den Franz-Grillparzer-Preis keineswegs für sein allerneuestes Journal oder fürs bisherige Gesamtwerk oder dergleichen Minderes, sondern pfeilgrad für seine »mehr als zwanzigjährige Arbeit« an seinem »poetischen Projekt«, welches später vom Preisgremium auch gleich noch als ein »Beitrag zum Selbstverständnis der Epoche« elaboriert wird. »Autonome Frauenprojekte« hat es, laut der Ex-Grünen Verena Krieger, »in der zweiten Phase der Frauenbewegung« gegeben – dem *stern* wiederum entnimmt man, daß R. Wilsons Hamburger *Parsifal* vom März 1991 als »Projekt der Herausforderung«, so Intendant Ruzicki, gedacht ist. Und unterdessen fast zur gleichen Zeit Hans Küng zu Tübingen/München sowie weltweit mitnichten lediglich ein Buch *Weltethos* herausbringt, sondern schon per Buchtitel mitteilt, er arbeite vielmehr weit darüber hinaus die nächsten Jahre über an einem »Projekt Weltethos«, derweil läßt sich jetzt auch die *FAZ* namens der sonst eigentlich zurechnungs-

fähigen Katharina Rutschky nicht länger lumpen; sondern rezensiert am 11. 12. 1990 keineswegs nur das neue Buch *Objektwahl* des Klaus Theweleit, sondern gibt schon in der Überschrift bekannt: »Das Projekt Theweleit geht weiter«; unter einem solchen will der es offenbar ab sofort auch nicht mehr tun.
So wie auch Jan Philipp Reemtsma vom allgemeinen Schwurbel der Zeit nicht lassen kann noch will, sondern (in *konkret* 5/91) vom »historischen Projekt (der) Linken« mystelt.
Fraglos: Das Projekt hat in den letzten Jahren nicht allein das leidig-obsolete Werk/Gesamtwerk ziemlich abgelöst, ja liquidiert; sondern zunächst als Versuch und Entwurf, später als glamourösestes Glanzprodukt des allerneuesten, ja allerakutesten → Diskurs-Jargons sogar fast noch eben diesen in seiner ganzen blindbrütend niet- und nagelfesten → Postmodernität; als nämlich, um das Mindeste zu sagen, deren derzeit chicsten und kurrentesten Anything-goes-Outfit.
Jedoch anders als der konjunkturell schon wieder wohl leicht abflauende »Diskurs« und mit ihm das nutzloseste und in einschlägigen Kreisen deshalb ästimierteste Nullphonem der letzten zehn Jahre scheint (auch wenn dann Habermas später umgekehrt mal vom »Diskurs der Moderne« unkt; ja was denn nun?) – es scheint das »Projekt« als sprachmorphologisches Projekt so recht erst noch im Anzug; als das neben dem → Paradigma und dem (heute vor allem Tübingen-beheimateten) »Paradigmenwechsel« aktuell zünftigste Gewäschprodukt eben jenes alten, schon wieder angejahrten Projekts der Moderne, zu welchem im Zuge eines wahrhaft atemberaubenden Bombardements an Namensdropping im Verlauf einer begnadeten Romanrezension die Literaturkritikerin Sibylle Cramer (*Frankfurter Rundschau*, 4. 10. 1990) neben Musil, Peter Weiss, Alexander Kluge und (na freilich, der darf, wenn's zerebral hoch hergeht, so gut wie nie fehlen) Walter Benjamin auch noch die Romanceuse Brigitte Kronauer schlägt – nein, auch der durchaus zarten Frau Kronauer blieb es nicht erspart, diesem Projekt, das so-

gar ein »Widerstandsprojekt der Moderne« ist, erbarmungslos zugehämmert zu werden; jawohl, sage und schreibe einem »Widerstandsprojekt der Moderne«.
Wat es nich alls giff. (Aus: Eckhard Henscheid, *Projektwelt, Eine Begriffsgeschichte*, 1991.)

Prominenten-Safari Wenn die Zebras auf Lackaffen schießen.

Prozeß Erfahrungsprozeß, → Bewußtseinsprozeß, → Lernprozeß. Oft auch im Plural auftretend. Oder auch geballt als »Prozeßcharakter«. Ja, die Welt wird immer kafkaesker.

Psychosprache Das Wort selber ist nur etwas dümmlich – als wissenschaftliche Hilfsvokabel bezeichnet es ganz gut das → Syndrom an Schrott und Edelschrott, das sich unter seinen Fittichen versammelt: Von den früher Wehwehchen genannten → Verletzlichkeiten bis zum → Einbringen, von »Beziehung« bis → ätzend, von → authentisch bis → unheimlich drauf. Dazu notiert Dieter E. Zimmer (»Echt ätzend, wie du abblockst. Die Sprache der Psychoszene«) in *Die Zeit*, nachdem er ihre »ganz sympathische« Unprätentiosität gelobt hat, u. a.: »Uneingeschränkt mag ich diese Sprache dennoch nicht willkommen heißen. Erstens merkt man ihr vorläufig ihre Herkunft noch sehr deutlich an – unverwechselbar riecht sie immer noch nach dem Schweiß jener Seelengymnastik, bei der sie entstand, den Zeremonien jener Psycho-Aerobic, deren Bewegungsmuster sie beschreibt. Und da diese zu ihren Rändern hin sich in dubioseste Kulte und Mysterien ausfranst, muß jeder für sich Grenzen ziehen, sonst passiert es ihm unweigerlich, daß er sich unabsichtlich mit Ideologien identifiziert, denen er kein Wort glaubt.«
Bleibt zu ergänzen, daß nicht nur Teile der Psychosprache ein Übel sind – im Kainszeichen ihres Vormarsches wurden auch ehemals sinnvolle wissenschaftliche Begriffe wie »Psychosomatik« oder »Psychogenese« durch sinnlos-beliebige

Verwendung inflationär und fast untauglich. Fließend sind die Übergänge von der Psychosprache zur Sprache der → Szene mit ihren schillernden Vokabeln, wie etwa »brettern«, »einflippen« oder »sich reinschaffen« (vgl. zum Weiterstudium u. a.: *angesagt, scenedeutsch. Ein Wörterbuch*, Extra-Buch-Verlag 1983).

Pussyletten »Nach jahrelangen Versuchen« mit hilflosen Katzen ist es der Firma Vitakraft »gelungen, eine Leckerei herzustellen« für »unsere Pussys«, weil sie »das gleiche Recht« wie die Köter haben, die »wie selbstverständlich« ihre »Hundekuchen, Dessert-Stangen, Hunde-Schokos usw.« bekommen. Schließlich haben sie auch die gleichen Pflichten, denn »Leckerbissen für liebe Katzen« gibt's »zur Belohnung«, wenn die Miez die Pantoffeln bringt, »für's Brav-Sein«, wenn sie ohne Einsatz des Handfegers bei Fuß geht, und »zum Freuen«, damit das Viech bei seiner Vergewaltigung auch was zu lachen hat.

Q

Qualifizierungsoffensive Ausgerechnet Peter Glotz mußte es sein, der in einem *Spiegel*-Gespräch diesen grauenhaften Wechselbalg in die ja an sich schon ausreichend häßliche Welt plazierte – und was das Ganze sei, erklärte Glotz auch noch: »Die Veränderung durch Mikroelektronik und Nachrichtentechnik zwingt uns, die Menschen in die Lage zu versetzen, sich so weiterzubilden, daß sie mit den neuen Anforderungen, aber auch mit der wachsenden Freizeit etwas Vernünftiges anfangen können – also Qualifizierungsoffensive.«
Haben Sie's verstanden? Nein. Muß auch nicht sein. Manchmal scheint es, als ob Zauberformeln wie »Mikroelektronik« selbst sonst halbwegs qualifizierte Mitdenker so in Bann schlagen, daß es sie beim Reden wahrhaft offensiv aus der Kurve trägt.

Quantitative Hinsicht »Der Ausbau des Bildungswesens in quantitativer Hinsicht wurde voll geleistet« (*Die höhere Schule*, Zeitschrift des deutschen Philologenverbandes). In diesem Satzmonster stecken mindestens sieben Denkfehler bzw. sprachliche Unsäglichkeiten. Finden Sie wenigstens drei, Herr Oberstudienrat!

Querschnittszuständigkeit Klingt nicht umsonst ein wenig lähmend. Eine hessische SPD-Ministerin und eine grüne Staatssekretärin wollen sie als »Anwältinnen der Frauen« praktizieren, z. B. Gesetzestexte auf heimliche Frauendiskriminierung »abklopfen« – wenn sie von oben nach unten an ihnen vorbeirauschen.

Quick-Pick Bundesbahnmahlzeit. Schnell fahren, schnell essen, rups, schnell den Kopf zum Fenster raus. Geht ja nicht, wegen Klimaanlage.

Quick-Trip Früher ein Begriff aus der Drogenszene, als es darum ging, sich im Pausenhof rasch einen Joint reinzupfeifen. In den Sprachgebrauch des Reise-Unwesens eingegangen für drei Tage Paris im Fünf-Sterne-Schlafsesselbus mit Frischluftdüsen, getönter Doppelverglasung, Chemieklo und Snacks an Bord. Macht 99 Mark. Dann doch lieber zu Hause einen durchziehen.

R

Rail and road »Sie sind automobil am Ziel, wenn Sie unseren Service rail and road in Anspruch nehmen«, druckst ein rheinländischer Lokomotivführer kurz hinter Köln durch den IC-Lautsprecher. Wo ist die Gewerkschaft, die für diesen Mann ein Aussageverweigerungsrecht erkämpft?

Rebirthing Der *Pflasterstrand* z. B. war etwa 1985 voll von Kleinanzeigen, in denen »Rebirthing – Bewußtes Atmen – Einzel- und Gruppensitzungen« und vieles ähnliche angeboten wurde; vorzugsweise in der Toskana und vornehmlich veranstaltet ausgerechnet von »Lehrerkooperativen«. Noch schöner und gaunerischer wären allenfalls Self-Finding und Mind-Recycling. Und natürlich Head-Fullends-Entlasting.

Reinknispern Die Eiscremegruppe Langnese zeichnet nicht nur für den Oberknaller Ed von Schleck (siehe unter → Action) verantwortlich, nein, sie hat kürzlich auch noch diesen sprachschöpferischen Reklamesumpfsinn ins Rennen geschickt: »Vienetta weckt die große Knisperlust … schokobraune Knisperschichten … komm laß uns knispern … da könnt ich mich reinknispern.«
Bitte Verwechslungen vermeiden mit »knispeln« (vgl. unter → bumsen) und »reinpfeifen« (vgl. unter → einpfeifen).

Reinpowern Reingepowert wird heutzutage, wenn schon denn schon, meistens → voll oder mindestens → echt. Und deshalb von uns ab sofort mit Todesstrafe belegt, wer das Wort noch einmal rauspowert. Vgl. → Power.

Reinweichen Hängt sicher → irgendwie mit der neuen → Sensibilität zusammen. Und mit der Idee des sich → Einbringens sowieso.

Reiseland Gegenteil von Heimatland und im Gegensatz zu diesem, das für allerlei emotionalen Unfug herhalten muß, auf seinen reinen Gebrauchswert reduziert. Es geht allerdings noch sparsamer. Zitat eines NDR-Redakteurs: »Brasilien ist ein schönes Feature-Land« – was bedeutet, daß es sich journalistisch besonders angenehm verwursten läßt. Sprachliche Ökonomie und ideologische Einfalt entheben so den Reisenden bzw. den Hersteller eines Features der Mühe, darüber nachzudenken, was sie im fremden Land eigentlich verloren haben. Natürlich nichts.

Reiserenner Ist meist ein → absoluter und heißt mal Griechenland, mal Portugal, mal Maledivien. Und darum verbrachten wir unsererseits heuer unsere großen Ferien in Mausgesäß (Oberhessen).

Reitsport-Leckerbissen Das Pferd ist aus Honigkuchen, der Reiter aus Sülze, die Sache findet in Brezelheim statt, und wenn es sich nicht um ein Reitturnier um die Bezirksstandarte handeln sollte, dann um das Geklecker aus der Gabel eines Sportjournalisten der *Allgemeinen Zeitung Mainz*.

Reizstoffkörper Sind keine Lust-, sondern Schmerzspender und gehören zusammen mit den Wirkwurfkörpern in die polizeiliche Kategorie Distanzmittel, neue. In der Begegnung mit ihnen zieht nicht nur das Grundrecht auf Meinungsfreiheit den kürzeren, auch die Sprachkritik versagt, da Staatsterrorismus nicht mehr ins Ressort Dummdeutsch fällt. Wenn Geschosse neuer Art in so gutartigem Gewand angeflogen kommen, wann heißen tödliche Kugeln dann … Herrschaftszeiten, wer will sich das ausmalen?!

Relaxen Häufig anzutreffen auch als Relaxing. Nicht zu verwechseln mit Rolex. Obwohl Rolex-Uhren-Träger meist sehr relaxte Arschgeigen sind.

Remake Die höllischste Satzsequenz zum neudeutschen Remake – gemeint ist die Neufassung oder Neuaufbereitung klassischer Kunstwerke – ließ jüngst der im Neo-Dummdeutsch ohnehin superieure *Spiegel*-Redakteur Klaus Umbach im *Spiegel* ab: »Ein Gral der frühen Stereo-Ära und Tabernakel der Wagnerkirche wird jetzt auf CompactDisc noch einmal aufpoliert: Soltis *Ring des Nibelungen* ... Die technische Prozedur für das HiFi-Juwel hat sich gelohnt ... Die Gibichungenhalle kracht mittels elektronischer Tricks in einem bombastischen Spektakel zusammen. Die Plattenbranche erwartet von Deccas Remake Aufschluß darüber, ob sich der Transfer betagter E-Musik-Produktionen auf den derzeit modernsten Tonträger auch kommerziell auszahlt.« Luft, Richard, Luft!

Renten-Vorstoß Vorwärts, ihr Alten, es geht zurück!

Restrisiko Harrisburg und Tschernobyl sowie Sellafield, »a leak a week factory« – soweit man da noch von »Rest« reden kann.

Rettungsschuß, finaler Ist nicht das erlösende Ausgleichstor in letzter Minute bei der WM, sondern der wohlgeplante und plazierte Pistolenschuß eines Polizisten, dem einer ans Leder will. Früher wurden die Gangster einfach erschossen, heutet »rettet« sich der Ordnungshüter »final«, was nicht stimmt, aber der andere ist dann meist »final« tot.

Revanchismuskampagne War bis 1989 DDR-Dummdeutsch für alles und jedes. Kanzler Kohl dagegen keift zuweilen von einer »Revanchekampagne« des allseits bekannten → Kloakenjournalismus.

Richtlinienkompetenz Die liegt trotz aller rasenden und anderslautenden Zweifel angeblich noch immer beim Kanzler (Stand 4. 8. 95: H. Kohl).

Richter-Skala Ist immer »nach oben offen«. Warum eigentlich?

Richtungswahl Heißt nicht, daß der Demokrat über die politische Richtung des von ihm Gewählten bestimmen darf, sondern daß er, sei's gegen bohrende Zweifel, sei's wider bessere Einsicht, seinem Fürsten die Stange hält, damit in der Republik alles beim alten bleibe, was eher für ein begnadetes Einseifertalent des Regierenden als für die Aufgewecktheit des Richtungswählers spricht.

Risikogesellschaft Hat Marx und die zuletzt etwas bedrückend, ja richtig unbeliebt gewordene alte »Klassengesellschaft«, Gott sei Dank, abgelöst, ja entsorgt.

Risiko-Sharing Betreibt der Staatsminister Jürgen W. Möllemann. Bzw. würde er gern betreiben, damit er nicht andauernd so auf die Schnauze fällt, wenn er eben diese aufmacht. Risiko-Sharing mit Herrn Genscher, seinem Ziehvater in liberalen Dingen, hat Möllemann gefordert, nachdem ihn Pappi nach der besonders entlarvenden Rede für die Einführung der Neutronenbombe in Deutschland einfach im Regen stehen ließ. »Herr Genscher, entweder wir ziehen das« – die Bombe – »künftig gemeinsam durch, dann müssen wir Risiko-Sharing machen« (*Der Spiegel*, 24. 9. 84).

Rivalitätskultur Tritt so gut wie immer »entseelt« (H. E. Richter) auf.

Roherkenntnisse Daß die Libyer schlechte Kerle und Bombenleger sind, ist eine gesicherte Roherkenntnis des bundesdeutschen Nachrichtendienstes. Daß er sie erst eine Woche nach dem amerikanischen herausgibt, der das sowieso und schon immer genau gewußt hat, liegt an den spinnwebzarten Drähten, die man »alliierte Konsultationen«

nennt. Bei Roherkenntnissen fallen eben, wie bei der Rohkost, immer mal ein paar Körner vom Tisch des Herrn.

Rollenkonflikte Solche quälen uns unterbrochen in Form von Rollenverhalten zwischen Mann und Frau und jedenfalls in beider Ordinärsoziologie – allerdings auch z. B. zwischen Arzt und Arzneimittelvertreter respektive → Pharmareferent; jedenfalls nach einem Bericht der *FAZ*.

Romantikhotel Akkurat solche vertritt u. a. das Deutsche Reisebüro im Zuge seiner Urlaubstips. Das Kompositum tritt auch in anderer Formation auf (Romantikurlaub, Romantikstraße) und versteht das Romantische als das besonders Schlichte, Einfache, ja Dümmliche. Zwar meint »Romantik« ursprünglich gerade das Gegenteil, nämlich das Unnaive, unendlich Reflektierte – aber da kann man schon eh nichts mehr machen.

Romantik total Ein → Top-Angebot der Bundesbahn plus Nostalgie und modernem Reisekomfort. Mit 200 Kilometer in der Stunde an Burgen und mittelalterlichen Bilderbuchstädten (!) vorbei – ssomm, ssomm – Veloursbezüge, Edelholztäfelung, Klimaanlage – ssomm, ssomm – dazu ein → geschmacksneutraler Sauerbraten, fünfundzwanzigmarkachtzig – herrlich, herrlich – Heidelberg, Rheinpfalz, Loreley – ahh – ssomm, ssomm – Hackbrettmusik in der rollenden Bar, dazu Kirschwasser – Deutschland entdecken – dafür braucht's Reiseexperten. Nämlich → total romantische.

Rückerinnerung Über diese verfügt zuweilen Gerd Ruge im Fernsehen. Vorwärtssinnierend geben wir hier unsererseits zu bedenken, ob dann nicht das Seitwärtseingedenken (Frau, Familie, die verfluchten Bausparverträge) eine wertvolle Prägnanzverbesserung im mnemostrategischen Bereich sein könnte.

Rückfettend Ist wahrscheinlich unser Kanzler Kohl, nachdem er seine 4-Wochen-Diät im Österreichischen hinter sich hat. Ganz bestimmt sind es allerlei Badezusätze, die erst der Haut das Fett entziehen, um es ihr dann wieder reinzusemmeln. Gegen bar, versteht sich. In Ihrem Drogeriemarkt oder Deo-Center.

Rückkehrhilfe Wendedeutsch der schlimmen Art, auch Ablaßzettel des Wirtschaftswunders. Rückkehrhilfe kriegen nur die, die keinesfalls wieder zurückkehren, sondern gefälligst in ihrem Kameldreck ersticken sollen.

Ruhehotel Weit war der Weg vom Altersheim über die Seniorenresidenz bis zum finalen Ruhehotel. Aber umschreibt es von allen nicht am treffendsten, wo es langgeht? Durch die Cafeteria »Zum abgegebenen Löffel« und dann immer geradeaus.

Rundum-Sorglos-Paket Noch Goethe und Heidegger begriffen die Sorge als eine Grundbefindlichkeit des Menschen. Damit hat sich's nun ausgesorgt, und für die → Entsorgung sorgt das Rundum-Sorglos-Paket der Europäischen Reiseversicherungs-AG im Verein mit der Deutschen Bundesbahn – und zwar erfolgt die Vernichtung der Sorgen (so ein Romantitel von Wilhelm Genazino) hier als Abwehr gegenüber Gepäckverlust, Unfall, Schadenshaftung und Krankheit.

Rustikalmöbel Sehen auch genau so aus: rustikal und wie nicht mehr ganz von dieser Welt.

S

Sachfremde Störungen Nennt es ein Beamter des Bundesverteidigungsministeriums, wenn der einstige Staatssekretär Peter Kurt Würzbach sich von Soldaten ein Häuschen mauern läßt, von fremden Regierungen umsonst »Mietwagen« für den Privaturlaub einfordert und reizende afrikanische Journalistinnen bis nach Mitternacht persönlich betreut – natürlich alles auf Kosten der Bundeskasse. Nach Milch, Äppeln und Butter müssen wir nun auch noch Politiker-Pariser subventionieren.

Sache sein Nach Auskunft unseres Spezialisten im Sachesein erklärt sich dieses entweder als unwirsche Frage dessen, der bisher überhaupt nicht zugehört hat – oder aber als unmißverständliche Aufforderung, dem Redekarussell noch ein paar vollends unsachliche Runden zu genehmigen.

Sachzwänge Meist im Plural andrängend und in der neueren Politik, vor allem bei Helmut → Kohl – noch häufiger freilich in der Kommunalpolitik. Freie, vernünftige und ergo sachliche Entscheidungen werden heutzutage oft unmöglich wegen juristischer, bauamtlicher, ökonomischer und überhaupt infrastruktureller Sachzwänge, welche als Euphemismus für Unvernunft und Idiotie eben diese beiden gleichsam heiligsprechen.
Wenn Politiker und Parteien etwas halt partout nicht mögen, dann fällt dessen Unterbleiben in die Kategorie der Sachzwänge.
Unter der Zwingherrschaft des Sachzwangs werden Wälder und Alleen abgeholzt, Altmühltäler entschärft und prima Betonlandschaften erzwungen – wobei das Zwängende der manchmal zu engen Sachen oft zu den zwingendsten Lösungen führt.

Sahnefrisch Ist vor allem die Käsesorte Philadelphia in der → Doppelrahmstufe. Nicht zu verwechseln mit »knabberfrisch«, → knabberknackig und → knusperknackig.

Saisonbereinigt Als saisonbereinigt muß man die Arbeitslosenzahl betrachten, wie sie bis vor kurzem noch ihr wahrscheinlicher Erfinder, der frühere Präsident Josef Stingl, Monat für Monat im deutschen Fernsehen so → betroffen wie gemütlich vorzutragen pflegte. Nein, nicht »gereinigt«! Immer sagte Stingl »bereinigt«. Klingt auch irgendwie reinlicher, oder?

Sandplatzschwächen Hat Boris Becker. Ooooooch!

Sanft So wie der Softie mangels Glaubwürdigkeit nahezu ausgestorben ist, steht auch die neue Sanftmut auf der roten Liste der schwer bedrohten Wörter. Sanfte Technologie, sanfter Tourismus, sanfte Energie verlieren auf der Stelle ihre Unschuld, wenn Betonkursfahrer, zu deren Rüstzeug traditionell die Brechstange statt des Palmwedels gehört, sich ihrer annehmen. Sanft säuselt es dann nur noch aus ihren Prospekten, die wir umgehend der Altpapiertonne (sanfte Entsorgung) überantworten.

Sarg-Discount Das Sterben wird jetzt viel viel leichter, und auch billiger.
Mit der Auferstehung hapert's noch immer.

Satisfaction → Action.

Satt → Voll.

Sattmacher Gesichtet 1979 an einer Hot-Dogs- und Reiberdatschi-Bude an der Münchner Leopoldstraße; »Der schnelle Sattmacher«. Vermutlich ein verwehter Reflex der Macher-Ideologie der Helmut-Schmidt-Ära.

Saugaktivmatte Bei diesem tollen Gerät werden die Ideen des Saugens und der aktiven → Action sprachlich → ätzend und → paradigmatisch zur Deckung gebracht. Gott sei Dank gesteht wenigstens die Matte eine gewisse Schlaffheit, ja Mattigkeit ein. »Saugaktivtrainer« wäre nicht mehr zu ertragen und nur noch durch die Revolution zu parieren.

Saugkraftverstärker Auf noch besser deutsch: Zewa-wisch-und-weg.

Scene → Szene.

Schadensbegrenzung Wird immer dann heftig versucht, wenn eh nichts mehr zu retten ist. In letzter Zeit war besonders im Fall Tiedge viel von Schadensbegrenzung zu hören, nachdem der Mann jahrelang rumgesoffen und sich schließlich in die DDR abgesetzt hatte. Besonders perfide war die Verwendung des Wortes im Zusammenhang mit der US-Bombardierung Libyens im April 1986, als nach Hunderten von Toten und Verletzten, nach zerstörten Häusern und Besitz noch irgendein »Schaden begrenzt« werden sollte.

Schadenszunahme Nach den »Schadenskategorien«, dem »Schadensverlauf« und der »Schadstufe« einerseits, nach dem »Schadstoffverfahrensdingsda« andererseits sieht es nach einem Bericht des Innenministeriums jetzt so aus, daß der »Trend der Schadenszunahme« bei Nadelbäumen abflacht, bei den Laubbäumen indessen gar »beschleunigt«. Offenbar haben die einen Dachschaden.

Schadstoffe Hießen früher Gift. Aber früher ist man auch an so was noch gestorben, während wir als das Kroppzeug der Neuzeit nach der Erstspritzung immer resistenter werden. Das bißchen Dioxin im Wasser, die paar Häppchen Blei und Arsen können doch nicht schaden, die lagern wir locker unter der Mütze ab.

Schamangst Es sei kaum auszudenken, wie viele Menschen »mit hervorragenden Talenten sich nie zur Geltung bringen können, nur weil sie sich aus Schamangst ewig zurückhalten« – so der sattsam bekannte Horst Eberhard Richter (*Umgang mit Angst*). Dazu kommentiert der *Spiegel* (9/92) mit Recht: »Die, wenigstens, kennt er nicht.«

Schamarbeit Auch dieses Scheusal von einem Wort ist eine Erfindung des überaus bekannten Horst E. Richter im Sinne seiner → Schamkultur und der ihn gleichfalls schriftlich umtreibenden → Schamangst und im Zeichen der allgemeinen → Ängste und → Angstneurosen.
Eine speziell »deutsche Schamarbeit« heischt in ihrem Buch *Das große Schweigen* (1989) die Journalistin Gabriele von Arnim und hätte auch selbst besser daran getan.

Schamkultur Forcierung der allgemeinen Arschigkeit im Rahmen der → Schamarbeit im Zusammenhang vor allem der deutschen Neuvereinigung (vgl. Gerhard Henschel, *Menschlich viel Fieses*, 1992). Langsam tut sich der gute alte Schamhügel bei so viel Konkurrenz wirklich hart.

Schattenvernichtung Dieses aber ist eine der sich allzeit maßlos aufwerfenden Bläh-Metaphern der gerade vorerwähnten Journalistin Gabriele von Arnim (*Das große Schweigen*) für die synonyme nachkriegsdeutsche → Verdrängungsarbeit. An ihre eigene denkt Frau Arnim im Zuge ihrer konträren Bewältigungs- und → Schamarbeit von 1989 allerdings keineswegs; wird es beim Jüngsten Gericht aber posaunenschallmassiv zu hören kriegen; und ihren restlichen gedruckten Seich dazu.

Schaukelbratenseminar Die Vermittlung der steinzeitlichen Kunst, ein Stück Rindfleisch unter mählichem Schwingen auf einem Rost über offenem Feuer gleichmäßig verkohlen zu lassen, ist den Tourismus-Strategen vom Hunsrück eingefallen, wo bekanntlich die dicksten Kartoffeln auf den Hälsen wachsen. Allerdings stehen sie in einer Branche nicht alleine da, in der nahezu jeder Freizeitpups mit der Ehrendoktorwürde geahndet wird.

Schlauchig → Stressig.

Schleimbagger »Mucosolvan Retardkapseln« sind laut der Dr. Karl Thomae GmbH der »24-Stunden-Schleimbagger«, was dahingehend erläutert wird, daß die 75 mg Ambroxolhydrochlorid, die eine der Zauberkapseln enthält, 1. »zäh haftendes Sekret lockert« und 2. »Schleimhalden abräumt«. Hand auf den Nasenrotz, lieber Leser, wer ist hier offenbar restlos am Ende?

Schlicht Ungern hören wir, daß die Blind-Verstärkvokabel »schlicht« ihren Vorgänger → echt bedroht, jene, die wir so schätzen und an die wir uns schon so bescheidentlich gewöhnt hatten. Aber der Mensch gewöhnt sich evolutionsphylogenetisch → voll an → absolut alles; und sei es noch so → total schlicht.

Schmuseweich Der Unterschied zum → Kuschelweichen war leider bis Redaktionsschluß dieses Buchs nicht mehr zu erfahren.

Schnallen Kraftmeierdeutsch für »begreifen«. Heute auch schon in den Versionen »raffen« und »rüberreißen«.

Schnelldreher Hießen im Buchhandel früher »Bestseller«. Ungefähr dasselbe wie »Quicky«. In den seltensten Fällen erweisen sich »Schnelldreher« als Brummkreisel, vulgo: lang- und zählebig.

Schnitzelparadies Gastronomieartiger one-food-Betrieb, in dem von der Tischdecke bis zum Waschbecken alles in

Schnitzelform dargeboten wird, wahlweise mit Champignons (Jäger-) oder roten Paprikastreifen (Zigeuner-). Wer was anderes will, wird rausgeschmissen.

Schnupperpreise Frauen schnüren schnobernd durch die Pelzabteilung von C & A, schnüffeln am Bisam, vergraben ihre Rüssel im Teddyfutter, und wenn sie pink Karakul wittern, kann sie kein Abteilungsleiter mehr aufhalten.

Schnupperstudium Jawohl, nach dem → Parkstudium kann man jetzt auch dieses wählen; nämlich zumindest an der Mainzer Fachhochschule, und gemeint sind »Informationstage für Schüler« (die ja an sich fürs Dummdeutsche auch schon genügten) oder aber, im Falle der Hamburger Hochschule für Wirtschaft und Politik, »der zweite Bildungsweg gleich nach dem Sonderabitur auf der Purzelschule« (Hermann L. Gremliza).

Schönheitsfarm Neben der eher ordinären Beauty-Farm hat sich daneben jetzt auch diese durchgesetzt. »Farm« kommt dabei vermutlich von Farmazie. Oder so ähnlich.

Schokoschmackig Eine der zahlreichen Kreationen der Werbe- und Infantilensprache. Gesichtet wurde im nämlichen Frankfurter Supermarkt auch die Geschmacksnuance »nussig«. Schade, daß die dummen Nüsse, die solche Wörter aus der Taufe heben, ewig anonym bleiben müssen – so gerne würde man ihnen eine Leichte auf die Nuß semmeln.

Schreibtechnologie Wird heute »hochentwickelt«, ja »kompromißlos in reiner Form« exemplifiziert durch den Kugelschreiber »Lamy« mit platinveredelter Goldfeder und Teleskopspitze zu DM 48,– unverbindliche Preisempfehlung (Anzeige im *Spiegel*). So wie es ja heute kaum noch Technik in reiner Form, sondern nur noch bloß mehr kompromißlose Technologie haben tut. Überall. Wahrscheinlich sogar schon beim Radieren.

Schrumpfarm Ist das Leibchen, das auch nach der Wäsche noch den Nabel bedeckt. Wäre es schrumpfreich, käme es gleich zu den Schuhputzlappen (→ Egalisator), und darüber wäre die Firma Schießer sehr, sehr traurig. Nicht zu verwechseln mit schrumpfgesund, das tragen vorwiegend Arbeitslose.

Schulanlage Hat jetzt recht häufig die alte einst sogenannte Schule abgelöst.

Schulterschluß Wenn die verrauschten 80er Jahre eine neue Bonner Metapher gebaren, dann diese: Schulterschluß. Der bestand z. B. dann, wenn Kohl für SDI war, Genscher dagegen, aber kraft Schulterschluß dazu gezwungen wurde, seinen Konsens mit Kohl trotzdem zu beschwören, → irgendwie.

Schutzmechanismus Auf die Frage der Nürnberger Zeitschrift *Plärrer*, wie er zum Schreiben gekommen sei, antwortet der Dichter Ludwig Fels, ohne viel zu überlegen, prompt: »Du, das lag daran, daß ich das Schreiben und auch das Lesen als Schutzmechanismus entwickelt habe.« Während innerhalb der auch sonst hochästimierten → Mechanismenreihe für die Abwehrmechanismen noch immer Anna Freud zuständig ist.

Schutzraumbau Ein Neo-Euphemismus aus dem Gestankskreis der verschleierungsträchtigen → Nachrüstung. Gemeint sind Überlebensbunker aus Beton für den ja nicht undenkbaren Fall von Apokalypse. Genaueres dazu: Robert Gernhardt, »Deutsche Dokumente«, in: R. G., *Letzte Ölung*, 1984.

Schwanger »Wir waren schwanger«, teilte der *Liebe ist möglich*-Experte Franz Alt vor Jahren der darob doch einigermaßen erstaunten Zeitschrift *Brigitte* mit. Nun ist in der Liebe zwischen Mann und Frau zwar fast alles möglich, Herr Alt, aber das glauben wir Ihnen einfach nicht. Sie waren nicht schwanger, und Sie sind es auch jetzt nicht. Sondern Sie haben und hatten damals vielleicht dieses und jenes offen, aber es kam nie und nimmer ein Baby dabei raus noch kommt es je. Sondern nur das gewohnte sprachliche Kackikacki und eine allerdings unglaublich inferiore, ja direkt kindische Wichtigmacherei dazu.
So, und jetzt halten Sie ihre fast jesusmäßige Schmerzensmann-Physiognomie wieder in die Kamera und schauen auf uns heraus, machen den Mund auf und zu, und wir passen auf, was Sie sonst noch an unheilschwangerem Stuß im Schwange führen. Wir aber nehmen Ihren schwungvollen Schwabbelstiefel als einen Dummdeutsch-Sonderfall in den Ewigkeitsparnaß mit auf.

Schwanzwut → Verletzungserregung.

Schweinesystem Und wenn einmal alle Torheiten und Blödheiten durch Generalreinigung aus dem Land geschafft sein werden, dann werden noch immer irgendwo etliche Grünen-Fundis angesichts der Bundesrepublik im bestmöglichen RAF-Stil von »Schweinesystem« und »Schweinerepublik« dröhnen zu müssen glauben, jawohl, und warum auch nicht, beleidigt man wenigstens die klugen und niedlichen Tierchen in einem Aufwasch derart mit dazu. Und zumindest insofern hätte es auch O. Lafontaines jüngst stattgehabte Attacke auf den »Schweinejournalismus« des *Spiegel* nicht gebraucht.

Schweinewelt Keine neue Metapher für das »Hundeleben« der frühen 60er Jahre; sondern der schon wieder zu lobende, ja unbezahlbare Titel einer Zeitschrift für den Schweinezüchter und anliegende Interessentengruppen. Vgl. → Freßliegeboxen.

Schwellenangst Mitunter auch: Blamierangst. Etwa zehn Jahre alter Renommierhut aus der Allerweltspsychologie und -psychohilfe. Der erste Glaubenssatz der Schwellenangstbeseitiger aber lautet, daß man heute im Zuge der Chancengleichheit alle gesellschaftlichen und/oder intellektuellen Abstände, Stufen, Höhenunterschiede und Rangordnungen unter Abschaffung des volksfeindlich-elitären Denkens abtragen bzw. → abbauen kann. Die furchtlosen Propheten des Glaubens aber sind die Sängeraufklärer Hanns D. Hüsch und Wolf Biermann. Hüsch: »Ich kenne kein Klug und Dumm.« Biermann: »Ich teile die Menschheit nicht in Kluge und Dumme, sondern in aufrichtige und tapfere Menschen und in Schweinehunde.« Ja, das hören sie gern, unsere verschüchterten Schwellenängstler, am liebsten aus dem Mund von garantiert nicht Klugen.
Den eher tölpischen Schwellenängsten verwandt sind die

noch feineren → Berührungsängste, während die uns längst vertraute → Betroffenheitsschwelle heutzutage eher keine Probleme mehr macht; sondern praktisch andauernd gedankenlos überstiegen wird.
Schwellenangst sollen viele Leute auch beim Betreten einer Buchhandlung haben. Wir können nur versichern: *Dummdeutsch* macht nicht nur klug, sondern auch davon frei.

Selbst- Alles in allem haben wir bis 1992 dick da: Selbsterfahrung, Selbstfindung, Selbstmassage, Selbstverständnis, Selbstverständigung, Selbstvergewisserung, Selbstbegnadigung, → Selbstverwirklichung, das »Selbstverwirklichungsmilieu« (Gerhard Schulze, 1992) und zuweilen auch sogar noch das Selbsteln (vulgo: Onanieren).

Selbstheilungskräfte Voodoo-Wort des Frühkapitalismus, erst im Spätkapitalismus zur vollen Entfaltung gelangt. Die Selbstheilungskräfte des Marktes werden immer dann beschworen, wenn wieder eine der zyklischen Krisen der Marktwirtschaft am Horizont dräut. Die Dummen sind immer die kleinen Sparer.

Selbstverwirklichung Dieser Schmarren ist wohl im Schwinden begriffen, nachdem sich ziemlich schnell herausgestellt hat, daß es auf dem Lande pottlangweilig und außerdem noch anstrengend ist, daß die Töpferei auf eine heillose Schmiererei und unbrauchbares Gut hinausläuft, und daß auch die Selbstmassage in der Regel keine nennenswerten erfreulichen Züge hervorbringt, sondern nur das alte übersatte Ego.

Senioren Ein Musterexemplar von neuer Verschleierungs-, ja Verhöhnungssprache. Die → Betroffenen wollen aber, wie man inzwischen weiß, weder Senioren sein noch in eine »Seniorenwohnanlage« noch gar in eine »Seniorenwohnsitzgemeinde« noch demnächst in einen »Seniorenentsorgungspark« – sondern fühlen sich als Alte oft gar nicht so schlecht. Freilich, die Zeiten werden härter jetzt auch für 40–50jährige. Die kursieren neuerdings auch schon als »Vorsenioren«. Bisher noch nicht angetroffen wurde analog zur → Saisonbereinigung die doch sehr naheliegende Seniorenbereinigung (ehedem: Tod, Euthanasie etc.). Leiderleider.

Senkrechtstarter Boris Becker. Harald Schmidt. Olaf Kracht. Eigentlich ein Nasa-Lehnwort; stand geraume Zeit für Menschen, die mit viel Getöse aus dem Stand in den Himmel des Erfolgs sprangen. Seitdem der Senkrechtstarter Challenger nur 18 Meilen weit kam, bevorzugen Karrieristen wieder den Terminus »Aufsteiger«, der etwas solid Leiterartiges an sich hat.

Sensibel Die neuere deutsche Sensibilität begann in den frühen 70er Jahren und vermutlich im Gefolge der auslaufenden Studentenbewegung, war aber offenbar nicht auf die Bundesrepublik begrenzt, sondern auch die Lyrik der Ex-DDR betrat schon einige Zeit *Sensible Wege* (so der Titel eines Gedichtbands). Mitte des Jahrzehnts gelangte die Sensibilität zur Hochkonjunktur und steigerte sich gelegentlich in akuten Fällen sogar zur »Sensitivität« – und diesen beiden kann natürlich die gute alte Empfindsamkeit resp. Empfänglichkeit nicht das Wasser reichen. → Betroffen von der Sensibilität sind freilich meist die zähesten, fühllosesten, am wenigsten → verwundbaren und die am schwersten → verletzlichen Rucksäcke und Knallköpfe. Und neuerdings sogar der gußeiserne Kanzler → Kohl: »Es wäre doch absurd, wenn wir dafür (für den Frieden) nicht sensibel wären« (zitiert nach: *Der Spiegel*).
So wie man überhaupt vordem eher sensibel sozusagen an sich war, während man heute bevorzugt »sensibel für« etwas ist. Zum Beispiel »für die Ausländer«. Vor allem in der *Frankfurter Rundschau*. Manchmal ist das Blatt allerdings auch »sensibilisiert für die Ausländer«. Eine ältere und weniger

bedrohliche Version des Sensiblen ist das Sensibelchen, das man zur Not in seine Wohnung lassen kann; vorausgesetzt, es quatscht nicht so viel.

Servicenter Jawohl, genau, Leser, richtig geraten: eine Hochzeit aus »Service« und »Center«, und stattgefunden hat sie zumindest im Servicenter Fridolin Scherzinger, 7809 Denzlingen (Breisgau).

Sexy-Slip Es hat wenig genützt, daß schon der unvergessene TV-Pfarrer Sommerauer wiederholt und kläglich wimmernd vom »Sexy-Rummel« abgeraten hatte. Sondern den gibt es jetzt sogar als Slip, fünffarbig und das Stück zu → ultrafrechen 33,50 DM. Von den alten Hot-Pants und den → aktiven Hosen mit → Jockey-Selbstbewußtsein ganz zu verstummen und zu verdummen.

Shopping-Ruf »Heilbronn – wo Shopping Spaß macht«, lautete das Motto eines Gewinnspiels von Heilbronner Kaufleuten – und das Ganze bewies nach erfolgreichem Abschluß laut *Heilbronner Stimme* einmal mehr, daß Heilbronn im Verbund der baden-württembergischen Städte weiterhin zu Recht seinen ausgezeichneten »Shopping-Ruf« genießt.

Sich Aus dem *Spiegel* kann man »sich schlau machen«; dagegen, so Rudolf Augstein, aus Peter Kochs Adenauer-Biografie »sich gut belernen«. Peter Koch wiederum ist der, der einst für den *stern* die Geschichte des Nationalsozialismus umgeschrieben hat, und das war ein starkes Lehrstück. Samt viel Lernprozeß. Für Koch. Vgl. sich → einbringen, sich → einlassen, sich in Frage stellen und sichausleben (neuerdings auch ohne Bindestrich).

Sicherheitspartnerschaft »Wer wie die SPD die Sicherheitspartnerschaft mit der Sowjetunion anstrebt, gefährdet

die Sicherheitspartnerschaft mit Amerika« (Dr. Alfred Dregger). Jaja, die tollen 80er Jahre. Mit ihren rasenden Sicherheitswerteindividualgemeinschaftspartnerschaften.
Tempi passati. Wie Dr. Dregger.

Sicherheitsrisiko Diese erstaunlich polarische semantische Fügung verdanken wir v. a. der bayerischen Christenpartei, für die zu Zeiten der Schmidt/Genscher-Koalition vor allem der Innenminister Baum allzeit eins war.

Sicherheitszone Gibt's zwar auch in Wackers- bzw. Brokdorf, so richtig toll wichtig ist sie aber bei »Tampona«, weil die »blaue Sicherheitszone« eine »beruhigende Reserve hat« und also gilt: »Je sicherer der Tampon, desto besser das Gefühl.«
Aber allemal.

Sicherlich Kommt bei F. Beckenbauer und K. H. Rummenigge in jedem Satz mindestens dreimal vor. Glauben Sie nicht? Doch. Sicherlich.

Sich programmieren Bei Osnabrück ereignete sich ein schwerer Autounfall mit drei Toten, weil eine automatische Bahnschranke zu früh wieder hochgegangen war. Die Schranke habe funktioniert, verwahrte sich laut ARD-Tagesschau ein Bundesbahnsprecher – und es sei deshalb seitens der Bahn nicht geplant, »sich neu zu programmieren«. Technologie hin, Computerologie her – müssen wir heuristischen Linguilogen uns eigentlich alles gefallen lassen?

Simulations-Begrifflichkeit → Paradigmen-Verflüchtigung.

Sinndefizit Nicht zu verwechseln mit dem Telosschwund, dem Verlust der Mitte und der allgemeinen nietzscheanischen Lebenslügenboldigkeit. Sondern das Sinndefizit wurde vermutlich erst ab ca. genau 1975 von speziellen

Pädagogen- und → Sinnproduzenten-Kreisen in das allgemeine Geschwätz → eingebracht.

Sinnliche Erfahrbarkeit »Sinnlich erfahrbar machen« wollte der seinerzeit neue Frankfurter OB V. Hauff bei seinem Amtsantritt 1989 die einerseits etwas zu schmuddelig, andererseits schon gar zu butzenscheibenputzig übernommene Großweltstadt, und im einzelnen hieß das, er wolle Frankfurt wieder »spüren, riechen, sinnlich erfahren« und nämlich im Sinne der neuen »politischen → Kultur« und neuer »vitaler Durchlebung« (zit. nach: *Frankfurter Rundschau*) versorgen – nur zu konsequent, daß Hauff im Jahr darauf an dieser sinnlosen Herkulesaufgabe verzagte und lieber als »Repräsentant« zu Springer ging.

Sinn machen England-Import. Nicht »Sinn ergibt«, sondern »Sinn macht« z. B. ein → Denkanstoß, ein Denkansatz, ein → Motivationszusammenhang, der auch den linguistischen Background berücksichtigt. Das letztere aber taten wir im ersten Buch *Dummdeutsch* von 1985 grad nicht: »So ohne linguistischen Background macht die Sammlung wenig Sinn« (laut Zeugenbericht ein Buchhandlungskunde). Nostra culpa. Aber jetzt ist's eh zu spät, jetzt scheren wir Minerva-Eulen uns um die linguistischen Backgrounds auch weiterhin einen Dreck – und die etymologisch-semantischen ignorieren wir nicht einmal.

Sinnproduzenten Begriff vermutlich aus der neueren und insbesondere von französischen Schwerdenkern geprägten Soziologie. Sinnproduzenten sind das, was vordem als Philosophen, Künstler, Religionsstifter usw. separat lief, und besonders befähigte Vorreiter dessen, was nach wie vor an → Kommunikation und →Kreativität unters Volk soll; auch wenn sich dieses seine Verständigungstexte (→ Verständigung) teilweise schon selber bastelt, fern jeder Sinnproduktion.

Sinnstiftung Nach einer kurzen »Sinnkrise« zu Beginn der 75er Jahre, die sich in Form von → Sinndefizit und »Telosschwund« so lautlich wie schmerzlich manifestierte, geht es jetzt wieder stark aufwärts. Und zwar durch den ehemaligen Präsidenten der Johann-Wolfgang-Goethe-Universität Frankfurt, Hartwig Kelm, welcher Suhrkamps Siegfried Unseld attestierte, er habe sich um die »Sinnstiftung durch das Medium Buch« entscheidende Verdienste erworben, ha ha. Dies präzisierte dann kurz darauf und sehr eindrucksvoll der Verkaufsmanager der Suhrkamp-Insel-Klassiker: »Auch das reine Kaufen, ohne die Absicht zu lesen, ist durchaus ehrenwert.« Und tut nämlich durchaus → Sinn machen; noch beim Stiftengehen.

Sitzvergnügen Stellt sich exklusiv im superbequemen Kuschelkomfort ein, ganz gleich, ob man unter losen Rückenpolstern begraben, von strapazierfähigen Ornamenttroddeln erdrosselt oder vom Massiv-Umleimer niedergemacht wird. Der Servierwagen, stahlvermessingt mit Kristallplatte aus Polyätherschaum und die integrierte ausklappbare Fußstütze gehören auf jeden Fall dazu. Weltspitze!

Skandalkultur Knapp nach Redaktionsschluß – und möglicherweise ironisch – beklagen die ARD-Tagesthemen am 27. 1. 93 die »bundesrepublikanische Skandalkultur« – als Endzweck aller politischen, ja als deren wahre Endlösung und Erlösung.

Sleep in Spätling der sit-in- und teach-in-Ära der 60er Jahre. Es ist aber nicht ganz klar, ob dieses neue Frankfurter Jugendlichenheim der verantwortliche »Verein Arbeits- und Erziehungshilfe« oder nur der Überschriftentrottel der *Frankfurter Rundschau* (25. 8. 92) versaubeutelt hat.

Software-Berater Das sind Informatiker, die sich auf »Pre-Sales-Software-Support für Informationsverarbeitungs- und

Kommunikationssysteme« spezialisiert haben (Anzeige der Dr. Peter Schwan Unternehmensberatung Hamburg).
Da schau her, kann man da mit Gerhard Polt und mit dem brummenden Kopf nur nicken.

Solidarität Seit knapp zehn Jahren meist läufig als »Lernziel Solidarität« (H. E. Richter) hat sie die ältere »Aktion Gemeinsinn« abgelöst, umfaßt u. U. auch den »Solidarbeitrag« (z. B. für arbeitslose Lehrer) und verhindert so als Sockelbetrag die »Entsolidarisierung« der Volksdeutschen äh: der Randgruppendingsdas.

Solidarität, internationale Ost-Dummdeutsch, in die Tat umgesetzt in Ungarn (1956), in der Tschechoslowakei (1968) und in Afghanistan (1980).

Solidaritätsaufgabe Keineswegs einem Gewerkschaftler noch einem Sozi – nein, ausgerechnet H. → Kohl war es auf → irgendeinem CDU-Parteitag Mitte der 80er Jahre vergönnt, hierzu Entscheidendes zu sagen; nämlich – wortwörtlich, wir haben's mit eigenen Ohren aus dem Rundfunk rausschallen hören – zur »Solidaritätsaufgabe der Tagesordnung der Zukunft«.
Was die nun allerdings sei, das haben wir vor lauter Hingerissenheit nicht mehr mitgekriegt. So oder so, Karl Kraus hat ja so recht: »Die grellsten Erfindungen sind Zitate.«

Sommerakademien Finden neben verwandten Lumpereien jetzt von Kalabrien bis zum Spessart praktisch überall statt. In Italien geht es dabei ebenso um die höheren Weihen der → Betroffenheit wie um das »Parlare am Strand«; im Spessart wird im Zuge → gegenuniversitätsartiger → Lernfeste einerseits viel getöpfert, andererseits »ist es Ziel, einen Freiraum in ländlicher Umgebung zu schaffen, für Menschen, die sich das Interesse erhalten haben«.
Brav.

Sommerfrisch Sind die neuen Pampers. Schade, daß auch der letzte Sommer so naß und schlechtriechend war.

Sonnensaftig Wer bringt solche Irrtümer nur in Umlauf? Die Sonne macht nicht saftig, sondern schrumpelig. Ein Blick in den Spiegel genügt, liebe gnädige Frau.

Soßensüffig Sind Birkel-Birelli-Eiernudeln, also diese kleinen gelben Dinger, die an jeder Ecke so soßig rumhängen und alles vollkleckern. Nicht zu verwechseln mit sahnesoßig oder gar → sahnefrisch, nein, partout nicht zu verwechseln. Eher schon mit → Kernigfein.

Sounden Schon das etwas kümmerlich auftrumpferische Allzweck-Wort »Sound« dünkte uns seinerzeit ein schmähliches; seine jetzige Verbisierung zu »sounden« ist eine vollends schändliche, ja fast schandbare. »Das soundet aber gut« heißt weniger: das klingt gut; sondern vor allem: das geht gut ab. Der Musiker als Technokrat bzw. als Nullösung von beidem.

Souverän Höchstes Fußballkommentatorenlob für Schiedsrichter, immer dann gebraucht, wenn die Pfeifen ihren Beruf einmal halbwegs ordentlich ausüben.

Soziales Netz Reimt sich immerhin auf Grundgesetz. Zumindest in einem Gedicht von Horst Tomayer.

Sozialisation Auch zu der wäre viel, ja, sehr viel zu sagen; wir aber sagen auf Anregung unserer Helfershelferin Claudia Grenzmann nur dies:
Mit der »Übernahme funktionaler Teilrollen durch die zweite Generation im primären Sozialisationsbereich« sah es auch schon mal besser aus: Da wurde der Mutter auch schon mal geholfen.

Spätgeboren Ist in jeder Hinsicht unser Kanzler. War es in Israel noch die »Gnade der Spätgeborenen« (Variante: »der späten Geburt«), die er für sich in Anspruch nahm, so verteidigte er seinen Freund Waldheim als »Mann«, indem er Waldheimkritikern die »Arroganz der Spätgeborenen« vorhielt. Wer sagt ihm, daß er mal wieder was durcheinander gebracht hat?

Spargeln Klingt nach falschem Plural, ist aber die Aufforderung der Firma Mövenpick zur Frischgemüsesaison: »Spargeln Sie mit uns!« Wie drängen da die Assoziationen: Raspeln Sie mit uns (Rohkosttage), Gurgeln Sie mit uns (Der neue Beaujolais), Bürzeln Sie mit uns (Woche der Pekingente), bis zur Überraschung nach dem Essen: Wollen Sie mit mir ferkeln?

Sparpreis Vgl. → Plus, → Minitarif.

Spaßzone Eine solche erhält das Stadionschwimmbad in Frankfurt, damit endlich das dämliche Rumschwimmen und Reintauchen ein Ende hat. Zur »Spaßzone« gehören auch »Massagedüsen« und ein »Strömungskanal«, ferner eine »Fischtreppe«. Wen bisher das Planschen und Schreien, die Eistüten neben und die Pisse im Wasser zum Wahnsinn trieben, der hat jetzt den endgültigen Grund, daheim in der Badewanne zu bleiben.

Spendenwaschanlage Das Geld wird sauber, die Finger bleiben dreckig.

Spielgassen So nennen sich in Zürich manche Spielautomatenbruchbuden; hierzulande jetzt übrigens häufig auch als → Spielotheken ausgewiesen. »Spielgassen« aber offenbar deshalb, damit's vertrauenerweckend altdeutsch → soundet. Doch, wenigstens ein Beispiel für Neo-Dummschweizerisch sollte in dieses Buch schon auch rein.

Spielkontrolle Ein neuer Begriff aus dem Fußball-Reporterdeutsch. Bedeutet nichts. Hört sich aber gut an: »Die Eintracht hatte die Spielkontrolle jederzeit in der Hand.«

Spielothek Grenzt vom Dummdeutschen ans Gefahrendeutsche, besonders wenn Pädagogen, die entweder nicht mehr ganz richtig unter der Glatze sind oder von Spielhöllenbesitzern mit fünf Mark bestochen wurden, für das Unwesen der Münzautomaten aus der Zeitung heraus auf das abscheulichste runzeln und zahnen. »Spielen gehört zur Freizeit. Dabei ist es egal, ob ich beim Schach oder mal in einer der neuen, modernen Spielstätten Vergnügen und Abwechslung suche ... Das schafft eine enorm dufte Atmosphäre.« Danke, das genügt. Herr Schulrat, übernehmen Sie!

Spontanvegetation Ist genau das Grünzeug, das immer so wild und ungebärdig rumwuchert und deshalb chemisch eins auf die Pollen kriegt. Besser sind → Bodendecker.

Spracharbeit Zu dieser fühlt sich, wie man liest, als zu einer unverkennbar postarnoschmidtschen Schwerstwortmetzbetätigung (und nicht zu verwechseln mit der → Schamarbeit und der allgemeinen → Verständigungsarbeit!) die speziell Bambergerische Statthalterei für deutsche Sprache immer häufiger aufgerufen – »ja, mei, Bambärrrga!« (Michel Gölling).

Spurensicherung Das Leben wird zwar immer ordinärer – dafür die Dichtung respektive das Feuilleton immer edler, ja sublimer. Als ihr derzeit vornehmstes Aphrodisiakum prangt die vermutlich auf Blochs *Spuren* zurückschreitende »Spurensicherung«, wie sie sich in einer gleichnamigen Ausstellung in Frankfurt oder in dem TV-Film *Spurensicherung* von Birgitta Ashoff über Italo Svevo bekundet; welcher zwar auch eine »Annäherung an Leben und Werk Svevos« meint, aber eben diese doch sprachlich weit hinter sich läßt. Be-

droht ist der Spitzenplatz der Spurensicherung schon eher durch die »Suchbewegung« im dichterisch-selbstfinderischen Genre, von der gleichfalls schon in überaus wehvollen Buchtiteln und schmerzlich-schöngeistigen Funksendungen zu lesen und zu hören ist.
Merke: »Niemand ist frei davon, Dummheiten zu sagen. Das Unglück ist, sie gar feierlich vorzubringen« (Montaigne).

Stadtneurotiker Hier erhebt sich wieder einmal die Frage, was früher da war: die Henne oder das Ei; der ca. 1978 rasch hochgekommene Pseudo-Begriff oder der Filmtitel von Woody Allen, der freilich im Original *Annie Hall* heißt und mitnichten mit Stadtneurotiker irgendwas im Sinn hat. So wie das Wort freilich ohnehin vage, ja funest bleibt. Gemeint ist vermutlich eine Auszeichnung bzw. ein Selbstlob. Wer vordem in einer Stadt respektive Großstadt hauste, sein Lebensgefühl aber nicht recht artikulieren konnte und sich selber aber insgeheim → irgendwie toll und → kaputt oder sonstwie crazy wähnte, der holte sich jetzt durch die Titulatur »Stadtneurotiker« die höheren Weihen. Der Stadtneurotiker erlebte eine kurze und fürchterliche Konjunktur – Gott sei Dank ist der Etikettenschwindel als Wort wie als Berufsbezeichnung samt Ideologie wieder im Schwinden begriffen. Requiescat in pace.

Städtebilderklärer Ex-DDR-Brummer. Was er hieß? So wißt denn, daß ein Städtebilderklärer derjenige Student ist, der bei Stadtrundfahrten den Dresdner Zwinger zeigt.

Stammheimisierung Außerhalb jeglicher Zurechnungsfähigkeit zeigte sich der *Pflasterstrand* durch die Erfindung der »Stammheimisierung«. Cohn-Bendit als Raddatz, es kann einem schon kopfweh werden.

Standardsituationen Standortgestammel aus der deutschen Fußballer- und Fußballreporter-Stummelsprache etwa seit 1982. Bezeichnet all das, was früher einzeln »Einwurf«, »Ecke«, »Elfmeter« und »Strafstoß« hieß: »Vor beiden Toren wurde es nur bei Standardsituationen gefährlich.« Undsofort.

Standing ovations Nein, wieder hinsetzen! Bittschön! Schön deutsch und breitarschig wieder hinsetzen!

Steh-Verzehr Der eiligen Verbindung von Schnell-Imbiß und Steh-Verkehr ist dieser kleine Schlingel entsprungen, der Würstel-Esser in einem gastronomischen Betrieb in München auf die Abwesenheit von Stühlen hinweist.

Steilkurse »Hochbegabung ... Talentförderung ... Eliteförderung ... Steilkurse«. So die *Welt* unter der Überschrift »Stiefkind Eliteförderung« zum Internationalen Kongreß für Begabtenförderung.

Stellenwert Noch vor knapp zehn Jahren war es, da hatte jeder Mensch, besonders jeder linke, zu jeder Zeit zu allem und jedem seinen (meist politischen) »Stellenwert« zu definieren bzw. definiert parat zu haben – sonst setzte es was. In letzter Zeit hat der Stellenwert diesbezüglich etwas nachgelassen. Immerhin: »Das Kind hat einen so großen Stellenwert in meinem Leben, es ist wunderbar« (Doris Papperitz, im ZDF-Sportstudio). Weißgott. Es wird allmählich infernalisch.

Stillbeschäftigungsraum Was soll nur aus den Zwergen werden, wenn sie schon im Kindergarten von den Schwestern solche schlimmen Wörter hören müssen? Riesendummschwätzer.

Stillgruppe Ist keine neue Form des Schweigemarschs, sondern das kollektiv erlebte Rundumabfüttern alternativ aufgezogener Winzlinge, deren Mütter wirklich nicht mehr alle beisammen haben.
Psychoanalytiker sehen darin auch eine frühe Einübung in Gemeinschaftserlebnisse späterer Jahre wie Weitwichsen, Gruppensex, Kegelabende.

Straßenbegleitgrün → Park.

Streitkultur Erfindung möglicherweise von Karl Heinz Bohrer (*Merkur*) – späterhin Allzweck-Dünnpfiff v. a. der allgemeinen Fernsehtalkkultur.

Stressig Unser Mitarbeiter Jan Kutscher übt vorbildlich Selbstkritik: Auch er verwende liebend gern Wörter wie die von uns getadelten → echt und → absolut – weil das aber so sei, möchte er, wenn schon denn schon, auch »stressig« und »schlauchig« gewürdigt wissen.
Was hiermit geschehen ist.

Strömende Kantilene Kantilenen sind, nach einem eher zeitlos die Stürme der Zeiten überdauernden Feuilletondeutsch, immer strömend. Meist füllig strömend. Und am besten, wie etwa bei Hans Hubert Schieffer in Wuppertal bzw. in der *Rheinischen Post*, »weich und füllig strömend«. Breit und dicklich sich wälzende Kantilenen sind dagegen nicht so gut.

Strömungsübergreifend Muß irgendein Ringelpietz sein, damit Fundis und Realos wieder zusammenkommen. Meint L. Beckmann von den »Grünen«, die überhaupt viel zur Entwicklung des Stromliniendeutschen beitragen. Vgl. → unhinterfragt.

Struktur Offenbar ein Glücksfall für die deutsche Linke. Den einen macht es schon glücklich, andauernd von der »Herrschaftsstruktur« (z. B. des Faschismus) zu tadeln; der andere gibt der »strukturellen Gewalt« den Vorzug; der dritte findet seine Seligkeit spätestens beim »Strukturalismus«. All dies: zum mindesten Grenzfälle von Wissenschaft und Grunzdeutsch. In der politischen Geschichtswissenschaft zum Beispiel aber »mußte man«, so Gustav Seibt am 2. 10. 91 in der *FAZ*, »nach 1945 vielfach nur noch Begriffe austauschen (›Struktur‹ statt ›Volk‹), um das Konzept ›krisenfest‹ zu machen«.
Neben der Strukturpolitik, dem Strukturalismus, dem → Dekonstruktivismus und der → Infrastruktur ist dabei heute vor allem wichtig: »Richtig ist, daß ich eine Zeitlang darüber nachgedacht habe, ob ich strukturell ein richtiger Fraktionsvorsitzender bin« (SPD-Fraktionsvorsitzender Hans-Ulrich Klose am 30. 3. 92 zum *Spiegel*). Insgesamt aber gilt: Strukturen sind oftmals »verkrustet« (→ Krusta) und werden ergo → aufgebrochen. Wenn auch kaum von H.-U. Klose.

Stürmer-Stil Ist heute praktisch alles: Traxler, Gernhardt, Heißenbüttel, die *taz*, Henscheid usw.

Styling Vgl. → Design. Aber, wie Sie vermutlich schon wissen, steht auch dort nichts. Es bedeutet nämlich auch nichts.

Subito Fast immer in der Formation »Aber subito!« Meint etwa so viel wie → Alles pal(l)etti.

Suhrkamp-Kultur Hoch- und Top-Wort seit dem 9. 3. 73, von George Steiner erfunden. Sammelbegriff für Verständigungstexte, → Verletzungserregungen, → Erregungsmengen und allgemeine → Verwundbarkeiten, Bücher von, an, über Hesse, weiße Programme, halt »wichtigste Bücher« (S. Unseld), bestimmt: nur »wichtigste Bücher«, wichtigere findst du nicht.

Sui generis Nach Meinung einiger Azubis der Akademie für Publizistik in Hamburg soll dieser Lateinnachweis ein Zentralübelnis nicht nur des *Zeit*-Häuptlings Theo Sommer, sondern auch unseres Lexikon-Autors Eckhard Henscheid sein. Auf Anfrage schwört dieser freilich, daß er's meist satirisch-parodistisch, quasi Sommer, Nietzsche und alle Lateinlehrer zitierend, meint. Trotzdem will er sich bessern.

Super Aus dem dümmlichen, harmvoll-harmlosen »Supermarkt« und »Superstar« der frühen 60er Jahre erblühte, verführt von Magie, in den 70ern Halbabenteuerliches wie »Supermann«, »Superurlaubserlebnis«, »Superreinweichkraft«, »Super-Monster« und »Supersensitiv«. All das ist natürlich abzulehnen. Sehr sind wir dagegen für die »Supergeilheit« (auch: Affengeilheit, Turborattengeilheit usw.).

Superblühkraft Der Garten als Bonbonschachtel, und der Nachbar giftet sich. Mehr kann man von der Natur kaum erwarten.
Oder doch: Das ganze noch mal im Winter in den Modefarben taupe und bleu.

Superfrost Creamy Eyeshadow Ist lediglich die Spitze des Eisbergs, bzw. der restlosen Verdummung unserer weiblichen Mitbürger, bzw. die höhnische Ausbeutung deren Pflegebedürfnisses. Man nimmt weiterhin: »Sensitive Creme Satin Makeup«, »Long Lash Mascara«, »Essential Facial Cleanser«, »Revitalizing Beauty Firmer« oder »Son-Smudge Nail Enamel Remover«, wo früher Wasser & Waschlappen gereicht haben. Oder Mutters Salbe. Wo doch noch heute gilt:

Der Polin Reiz ist unerreicht. Und die haben garantiert keinen »Maximum Moisturizer«.

Superlearning Unter vielen Verwandten eine besonders affengeile Neuprägung. Hinter der freilich eine enttäuschend alberne und alte Lüge lauert. Laut *Managermagazin* bedeutet »Superleaning« bloß »Lernen wie im Schlaf«. Oooch.

Superpreise Mehrere Leser stellen sich und uns die Frage, warum es eigentlich »Superpreise« (oder auch → Wahnsinns-Preise) heiße, wenn doch die kleinsten gemeint sind, und nicht die, wie der Name deutet, größten. Warum also? Genau. Es heißt ja auch nicht genügsam Minuspreise, sondern noch sparsamer »Pluspreise«.
Dagegen heißt es andererseits → Minuswachstum. Und auf der dritten Seite gibt es sprachlich verwandte bzw. verwechselbare → Schnupperpreise, die gleichfalls inhaltlich aber Superpreise sind. Seid allesamt verflucht!

Supersicher Dieser Neo-Spießer-Krampf meint u. a. dies: »Die erste Binde, die geformt ist wie eine Frau.« Nämlich, der Graphik nach zu schließen, wie ein Hundeknochen.

Symbolsuche Für das speziell spätbarocke Dummdeutsch in der *Süddeutschen Zeitung*, stellvertretend für den Blütensumpf des ganzen neueren Feuilletonismus, zeichnet neben Joachim Kaiser heute vor allem eine Doris Schmidt verantwortlich. Nicht nur, wenn sie über »Beuys' religiöse Wurzeln« schreibt: »Das Missionarische, das Beuys' gesamte Werke, seinen Objekten wie seinen Aktionen anhaftet« (Grammatik- oder Druckfehler von uns nicht korrigiert) »ist legitim. Seine Symbolsuche, die sich immer wieder zum Motiv des Kreuzes wendet, hängt zunächst mit Aufgaben im Bereich der religiösen Thematik zusammen. Die Kreuzform bleibt lange Beuys' zentrales Thema ...«

War's bsuffa, dös Madl? Ja, es is wirkli a Kreuz mit denane Symbolsuachareien, die wo se da no an dene Motive hiwendn …

Syndrom Ein ursprünglich naturwissenschaftlicher Begriff, der seit geraumer Zeit auch in den flotteren Sektionen der Geisteswissenschaft an Beliebtheit gewinnt. Er bedeutet so etwas wie ein Bündel an Symptomen, wird aber inzwischen für so gut wie alles und jedes verwurstelt. Er trumpft so schön auf. Und verschleiert noch schöner.

Szenario Wenn uns unser freier Mitarbeiter aus Freiburg korrekt unterrichtet, handelt es sich beim Szenario und den gleichläufigen Szenarien um neue Favoriten der »linken« → Szene: »Das Szenario löst den antiquierten und theoriebeladenen Begriff der Utopie ab. Es dient zur Kaschierung voluntaristischer Zukunftsmodelle, erspart dem Benutzer weitergehende theoretische Auseinandersetzungen und wird gewöhnlich in Szenario I, Szenario II usw. unterteilt.«
Jetzt müßten wir bloß noch wissen, was »voluntaristische Zukunftsmodelle« sind, dann hätten wir das Szenario ideologie- und sprachkritisch auch schon wieder erledigt. Ach, wir sind halt, schon langlang ist's her, von der Uni weg …
Gelegentlich tritt das Szenario jedenfalls noch einen Tick unheilstärker als »Scenario« an und auf. Nicht zu verwechseln mit dem Shakespeare-Hamletischen »Wirtschaft, Hortensio, zahlen!«

Szene Der Spuk mit der Szene oder auch → Scene (sprich: ßien) in Gestalt der Alternativszene, der Kulturszene, der Terrorszene, der Presseszene, der Medienszene, der Modeszene (*Vogue*) usw. sollte spätestens jetzt polizeilich verboten werden, da von irgendeinem Käsblatt auch das so redliche Buch *Dummdeutsch* bei seinem Ersterscheinen als »Szenen-Buch« belobigt wurde.

T

Tageslichtbad Wie bitte? Jawohl, kostet extra. Sonst stünde es ja nicht ausgedruckt in den Immobilienanzeigen. Bad allein ist künftig Schrank, Naßzelle, Abseite, Höhle. Der Durchbruch ans Licht hat durch den Mieter zu erfolgen.

Tandemlesung Doch, die gibt's nach und neben der Simpel- bzw. Single-Lesung und der schon geläufigen »Doppellesung« jetzt auch, nämlich vor allem im Rahmen des Schleswig-Holsteinischen Förderkreises für Literatur »Federkiel«. Ein bekannter Autor und ein Nachwuchsautor werden per Lesung »gekoppelt«.
Wu kompri?

Taschenbuchgefühl Die insel taschenbücher, so der Verlag in einem Prospekt, sorgen für ein »völlig neues Taschenbuchgefühl«. Ob nun diese selbst ihr Befinden völlig umgekrempelt haben oder den Leser der blanke Juckreiz angesichts vieler schöner insel taschenbücher befällt, wird nicht verraten. Auf jeden Fall scheint uns die obige Neuschöpfung nicht recht mit dem »verlegerischen Anspruch« (im nämlichen Prospekt) zusammenzugehen.

Taubenvergrämung Ein Terminus technicus aus der speziellen Schädlingsbekämpfung in Neu-Anspach, und so was harmdummdeutsch Herziges hatten wir bisher wirklich ja noch nicht.

Technik, menschliche Gibt's also auch. Will uns zumindest die Firma Opel weismachen und schreibt so was in ihre Anzeigen über den neuen Kadett rein. Wir glauben gut beraten zu sein, wenn wir dies als übliche Verballhornung potentieller Käufer dieses Wagens ansehen. Und folglich weder an menschliche Technik glauben, noch je einen Kadett kaufen werden.

Technologie Segens- und Wunderwort unserer Jahre, mal beherrschbar, mal Dämon. Wird vorwiegend in Wortzusammensetzungen verwandt, meist falsch und in der Bedeutung von Technik. Ein → Technologieträger birgt in sich zwar jede Menge Technik bzw. technische Lösungen, nimmermehr aber Technologie, ist also eher (Werbedeppen aufgepaßt!) technomorph, die Folgen am Menschen dann technoid. Vgl. → Technologietransfer.

Technologiefolgenabschätzung Diese und noch gar vieles mehr betrieb v. a. Lothar Späth in seinem berühmten Buch *Wende der Zukunft* (1985).

Technologieträger Die Firma Porsche teilt mit, ihr Auto mit der Nummer 959 sei »als das Streben nach dem optimalen Auto zu verstehen«, außerdem sei das Gerät ein »Technologieträger« – offenbar die schnellste und teuerste Art, einen Haufen Mechanik und Elektrik unter gleichzeitiger Ausschaltung des Fahrers an die Wand zu setzen. Künftiger Name: »Kopf-ab-Porsche«.

Technologietransfer Transatlantisches Zauberwort, im Zusammenhang mit SDI zu neuer und überragender Bedeutung gelangt. Läuft aber in jedem Fall auf einen großangelegten Beschiß am deutschen Unternehmertum hinaus, was dieses auch langsam kapiert. Besonders → geil darauf waren seinerzeit der Kanzler sowie sein Lothar Späth. Der ganz besonders.

Teig in Ein Spezial-, ja Genialfall des grassierenden → in-Wahns vor allem der 70er Jahre. Nach einem mündlichen Bericht von Robert Gernhardt verwandelte sich im Frankfurter Nordend eine Nudelhandlung über mehrere Stationen hinweg schließlich in ein Etablissement namens »Teig in« – mußte aber dann kurze Zeit später dennoch die Segel streichen.

Terminator Das Leben ist endlich. Früher hieß die Figur, die den Faden abschnitt, Sensenmann oder Freund Hein. In einem nicht näher zu beschreibenden Film heißt sie nun Terminator, was vergleichsweise ungemütlich, aber wesentlich effektiver klingt. Sie könnte als der große Gleichmacher auch → Egalisator heißen, wenn dieses schmucke Wort nicht schon von einer Schuhputzpaste besetzt wäre. Das gibt dann immer Krach ums Copyright.

Termin-Optimierung Haben wir nicht rausgebracht, was das ist. Hängt aber sicher mit → Timing, Leasing, Warentermingeschäften und mit Digitaluhren sowieso zusammen.

-thek Nach der Video- und der Discothek gibt es jetzt auch die Motothek und die → Spielothek. Im Anmarsch, hören wir, soll sein die Pornothek, die Puffothek und die bisher Tierhandlung genannte Zoothek – mit der Thekothek, einstmals Theke genannt, wird es noch etwas dauern.

Tierisch Ursprünglich → Szene-Deutsch, das gleichwohl brutales Dummdeutsch ist, auch wenn es in vermeintlich heiter-harmlosem Gewande – »tierisch stark«, »tierisch geil« – auftritt. Daß allenfalls Menschen sich bestialisch, Tiere aber sich immer sehr human aufführen: darauf haben vor langer Zeit z. B. Grillparzer und Schopenhauer nachhaltig verwiesen. Genutzt hat es natürlich nichts. Sondern dieser Zug von Besinnungslosigkeit ist inzwischen leider »tierisch abgefahren«.

Timing Um es gleich zu gestehen: Von diesem Amerikanismus ist manchmal auch zumindest ein Mitglied der *Dummdeutsch*-Redaktion befallen. Ob dies zu seiner Entschuldigung reicht, daß das Wort tatsächlich unübersetzbar ist?

Tip Bedeutet ungefähr dasselbe wie → Top. Daneben Titel einer Berliner → Szene-Zeitschrift, die freilich auch »Top« heißen könnte. So Spitze ist die.

Tittengeil Eine Mutter aus Hamburg teilt uns mit, daß ihr achtjähriger Sohn »aus purer Lust am Wort« (so die Mutter) das Mehrzweckkompositum »oberaffentittengeil« leidenschaftlich gern verwende. Und dafür, für dieses wahrhaft souverän das übliche »affengeil« und »turbogeil« hinter sich lassende Pretiosium, darf der Sohn auch in unseren *Dummdeutsch*-Ewigkeitshimmel.

Tonhaftigkeit Ist nach dem ehemaligen Ministerpräsidenten Albrecht: das, was »... vor Sein und Nichts ist und dennoch Sinn hat, der tonlose Ton, der Ton vor allen einzelnen Tönen«.

Tonträger Im Zusammenhang mit der sprachlichen Aufwertung noch des letzten Drecks heißen Schallplatten, Cassetten und CDs fürderhin Tonträger.

Top Bedeutet eigentlich so viel wie → super, → total und → absolut. Bundesligafußballspiele werden mit einem Topspiel-Preisaufschlag versehen – und außerdem reimt sich »top« auf »Shop«: »Udo's Shop ist für Frauen top!« (Werbeplakat in Frankfurt).
Bliebe nur noch zu klären, warum Shop groß und top klein geschrieben ist.
Aber in diesem Bereich geht überhaupt oft so einiges durcheinander – und es kommt zu Verwechslungen mit → Tip, und ärger noch: das großväterliche »tiptop« = piekfein, perfekt spukt irgendwo auch noch in den neueren Köpfen herum. In Regensburg sah der Verfasser mit eigenen Augen

in der Eingangstür eines Supermarkts die Aufkleber »Top-Tip« und gleichzeitig »tiptop«.

Total Ähnlich wie → absolut bedeutet total a) nichts und b) die blindwütende Automatik, nichtigen Erscheinungen mit letzter → Trimm-Kraft einiges ruhmlose Interesse abzugewinnen.
»Das ist das totale Chaos«, erklärte ein Beamter der Salzburger Gendarmerie (dpa) vor dem Hintergrund verkehrstechnischer Irritationen in den Alpen – wobei man wahlweise bedauern mag, daß österreichische Gendarmen jetzt auch schon so dumm daherreden, oder daß das Zitat von dpa wahrscheinlich getürkt ist. Aber mal davon abgesehen und auch von dem Verdacht, daß ein Chaos nicht mehr zu steigern ist: Bei der ganzen Sache handelte es sich um nichts als um die allgewohnten Lawinen- und Urlaubermalaisen des alpenländischen Winters, von denen man eigentlich am liebsten gar nichts mehr wissen möchte – und eben dies, wenn überhaupt was dran sein sollte, ahnt auch der Salzburger Gendarm und setzt, bangend um seine Wichtigkeit, in einer Art Autosuggestion aufs Chaos auch noch die Totalität. Den typischen »Total«-Sager erkennt man übrigens daran, daß er die erste und nicht, wie üblich, die zweite Silbe betont.

Totgefroren Schlagzeile der *Bild*-Zeitung. In ihrem evidenten Bestreben, das beckettisch verlöschende Leben ein letztes Mal mit mythischen Begriffen wie Liebe (→ Liebesurlaub) und Tod zu verramschen, kam *Bild* auf diese erstaunliche, das banale »erfroren« noch einmal verjüngende Schnapsidee. Respekt. Geschärften Einblick in die diesbezüglichen Techniken der *Bild*-Zeitung vermittelt das Buch *Originelle Todesfälle* von Nikolaus Jungwirth und Gerhard Kromschröder, welches u. a. auch den von *Bild* kreierten kostbaren Todesmodus »sich totfahren« (für: verunglücken) überliefert.

Touch Wie wir hören, attestierte der bekannte Sprecher des Bayerischen Rundfunks Josef Rucksack der Stimme eines gewissen → Vollprofis einen »professionellen Touch«. Mit anderen Worten: eine berufliche Berührung. Und da wird's bedenklich. Mit abermals anderen Worten: längst nicht mehr ganz dicht.

Trading-up Heißen die kolossalen Umbauten, die in letzter Zeit in den westdeutschen Warenhäusern vorgenommen werden. Wie alles gute Deutsche kommt das Trading-up aus Amerika und heißt ungefähr so viel wie: wir haben nicht mehr jeden Ramsch im Angebot, weil den eh keiner mehr will, also bauen wir um, teilen alles schön auf, sieht 1. besser aus und 2. wird alles teurer. Also vom billigen Jakob zur »gestylten Boutique«. Das alles dient der verschärften Rassentrennung in Deutschland: die Geschäftsführermuttis aus dem Taunus gehen ins Hertie, die Türken und Arbeitslosen bleiben unter sich bei Bilka und Woolworth.

Trauer → Wut und Trauer.

Trauerarbeit Wie das von der frühen Psychoanalyse eingeführte und ab etwa 1967 wiederaufgegriffene Wort zumindest in seiner Verwendung obskur und auf den Hund gekommen ist, zeigen vor allem auch seine Varianten: Von »Verdrängungsarbeit« hört man heutzutage viel – und jetzt gar auch von »Stolz-Arbeit«. Nämlich aus dem Munde des konkurrenzlos progressivsten deutschen Kulturdezernenten Hermann Glaser: »Das deutsche 19. Jahrhundert läßt Stolz-Arbeit zu; und es evoziert Trauerarbeit« (*Soviel Anfang war nie*). Ob Trauer nun wirklich eine → Arbeit sei, darüber mögen die Physiker mit den Psychologen rechten. Wenn aber nach der Stolz-Arbeit demnächst auch noch die Humorarbeit und die Glücksarbeit eingeführt werden, dann sollte die Literaturpolizei auf den Plan treten.

Für die Quacksalberin Marg. Mitscherlich (*Erinnerungsarbeit*) ist die im Sinne der »Trauerfähigkeit« zu leistende »Trauerarbeit« ein → »Lernprozeß des Abschiednehmens« (S. 16) bzw. ein »Lernprozeß im Abschiednehmen« (S. 23). Womit es ihr gelingt, aber nun wirklich allen Gesetzen von Logik, Semantik und Physik in einem Atemzug das Lebenslichtlein auszupusten – zugunsten eines wahrlich »intensiven Umgangs mit Trauerprozessen« (S. 32) aller hierzulande als »Trauerschmock« (Karl Kraus, 18. 1. 1917!) emsigst Betriebsamen; die sich um unsere dummdeutschredaktionellen Bedenken nicht scheren, sondern sich nicht entraten noch entblöden, in Frankfurt ein Buchhandlungsfenster mit einer Werbeplakatfahne »Trauerarbeit« zu nobilitieren. Dagegen »Trauern zwischen Sinnverlust und Sinnlichkeit« (Tagungsthema) wollte im Juni 1990 die Evangelische Akademie in Tutzing. Sie müssen allesamt mit Fleiß stocknarrisch geworden sein. Viel ist wohl einfach auch Autosuggestion, selig schlummernd in sich selbst. »Ein Deutscher«, schwant Adorno, »ist

ein Mensch, der keine Lüge aussprechen kann, ohne sie selbst zu glauben.«

Auf Musikkritiker-Symposien – ausgerechnet – hört man z. B. neuerdings läuten, gegenwärtige Musikkritik bzw. Rezensionstätigkeit leiste an ihren avanciertesten Stellen wesentlich: »Trauerarbeit«. Auch Reisen, hört man unken, habe exakt mit diesem von Freud geprägten und später von Mitscherlich und seiner nebulosen Witwe popularisierten, nämlich auf die Nichtbewältigung der Nazizeit bezogenen Terminus entscheidend zu tun. Was das alles zu bedeuten hat, weiß längst niemand mehr – auch das *FAZ*-Feuilleton nicht, dem nur noch übrig bleibt, anläßlich des ARD-Films *Winterreise* vom Februar 1992 und seiner »west-östlichen Trauerarbeit« als von etwas »in seiner unüberbietbaren Simplizität schon wieder Wunderbarem« seufzend zu schwärmen. Wir aber müssen's dulden. Und die Wörterbuch-Drecksammler zumal. Was aber einen Eckhard Henscheid auch nicht davor bewahrte, im Oktober 1992 von einem gewissen Hellmuth Karasek im *Spiegel* selbst ausgerechnet der »Trauerarbeit« geziehen und überführt zu werden.

Kurz nach Redaktionsschluß freilich entfächerte der Hamburger Literaturwissenschaftler Klaus Briegleb (*Hansers Sozialgeschichte der deutschen Literatur*, 1992) die »Trauerarbeit« bei Peter Weiss als »Ent-Täuschungs-Arbeit« (S. 112). Wortwörtlich. »O mei, o mei« (Alfred Leobold).

Trauerraum → Kulturraum.

Trauermeeting → Arbeitsbegräbnis.

Traumfrau Läufig sind daneben unter anderen auch »Traumreise«, »Traumhaus«, »Traumberuf« und »Traumauto«. In seinem Aufsatz »Traumkitsch« wies Walter Benjamin schon vor einem halben Jahrhundert nach, daß es mit den Träumen auch nichts mehr ist; sondern Kitsch. Insofern – stimmt's dann freilich wieder.

Traurig »Traurig bin ich sowieso«, klagt krähend ein Schallplattentitel der DDR-Liedermacherin Bettina Wegner – und besser kann man die dahinterstehende, Mitscherlichs weiland waltende Trauerunfähigkeit sowieso hinter sich lassende Gedanken- und Gefühlsarmut gar nicht ausdrücken. Vgl. → sensibel, → betroffen, → verletzlich, → Wut und Trauer.

Trendfrisuren Nach so viel Trauer endlich mal wieder was Handfestes. »Trendfrisuren« lautete eine Titelzeile der *Brigitte*. Des Rätsels Lösung: »Halblang oder kurz«. Aha.

Treuepunkte Erhält derjenige, der doof genug ist, sich über einen längeren Zeitpunkt eine Plempe zu kaufen, die ihm nicht schmeckt, um für die gesammelten Kronkorken ein Lachsmesser, das er nicht braucht, oder eine Pfeffermühle, die nicht funktioniert, zu erhalten.

Triebkopf Ein Schwein, wer dabei an etwas anderes als an die neuen Lokomotiven des »Intercity Experimental« denkt.

Trimm Gattungsbezeichnung für die Einheit aus Aerobic, Breakdance, Stretching, Dynamik, → Fitness und allem. Das Trimmen gibt es häufig auch als »Trimming«; z. B. auf einem Plakat der Interessengruppe »Vitapan« (!): »Frankfurter Trimming 83/84«. Ein Einsichtiger schrieb in der U-Bahn-Station Eschenheimer Tor handschriftlich dazu: »Ist Schwachsinn.« Ein besonders trimmbekifftes Beispiel zur Sache liefert auch die Seifenwerbung der Firma Lanosan: aufgreifend das Motto der Aktion »Sport und Gesundheit« des Deutschen Sportbunds: »Trimming 130 – Bewegung ist die beste Medizin.« Lanosan verlängert: »Gesund leben mit trimming 130 – Gesund waschen mit Lanosan. Die Seife ohne Seife.« Das läßt sich nur noch mit Gottfried Benn parieren: »Bleiben und Stille bewahren / Das sich umgrenzende Ich.«

U

Überreaktion Wie die »Überkompensation« und die »Überanpassung« ein Begriff aus der 08/15-Psychologie, der sich ziemlich dick und darum immer gut macht und insofern trotz gewisser Bedenken unseres Büroboten, der kürzlich in der Psychopathologie sein Diplom gemacht hat, ohne jede Überreaktion seitens unserer Ressentiments auch in dieses Buch gehört.

Überstunden fahren Tun → Vollprofis ohne rechtes → Timing.

Ultrafrech Sind seit 1992 Herren-Badeslips des Top-Versands 8047 Karlsfeld. Und das freut uns Sprachschrottsammler sehr, denn nicht nur läßt das Wort seine schon drohenden Verwandten »super« und »mega« links liegen – es grenzt die Badeslips auch wünschenswert genau von den hautengen Herren-Sarim-Tangas ab, die nämlich sind seit 1992 vielmehr → fetzig.

Umdenken Tritt heute vor allem auf militärischer und gesellschaftlicher Ebene sowie im → Umfeld von SPD und Grünen auf, und zwar meist in der eskalierten Form eines »Umdenkprozesses«. Es beendet insofern meist die → Denkpause, und zwar nach zwei, drei Bier mit Hilfe eines kräftigen → Denkanstoßes.

Umfeld Darf nicht verwechselt werden mit der Umwelt bzw. dem → Umweltbewußtsein. Sondern dieses betrifft die Ökologie und also praktisch alles; jenes aber nur die Aura, das Ambiente, also praktisch den → Kontext – oder was?

Umfeld, wurzelnd In einem verläßlichen *Dummdeutsch*-Wörterbuch nicht fehlen darf auf dessen Ende hin freilich auch der frühere Bundespräsident Richard von Weizsäcker als ein ganz spezielles, silberzüngig den hemmungslos akuten Lichterketten zügig voranschreitendes Großrandparadigma. Zum Beispiel mit der Geschwister-Scholl-Ehrung des Wortlauts: »In dieses Umfeld hinein schrieb die Weiße Rose ihre Flugblätter«; dergestalt nur nämlich »wurzeln Überzeugungen im menschlichen Wesen«. Es ist, so der Kritiker Michael Naumann (einer der ganz wenigen), »der politische Bildungsjargon der Nierentisch-Ära ... kerzenlichtüberglänzt, nach echtem Bienenwachs riechend« (*Die Woche*).

Umgang Ein Allerweltsblümchen am Uferrand des Sprachsumpfs, das uns Folgendes weisen will: Es kommt nicht darauf an, aus dem eigenen und allgemeinen Schlamassel herauszufinden, sondern nur, ihn möglichst elegant zu handhaben. Die Umgangsformen diktiert dabei der Schlamassel. »Ich bin auf eine Art und Weise desillusioniert, mit der ich umgehen kann«, gibt in der *Zeit* ein 35jähriger linker Karrieremensch zu Protokoll – eine Weltsicht, zu der man dem jungen Mann nur von Herzen gratulieren kann. Vgl. Umgang → mit.

Umgreifend Geht es, hören wir, nach wie vor in »Diskussionszusammenhängen«, »Handlungsperspektiven«, »Problemlösungskapazitäten« und insbesondere in oder auf den Evangelischen Akademien Tutzing oder gar Loccum zu. Und abends, nach dem Tagungsessen, da greift erst eine Greiferei um sich. Wir sagen nur: Weiber, Weiber, Weiber ... Sind aber leider meist zu wenig da.

Umsetzungsfähig Soziologen- bzw. Bürokratendeutsch (vgl. → Orientierungsmuster). Wahrscheinlich klingt den Benutzern das gleichbedeutende »praktikabel« einfach zu deutsch, um in ihren Schreibereien verwendungsfähig zu sein.

Umwegfinanzierung Wunderbares Neudeutsch für die Praxis der Spendeninstitute, die unseren Parteien ihren politischen Auftrag »erleichtern«. Für manchen Spender bzw. Vertuscher (hoffentlich) der gerade Weg ins Gefängnis.

Umweltbewußtsein »Umweltbewußtsein und Lebensqualität«, »Umweltbewußtsein und Selbsterfahrung« – so und ähnlich lauten heute Rundfunkvorträge, Gewerkschaftstagungen und Volkshochschulkurse von der Stange – und sorgen derart für steigende Umweltbelastung und -verschmutzung.

Umweltfreundlich Werden jetzt → mehr und mehr die Autos. Ob das nun wirklich noch jemand glaubt? Vgl. → Abgasarm.

Umwelthysterisch »Umwelthysterie!« schreien hysterisch die Verantwortlichen, wenn die weniger Verantwortlichen darauf insistieren, daß Gifte giftig seien. Uns freilich kommen hinsichtlich ihrer sprachlichen Artikulationsfähigkeit beide Fronten zuweilen abermals recht umweltnegativ vor.

Umweltpositiv Gesichtet als Aufschrift auf einem Bagger in Frankfurt. Getrotzt wird damit evident der Umweltnegativität. Sehr schön läse sich das neue Adjektiv zweifellos auch in Schulzeugnissen: »Das umweltpositive Betragen des Schülers macht seine deutschnegativen Leistungen wieder einigermaßen wett.«

Undundund Früher soviel wie … äh.

Unfest Der Dichter Peter Mosler teilt mit: »Ich wohne seit sechs Jahren unfest auf dem Vogelsberg …«, aber zum Schreiben hat es da allemal gelangt, das Ergebnis heißt *Die vielen Dinge machen arm* (Rowohlt Verlag), und die Ärmsten sind ja bekanntlich die Reichsten. Im Geiste. Leseprobe: Auf dem Vogelsberg fährt ein Bus, dessen »Fahrer bediente das Steuerrad nur aus der Kraft der Erinnerung«, dazu noch eine »junge Frau« mit – logo – »schweren Brüsten«, ein Haus mit »ausgebeulten Wänden«, darin ein Fenster, »vor dem werfen die Weiden ihre Arme im Abendwind hoch«. Steht alles auf einer Seite, und noch viel mehr. Zu unser aller Beruhigung: Dichter Mosler wohnt nun »fest« auf dem Vogelsberg, also gibt's dort neben »schweren Brüsten« nun auch Schwerdenker bzw. Schwerbeschädigte.

Unheimlich Lange haben wir zugeschaut und das serienmäßig produzierte »unheimlich« (Steffi Graf, Vater Graf usw.) eher für einen sprachlosen Infantilismus denn für wahres Dummdeutsch erachtet. Aber nachdem uns ein Unfallbericht der *Kötztinger Zeitung* mit drei Toten dahin belehrt, der überlebende Großvater Sepp habe einen (Zitat nicht des Großvaters, sondern des Redakteurs:) »unheimlichen Schutzengel« gehabt; nach dieser nahezu ausdruckserneuernden Urgewalt haben wir uns jetzt doch entschlossen: es schon wieder übers Dummdeutsche hinaus – trotzdem höllisch zu finden.

Unhinterfragen Hatten wir es kürzlich noch mit dem Stichwort »hinterfragen«, so versucht uns die Kanaille nun durch »unhinterfragen« auszutricksen. So mochte z. B. die Frankfurter Stadtverordnete der Grünen, Martina Becker, → irgendeiner Absicht des Magistrats »in dieser unhinterfragten Form« keinesfalls zustimmen; während es zum Buch der Schriftstellerin Jutta Heinrich im Verlagsprospekt heißt: »Zentrales Thema ihrer Arbeiten ist die Zerstörung des Menschen durch den Menschen, sei es durch unhinterfragte Übernahme von seit Jahrhunderten tradierten Rollenklischees ...« Schriftstellerin! Stadtverordnete!! Diesen Quatsch kann ja nicht mal unsere zuletzt an die diesbetreffliche Eisbergspitze vorgestoßene Ober-Quatschieuse Antje Vollmer mehr eskalieren!!!

Uni Nein, keine kurzgefaßte Universität. Sondern einfarbig und gesprochen »ühni«. Ein Aachner Modehaus bot 1985 Stoffe in »mehreren Unis« an, »sand oder schlamm im topaktuellen Grobfischgrät«.

Unkosten Uralt-Blödsinn, leider nicht auszurotten. Unkosten sind immer Kosten, sonst wären es keine. Oder so ähnlich. Schon im *Deutschen Wörterbuch* der Grimms brauchte man viele Zeilen, um das Durcheinander zu zerpflücken bzw. weitere Verheerung anzurichten.
Evtl. aber handelt es sich ja wirklich um Kosten, die sich von den normalen Kosten durch ihre Ungemeinheit, ja Unerträglichkeit abheben, um so den erwünschten strategisch-psychologischen Effekt zu erzielen …

Unleistung Es spricht die »Supernase« Thomas Gottschalk: »Jede militärische Leistung ist für mich eine Unleistung. Damit will ich nichts zu tun haben. Und all jene Dinge, die man nicht in zwei Minuten erklären kann. Kommunismus zum Beispiel. In drei Stunden ja, aber nicht in zwei Minuten. Und deshalb ist was faul dran. Da sag ich lieber: Liebe deinen Nächsten wie dich selbst. Da ist in zwei Sekunden etwas Großes gesagt. Die Bundeswehr dagegen käme über zwei Minuten, deshalb kann sie nichts Großes sein.« Natürlich »kommt« auch z. B. die Bibel »über zwei Minuten«, oder gar ein ganz anderes Buch, auch Gottschalks Sendungen und Filme sind leider länger, folglich »ist was faul dran«. Doch im Zusammenhang mit Gottschalks Wirken spricht auch keiner von Leistung.

Unrechtsbewußtsein Kein Unrechtsbewußtsein hat allemal der, der besonders viel Dreck am Stecken hat.

Unverbeiständet Aus Luzern erreicht uns die Bitte, dies aparte Wörtchen als weiteres → Paradigma für Dummschweizerisch in unser Lexikon aufzunehmen. Wir tun dies an sich nicht; sondern nehmen es zwar hier auf, allein nur zu dem Ende, damit es wenigstens irgendwo aufgenommen und verewigt sei. Dummschweizerisch ist das ebensowenig wie Dummdeutsch; sondern Gottfried Keller im Hochkapitalismus. Und der ganze Satz (aus irgendwelchen »Verbands-Richtlinien«) lautet: »Die Mitglieder sind verpflichtet, bei einem Aufgebot zur Schlichtung unverbeiständet zu kommen.« Und, auch nach einem solchen Satzkarfunkel, unverzagt, versteht sich.

Unverzichtbar Waren früher mal v. a. Forderungen und Gebote hinsichtlich der DDR. Das Gegenstück »verzichtbar« scheint dagegen völlig ausgestorben. Ein Symptom des allgemeinen Hedonismus und → Anspruchsdenkens? Unserer Zeit? Aber → sicherlich.

Ur- Als Vorsilbe gern gebraucht, um uns in der »Jetztzeit« ein wenig vom Alten, Guten & Schönen wiederzugeben; zielt aber auch auf die dem alternativen Leben nahestehenden Personen, besonders beim »Urschuh« oder dem »Urkornbrot«, auf sozusagen tief in uns brodelnde Sehnsüchte nach dem Urknall, der wohl schon damals für einige zu laut gewesen ist.

Urlauben → Kuren.

Urlaubsqualität Nachfolgerin der alten sozialdemokratischen → Lebensqualität.

Urväter-Laib Es handelt sich offenbar um ein Pfund Roggen-Misch. Aber diese Bestellung versteht inzwischen kaum noch ein Backbouquinist. Unabweisbar quillt in Gedanken die Vorstellung vom Leib des Altvorderen, den es anzuknabbern gilt. Wie aber werden wir uns erst fühlen, wenn die Brotfabriken uns mit → Grufti-Krusten und Ahnen-Schrot beliefern?

V

Verantwortungsgemeinschaft Eine solche bildeten einst, laut *Zeit*, die beiden deutschen Staaten, und zwar auf Betreiben von SPD und SED.
Für den »Verantwortungspazifismus« im Kampf gegen den »Gesinnungspazifismus« dagegen war seit 1980 Franz Josef Strauß verantwortlich. Vgl. → Individualgemeinschaft, → Wertegemeinschaft.

Verbraucherfreundlichkeit Die alte faustische Frage, ob Verbraucherfreundlichkeit dann gegeben sei, wenn der Hersteller oder Verkäufer freundlich zum Verbraucher sich verhalte, oder vielmehr dann, wenn der Verbraucher freundlich zur Ware bzw. zum Verkäufer hin blinzle, kann jetzt zugunsten einer weiteren Alternative als gelöst gelten: Verbraucherfreundlichkeit ist dann, wenn die Ware durch freundliches Dreinschauen den Verbraucher über seinen elenden Mißgriff hinwegtröstet.

Verbringung Wird von deutschen Politikern benutzt, denen das häßliche Fremdwort Raketen-Stationierung nicht über die Lippen gehen will. Wie denn auch besser? Mitbringung klingt zu flott nach Mitbringsel, Einbringung zu sehr nach Psychoterror, Überbringung nach Glückwünschen, und Unter-die-Erde-Bringung ist sprachlich äußerst unschön.
Also, Verbringung ist schon ganz toll!

Verbundsteinpflaster Hat bei der Dorfverschönerung die geschlossene Teerdecke abgelöst, ohne deren Eindeutigkeit und klare Strenge zu erreichen – ein Rückschritt insofern, als lästiges Moos wieder ein Ritzenbiotop gefunden hat, das nach der Giftspritze ruft Vgl. → Spontanvegetation.

Verdrängungsarbeit Mit diesem in den einschlägigen Tratschblättern und -zirkeln immer häufiger zu erleidenden Doppelmoppel rundet sich der edle Kreis von → Beziehungsarbeit, → Phantasiearbeit, → Trauerarbeit und → Partnerarbeit im allseits tätigen neudeutschen → Arbeitsfeld. Ob der Begriff logisch-logistisch-physikalisch nicht ein bißchen unredlich, ja unhaltbar ist, sei dahingestellt; emsiger als eine banal-faule Verdrängung klingt er allemal. Warum, nochmals, die Arbeit sich heute gar so fett aufwirft? Es wird wohl mit dem zusammenhängen, was die akute Spitzenphilosophin Prof. Dr. phil. Gertrud Höhler eine »Verknüpfung von Arbeits- und Freizeitleben« nennt. Jetzt warten wir halt nur noch auf die definitive Premiere der »Freizeitarbeit«, ja, eigentlich müßte sie längst da sein, denn siehe und über Höhler hinaus: »Arbeit unterscheidet sich nicht mehr von Freizeit« (Jean Baudrillard, *Der symbolische Tausch und der Tod*).
Ursprünglich, bei den Mitscherlichs (1967), hieß die »Verdrängungsarbeit« meist noch die »Verleugnungsarbeit« (*Unfähigkeit zu trauern*, S. 36). Aber das wird die Witwe so genau auch nicht mehr wissen. Noch auch wissen wollen.

Verfassungsschützer Das sind Herren, die unsere in der Verfassung aufgeschriebenen Rechte schützen. Sie passen auf, daß niemand unsere Würde antastet, unsere Briefe aufmacht, unser Telefon abhört oder unsere Wohnung verletzt. Wenn jemand uns die freie Meinungsäußerung oder das Versammlungsrecht abschneiden will – na, der soll sie kennenlernen! Ganz verrückt vor Wut werden sie, wenn Leute wegen ihres Geschlechts, ihrer Hautfarbe oder ihrer politischen Anschauungen benachteiligt werden. Da werden die echt zum Tiger. Damit wir ihnen mit Dankesbezeugungen nicht lästig fallen, sind sie gut getarnt. Sie sehen aus wie alle – mit einer Ausnahme: Sie tragen das Grundgesetz ständig unter dem Arm. Wenn sie's nicht gerade zu Hause liegengelassen haben.

Vergleichmäßigung Nach einem Bericht der *Osnabrücker Zeitung* hat sich im Zuge eines – Obacht: – »Tempo-Limit-Großversuchs« (ah!) der hessische Verkehrsminister für die »Vergleichmäßigung« der Verkehrsteilnehmer, nämlich ihrer Geschwindigkeit, eingesetzt. Wenn das mal gutgeht.

Verinnerlichen Ein besonders ergiebiges Feld für Babbeldeutsch ist die Musikkritik. Ob's daran liegt, daß man Musik eben macht bzw. singt respektive spielt oder was? Ein Beispiel mag genügen: Herr Karlheinz Ludwig Funk schrieb (in der *Frankfurter Rundschau*) über den Bariton Andreas Schmidt, und das liest sich so: »Er ist noch jung, erst vierundzwanzig, aber beide: Schuberts *Tod und das Mädchen*, hat er, Andreas Schmidt, schon stark verinnerlicht. Das ›schön und zart Gebild‹ gerät ihm freilich noch etwas füllig-gefühlig (deutsch-kopfstimmhaltig mit ›mundigem‹ Vokal), und seinem unwilden Knochenmann ist die brustige Schwärze versagt, die er zum letztendlichen Quintfall zur Grabestiefe benötigte; er muß die Quarte nach oben nehmen.« Genug? Meinen wir auch.
In der Philosophie und Psychologie heißt verinnerlichen dagegen in der Regel »internalisieren«, meint was ganz anderes, ist aber noch vornehmtuerischer und genoß deshalb vor allem in der bundesdeutschen 68er-Folge viel Prestige.

Verkaufshit Innerhalb der Branche des Super-Center-Tiptop-Gelärmes nimmt auch der Hit immer noch eine achtbare Position ein, insbesondere in der Form des Verkaufshits. Er hat den alten »Verkaufsschlager« oder »Verkaufsknüller« so ziemlich zum Alteisen geworfen – er hat aber freilich seine Tücken. Sie rühren her vom Binde- »s« bzw. von der Trennung zwischen »Verkauf« und »shit«; und dazu notiert Klaus Mampell in der *Stuttgarter Zeitung*: »Wenn man hier von einem Verkaufsschlager geschrieben hätte, dann hätte jeder gewußt, worum es ging; aber ein Verkaufshit kann für die

Englischkundigen so ziemlich das Gegenteil bedeuten, nämlich Scheiß beim Einkauf.«
Im übrigen gibt es längst auch schon den »Super-Verkaufshit« im Supermarkt. Allerdings noch immer nicht den Megamarkt. Den Hypermarkt aber führt man nach unseren Informationen schon in der Schweiz, olé!

Verkehrsanbindung Angebunden werden heute speziell Regionen, Zonen und Trabantenstädte, die bisher zu sehr unter → Verkehrsberuhigung, ja Verkehrsnichtberücksichtigung litten. Aus der Anbindung resultiert dann später das wünschenswert hohe »Verkehrsaufkommen«. Kurz: in dieser formierten Gesellschaft braucht eben keiner zu verkommen.

Verkehrsberuhigung Haltloser Traum so vieler Kommunalpolitiker. Entscheidend dafür wäre, daß endlich einmal genügend Leute ihren Arsch zu Hause, bzw. ihren schnittigen VW Jetta in der Garage ließen. Aber da wir doch seit Jahren vorgejammert kriegen, daß jeder siebte Arbeitsplatz

in unserer Republik vom Auto bzw. dessen Industrie abhängt, wird es mit der Verkehrsberuhigung nichts werden. Mal davon abgesehen, daß vielleicht ein kreischender Verkehrspolizist (volkstümlich: Stadtförster) zu beruhigen wäre, aber nimmermehr ein Verkehr.
Sogar bei den Russen. Nach einem Bericht von Gerhard Polt gibt es in der UdSSR Straßen, die »nicht verkehrsberuhigt sind«.

Verletzend Dem → Verletzlichen und → Verwundbaren eng zugeordnet ist in besonders akuten Fällen heute auch schon ein aktivisch »Verletzendes«; vor allem bei Gottfried Helnwein, dem der *Fröhlich und Kaufmann-Katalog* bestätigt, er sei ein »aus Verletzung verletzender Wiener Künstler«. Womit Helnwein spielend die Kurzinhaltsangabe André Hellers betreffend seine LP (»meine wichtigsten Verletzungen«) dialektisch in die Schranken gewiesen hat.

Verletzlich Fast gleichbedeutend mit → sensibel, → verwundbar und → betroffen. Bedeutet bestenfalls fortgeschrittene Bescheuertheit, die sich für Kafka, Botho Strauß oder zumindest Margarethe von Trotta hält. Als Topmann auf dem Verletzlichkeitssektor hat sich ein Schweizer Schriftsteller und Soziologieprofessor Urs Jaeggi herauskristallisiert: »Man hat ihn so oft verletzt, daß er verletzbar geworden ist und auch selber verletzt«, schreibt er wortwörtlich in einem Essay, veröffentlicht im *Zürcher Tagesanzeiger*. Erstaunlich, erstaunlich.
Eine besonders schöne und gar doppelte Verletztheit leistete sich auch der ehemalige *Zeit*-Kulturchef F. J. Raddatz in seinem vollends widerlichen Nachruf auf Uwe Johnson: »Ich möchte auch nicht verschweigen den Riß, den unsere Beziehung seit langem hatte – eine gegenseitige Verletzung sondergleichen, irreparabel und öffentlich gemacht genug.« Nimmt man die sprachliche hinzu, wird aus der gegenfreilich eine dreiseitige Verletztheit.

Nun, Johnson hat's überstanden – wir aber müssen's weiter leiden.
Nicht schlecht im Trend liegt aber hier auch der berühmte Schimanski-Darsteller Götz George, der sich selber als »ungeheuer sensibel, verletzlich, verletzbar« begreift. Während sein Schauspieler-Kollege Eberhard Feik, alias Kollege Thanner, George wieder so sah: »Feingliedrig, durchlässig und verletzbar«.
Wohingegen Schimanski seinerseits wieder mehr ein Zuschläger, id est ein Verletzer ist. Ergo beides gleich (s. o.) Helnwein: ein Verletzer und Verletzter. Bzw., da laut Filmwerbung »George Schimanski ist«, laut George aber Schimanski »nur eine Seite von George«, blickt jetzt auch verletzungspsychotisch eh kein Gott mehr durch.

Verletzungserregung Einar Schleef und Hans-Ulrich Müller-Schwefe haben ein Theaterstück *Mütter* fabriziert, das Objekt hingebungsvoller Theaterkritik wurde. Tenor: Alles furchtbar durcheinander und entsetzlich laut. Müller-Schwefe dazu: »Wie also wäre eine Übersetzung so zu schärfen, daß eine Verletzungserregung entsteht, die alles mitnimmt?« Der Mann ist Lektor bei Suhrkamp, für deutsche Literatur, jawohl, auch Erfinder der »Verständigungstexte«, womit wohl alles gesagt wäre. Nachzutragen bleibt, daß mit diesem Theaterstück auch das Wort → Schwanzwut über uns gekommen ist, dessen Bedeutung aber auch den Erfindern so manches Mal nicht ganz klar ist. Warum auch.

Verniemandung Der bekannte Schriftsteller und Hölderlin-Herausgeber D. E. Sattler beklagt in der *Frankfurter Rundschau* die »Verniemandung« bzw. »Entnamung« der Bundesdeutschen durch die Anzeigenkampagne des Egon Hölder, Leiter des Statistischen Bundesamtes, in der es heißt: »Ihr Name hilft uns beim Zählen und wird später vernichtet.« Zugegeben: nicht besonders glücklich formuliert, Herr Hölder, aber nicht jeder ist halt ein Hölder*lin* oder dessen

Neueditor. Herrn Sattlers Name wird schon durch Sätze wie: »Das war ein Angriff auf die produktive Fantasie, die im nichtnormativ Prägenden der Namen liegt«, nicht nur nicht »vernichtet«, sondern geradezu verewigt, nämlich als reichlich bescheuert gebrandmarkt. Von uns nämlich. Hier.

Vernunftpreis Ein volkswirtschaftlicher Sonderfall. Das Bier wird teurer, der Benzinpreis schwankt, nur die Vernunft soll überall billig zu haben sein in beliebiger Gemeinschaft mit Heizkörperverkleidungen, Klappsofas und Automobilen. Wer seine sieben Zwetschgen noch beisammen hat, nimmt von solchen Angeboten Abstand. Vernunft gibt's nur geschenkt, das weiß doch jeder Blödmann.

Versagensängste »Ich leide an Versagensangst, / besonders, wenn ich dichte. / Die Angst, die machte mir bereits / manch schönen Reim zuschanden« (Robert Gernhardt).

Verschlanken Ein vor Jahren vom Luchterhand Verlag eingeführter Begriff, den Abbau des Programms umschreibend. Viele deutsche Verlage bedienen sich seither des Begriffs, wenn es gilt, kritische oder weniger verkaufsträchtige Bücher entweder zu verramschen oder gar nicht erst zu produzieren. Luchterhand muß seitdem jedes, aber auch wirklich jedes Buch von Gabriele Wohmann drucken.

Versehrtheit, nationale In die vorderste Front aller Dumm- und Dumpfkritiker schrieb sich ein Helmut Herles in der *FAZ*, als er mitteilte: »Auch ihre Lage (die der Westdeutschen) ist trotz der nationalen Versehrtheit, der Arbeitslosigkeit und der Sorge um die Grundelemente des menschlichen Lebens wie Erde, Wasser und Luft weniger katastrophal, als eine verbreitete Weltuntergangsstimmung es fühlt.« Lassen wir einmal beiseite, wie eine Weltuntergangsstimmung (dazu noch eine verbreitete) fühlen möchte, so fühlen wir doch sehr stark, daß in der Redaktion der *FAZ* der Versehrtenausweis im Begriff ist, den Presseausweis zu ersetzen. Was ja nur folgerichtig ist.

Versöhnungsarbeit Na also, endlich! Endlich gibt es nach → Trauerarbeit, → Verdrängungsarbeit, »Stolzarbeit«, → Beziehungsarbeit, → Partnerarbeit, → Phantasiearbeit, → Schamarbeit und → Bibelarbeit wieder mal was Handfestes, eine Steigerung der »Beinarbeit« (Steffi Graf) – nämlich, laut *Psychologie heute*, eine → Körperarbeit; allerdings leider in Form schon wieder einer »Umerziehung des Körpers«, und drum wollen wir auch gar nichts Genaueres und Weiteres mehr wissen, was weswegen und warum es mit dieser Körperarbeit auf sich hat.
Zumal man jetzt etwa gleichzeitig aus ungefähr der gleichnamigen Ecke vernimmt, daß es neben der M. Mitscherlichschen → Erinnerungsarbeit in den gleichen → Schamkultur-Zirkeln auch schon wieder und im Gefolge der Lothar Späthschen »Versöhnungsgesellschaft« eine »Versöhnungsarbeit« gibt. Nämlich, jawohl, kurz vor Alphabetschluß hat uns auch die noch ereilt, nämlich in der ARD-Sendung *Leid und Leistung der Vertriebenen*: »Die Heimatvertriebenen haben eine wichtige Aufgabe in der Versöhnungsarbeit zwischen Deutschen und Ostvölkern.« Nein, nicht »Verhöhnungsarbeit«! »Versöhnungsarbeit«!
Wobei ein von Suhrkamp ausgeliehener preiswerter Titel-Computer einfach sturheil weitermachen könnte: Von der bereits von Karl Kraus am 18. 1. 17 gewürdigten »Verständigungsarbeit« (der Presse) über die Verstreutheitsarbeit und die Verstrohdummungsarbeit zur endgültig alle Marx-Adornoschen Widersprüche und Antinomien aussöhnenden und zudeckenden Verschwurbelungs- respektive Verzweckfreiungsarbeit – nein, man braucht kein Lord Chandos zu sein, um ganz körperlich die → Verzweiflungsspirale inmitten der Versöhnungsarbeit zu spüren, wie diese Welt nämlich sprachlich immer vollständiger und verruchter und brunzdümmer zwischen den Fingern zerrinnt und zerstäubt.

Verständigung Sie ist, wie Karlheinz Bohrer im *Merkur* dartat, neben der → Kommunikation und vor allem in Form von Podiumsdiskussionen der zeitlos-zeittypische Unfug, ja Wahn schlechthin. Die »Entsubstantiierung des Gedankens durch das ›Gespräch‹«, die analoge »Kriminalisierung der Konfliktbereitschaft« durch die »softe Milieuintelligenz«, laufe dabei, so Bohrer, auf die »Sehnsucht nach der universellen Idylle« hin.
Lange Zeit in England lebend, konnte Bohrer dabei nicht einmal halb überschauen, was sich unter dem Kainszeichen von Verständigung, Gespräch und sich → Einbringerei in der Bundesrepublik alles Ruchloses tat. Die Klimax fand vor drei Jahren statt. Zur Zeit der Hochkonjunktur der allgemeinen Verständigungsbereitschaft erkannte der Suhrkamp-Verlag, daß der von den → Sensiblen und → Betroffenen draußen im Lande angelieferte Manuskript-Schubladenkrempel beim besten Willen nicht mehr als Roman, Lyrik und Autobiografie zu verhökern war. Konsequent verkaufte er also den Schmäh unter dem Signum »Verständigungstexte« und war damit aus dem niveaukritischen Schneider. Denn Beurteilungskriterium war nicht länger die Textqualität, sondern es frommte allein die Verständigungsrelevanz – und auf dem zugehörigen Verlagsprospekt hörte sich das so an:
»Verständigungstexte sind Texte unter Leuten, die sich und anderen Mut machen müssen, weil es gefährlich ist zu leben und so aussieht, als könne es noch gefährlicher werden. Wer ›Verständigungstexte‹ schreibt, fragt nicht danach, ob er die Literatur-Latte wirft, sondern ob in dem, was er schreibt, herauskommt, wie ernst und wie unernst ihm zumute ist. Er möchte nämlich verstanden werden. Das wäre für ihn sozusagen das Höchste: ›Seit ein Gespräch wir sind / Und hören können voneinander‹ (Hölderlin).«
Freilich, Hölderlin mußte es sein. Kein Wunder, daß sich der von seinem 32. Lebensjahr an überhaupt nicht mehr verständigen wollte.

Versuch Der Versuch greift das in den 50er Jahren besonders beliebte und krisenfeste und von Adorno (im *Jargon der Eigentlichkeit*) gewürdigte »Experiment« ab Mitte der 60er Jahre erneut auf und die Geldbörsen feingeistiger Leser ab. Der Versuch bedeutet, ähnlich wie die → Annäherung, in der neueren deutschen Literatur so etwas wie einen sich selbst exkulpierenden und darum nur um so großartigeren Feinsinn dessen, der den Versuch expressis verbis macht, fast immer in Zeitungs-, Funk- und Buchform.
Wie zur »Annäherung« hat Jörg Metes (in *Titanic*) zum Versuch zahlreiche schöne Beispiele gesammelt und gesichtet. Der »Versuch« dankt sich danach häufig den Suhrkampautoren und -lektoren gleichermaßen: *Der Spätkapitalismus, Versuch einer marxistischen Erklärung; Frauen. Versuche zur Emanzipation; Rhetorik des Schweigens. Versuch über den Schatten literarischer Rede; Atempause. Versuch, meine Gedanken über Literatur und Kunst zu ordnen* (Peter Schneider).
Hatten ältere Quellen wie Thomas Manns *Versuch über Schiller*, Adornos *Versuch über Wagner* und Hans Mayers *Versuch über die Oper* dabei noch die Kategorie des Essays = Versuchs im Sinn, so wurde die Titulatur »Versuch« später immer wahlloser: *Deutschland – Versuch einer Heimkehr* (Piwitt), *Zwölf Versuche* (Golo Mann) – und zumindest einmal wurde es selbst den Suhrkamp-Titelmachern zu fad und sie ließen sich zu der Dämlichkeit *Versuchungen. Aufsätze zur Philosophie Paul Feyerabends* hinreißen.
Aber erst die »Romanze zwischen Versuch und Annäherung« (Metes) ist es dann, die das Nobel-Jargongewäsch ins Schmerzensreiche hochwuchtet: *Annäherungsversuch* (Dieter Hildebrandts Überschrift eines Vorworts zu einem Suhrkamp-Buch); *Vergil exhumieren? Näherungsversuche an einen Verschütteten* (Richard Teuber); *Drei Versuche Wolfgang Hilbigs Prosa näherzukommen* (Armin Ayren).
Usw. Den Gipfelpunkt an Hochzeit zwischen Versuch und Annäherung aber feierte, Metes zu folgen, bis dato das

Gespann Ingeborg Drewitz / Peter Härtling. In den *Nürnberger Nachrichten* schreibt nämlich die erstere über das Buch *Die dreifache Maria* des letzteren unter der Überschrift »Annäherung an Mörike« das Folgende:
»Sich Eduard Mörike anzunähern sei schon schwer, er lasse sich so wenig greifen, hat Peter Härtling während der Arbeit an der Geschichte gesagt, diesen Versuch der Annäherung an ein stilles Genie damit andeutend ... Härtling hat gut daran getan, die Wegspur dieser Biografie nicht nachzuziehen, sondern Augenblicke der Annäherung zu suchen und deshalb die große, die unerfüllte, für Mörike aber bewegende Liebe nachzuzeichnen, anzudeuten, nachzuerfinden ... wie ein Freund hat er sich über die Entfernung hin Mörike genähert ... Anders als Günter de Bruyns Annäherung an Jean Paul, Christoph Meckels Versuch, den fast verschollenen russischen Dichter Baratynskij als einen Freund zu deuten, sucht Härtling in seiner Annäh...«
»Nein, halt, nicht weiterlesen«, schreit Metes, »sparen wir unsere Kräfte. Das ist ja erst der Anfang.«

Vertarnen Möchte sich der Dichter John Upton vor dem ihn besuchenden Feuilletonmenschen Fritz J. Raddatz, der dieses ulkige Wort erfunden hat. Korrekt ins Deutsche übertragen bedeutet es: schreiend davonlaufen.

Verteidigungsbereitschaft Denn auch nach Beendigung des Kalten Krieges gilt: »Die Präsenz ist gefordert!« (Gerhard Polt / Hanns Christian Müller, *Die Ordnungskraft*). Vgl. → Erstschlagsfähigkeit.

Verteidigungsfall Hieß früher pfeilgerade Krieg und war auch einer.
Da es aber heute ausschließlich Verteidigungsminister gibt, ein Angriff sich also von allein ausschließt, wird überall verteidigt, daß es schon fast wieder an Krieg erinnert.

Verwendungsstau Es staut sich allerhand in der Überflußgesellschaft: Milch, Butter, Rindfleisch und jetzt auch noch Bundeswehr-Offiziere. Wohin damit? Stapeln? Einfrieren? In die Dritte Welt versenden? Freudige Überraschung malt sich in den Gesichtern der Auspackenden.
»Wohin mit den viel zu vielen 40–45jährigen Führungskräften?« mußte sich die deutsche Bundeswehr fragen und neue deshalb nolens volens verfrüht auf einen so hochbezahlten wie hochwillkommenen freien Fuß setzen. Erst dieses Jahr ist wieder mit einer Offiziersverwendungsstauauflösung zu rechnen, im Sinne eines neuen → Produktionsschubs und des gleichfalls gern gehörten »Kreativitätsschubs« – und dann ist es mit der frührentnerlich verwendungsstaubedingten Entschlackung, sprich: ein actionloser → Freizeit-Tag nach dem anderen, vorbei.

Verwöhnaroma Verfänglich, verfänglich. Für alle Seiten: Die vom Tchibo-Experten heimgesuchten Damen und Frauen unterlagen ihm schon in den 60er Jahren; wie jener oft dem ihren auf der → zärtlich → sonnensaftig → glattweg softigen Haut.

Verwundbar »Er bleibt weiterhin verwundbar«, verspricht die LP ausgerechnet des Kraft- und Gesundheitsbolzens Konstantin Wecker – ist das nicht wunderbar? Aber das ist wahrscheinlich eben dieses → sensibel → Verletzliche an unseren waidwund siegfriedhaften Groß- »Dumpfmeistern« (Jörg Schröder).

Verwundbarkeit Gäbe es einen »Dummdeutsch-Preis«, es bekäme ihn wohl der Dichter Hans Christoph Buch, dessen hoffnungsvoller Anfang gut 30 Jahre zurückliegt. Ist schon sein »Amerikanisches Journal« mit dem Titel *Der Herbst des großen Kommunikators* in toto ein Monument des Schwurbeligen, so legte er 1987 mit gebündelten »Essays und Interventionen« unter dem Titel *Das Fenster der Verwundbarkeit* allerlei Geschriebenes vor, das »ebenso der literarischen Selbstverständigung« des Autors »wie der politischen Standortbestimmung« dienen soll. Also vorn ein Kafka-Motto und dann gesammelten Zeitschriften-Dünnpfiff aus 30 Jahren. Vgl. → Erregungsmenge, → Suhrkamp- Kultur.

Verwurstungsapparate Zeiht der Verleger Vito von Eichborn die Unternehmen seiner Verlegerkollegen und hängt sich selbst an jeden Dreck dran, mit Büchern wie *Der Schwarzwaldpuff* oder *Günter Ratte, Der Grass*. Früher, ach früher, hieß es immer: »Adel verpflichtet.«

Verzweiflungsspirale »Wider die Verzweiflungsspirale« schreibt abermals L. Späth in seinem Buch *Wende in die Zukunft* (was ein walterbenjaminisches Paradox) an – und genau solche am Schreibtisch wider die eigenen Verzweiflungsstaus zusammengeheuchelten Großkaliber an erstmals landesväterlicher → Betroffenheit können schon wieder rasend schwabendummdeutsch sein.

Video-Testament Damit die Erben was zum Lachen haben. Für DM 500,– + Notariatsgebühr. Vgl. → Sarg-Discount.

Vielfalt »Brot ist gebackene Vielfalt« verspricht die Firma CMA. Wir aber sagen Euch: Brot wird aus Getreide gebacken, dochdoch.

Vital Äh, bäh. Mögen wir, jetzt wo's aufs Ende zugeht, schon gleich gar nicht sein.

Vitalisieren Vitalisiert wird gegenwärtig nicht nur das Theater, das also sog. Regie-Theater durch die Techniken der Aktualisierung und Animation (vgl. → Animateur) seine Leute ernährt – nein, jetzt hat es auch »vitalisierte Denkmäler«, und ihr Vitaliseur war der auch sonst für jeden afterlinken Unfug zuständige ehemalige hessische Kultusminister

Krollmann, dessen vitalistische Animateurgesinnung auch sehr schön und penetrant am unverbrüchlichen Rollkragenpullover abzulesen ist.

Vitalitätsanregend Sind nach Meinung des Fachblattes *atomwirtschaft* die »Wirkungen kleiner Strahlendosen«, also nicht nur nicht gefährlich, sondern sogar höchst erwünscht, ja lebensnotwendig. Aber die »Bäckerblume« hat auch nichts gegen Brötchen und Kreppel, und bei »Auto, Motor & Sport« hat noch niemand die Abschaffung des Autos gefordert. Womit zwar nichts bewiesen, aber alles wieder im Lot ist.

Vitamin-Shop Ganz nahe beim »Back-Paradies« in der Frankfurter Zeil.

Voll Voll Rohr. Volle Pulle. Voll die Härte. Voll der geile Klopfer. Toll.

Volle schlapp Voll daneben liegen dagegen Jugendliche, die das an sich nicht unhübsche Schlaffibekenntnis »Ich bin so volle schlapp« öfter als 200mal pro Tag in die Welt stöhnen.

Voll-Leser Neuprägung der *FAZ*; halbironisch gemeint; aber trotzdem → voll doof.

Vollprofi Rummenigge, Becker, Wim Thoelke, Weizsäkker, Köhnlechner, → Kohl. Na, der letztere vielleicht doch weniger.

Vollreif Oberfaul.

Vollwert Sogar der *FAZ* fiel mal was auf, nämlich im Zuge einer Feuilletonglosse das Vollwort »Vollwert«, heute vor allem läufig als Mixtum compositum »Vollwert-Wohnung«,

welche da von einigen »prominenten Stadtforschern propagiert« werde und in welcher »sich der Mensch in vollem Einklang mit seiner stammesgeschichtlichen Natur« bewege – und dies »zum Tarif des sozialen Wohnungsbaus«. Wie sieht das im einzelnen aus? »Statt nebeneinander sind die Einfamilienhäuschen mit Garten nunmehr in die Höhe geschichtet. Zu Hunderten oder auch zu Tausenden lassen sich die gleichartigen Behausungen übereinanderstapeln. Der himmelstürmende Eroberungsdrang findet seine natürliche Grenze erst an der Baumgrenze.«
Kommentar der *FAZ*: »Wer sich ständig von der Vollmilch menschlicher Vollendung ernährt, wird in der Vollwert-Wohnung gewiß (wieder einmal) einen Volltreffer erkennen, andere indes mag nunmehr vollständig das Völlegefühl überkommen.«

Vorermittlungen Sind das die Ermittlungen, die nötig sind, um zu ermitteln, ob nun ermittelt wird? Oder sind es eher die Vorermittlungen zur Mitteilung, ob ermittelt wird, wer eigentlich der Ermittelnde bzw. zu Ermittelnde ist? Uns leuchtet eher ein, daß Vorermittlungen nichts anderes als ein oft benutztes Mittel zur Verschleierung bzw. Verzögerung längst anstehender Ermittlungen sind. Ja?

Vorfeld Im Vorfeld des Parteitags z. B. wird oft wunder gemeint, was jetzt wieder Tolles kommt. → Vor Ort sieht's dann mit dem »Erlebnisprofil« (wo haben wir nur *das* Wort neulich wieder gehört?) ziemlich alt aus.

Vor Ort Insbesondere Sachverhalte werden heute »vor Ort« geprüft; wenn nicht Sachzwänge. Gegenüber dem früheren Prüfen »am Ort« erhöht sich dadurch die Effektivität; wenn nicht schon die → Effizienz.

Vorprogrammiert Hunderte Male war z. B. während der Olympischen Spiele 1984 in Zeitungen zu lesen, die Siege von Carl Lewis usw. seien »vorprogrammiert« gewesen. Ein doppelter Unsinn. Wenn schon, dann reichte »programmiert« – und gemeint ist zweitens lediglich, daß Lewis wie erwartet gewonnen habe. Ach ja, wäre ja wirklich verwunderlich, wenn das großkotzige Computer- und Chips-Zeitalter ausgerechnet unserem deutschen Sportjournalismus was Gescheites einflüsterte.

Vorruhestand Betrifft vor allem das Vorruhestandsgeld und die allgemeine Vorruhestandsregelung. Denn analog zu den → Senioren gibt es eben auch die Vor-Senioren wie du und ich, die a) ihr Geld und b) möglichst alles geregelt haben möchten, wenn ihr Ruhestand und ihr Leben sonst schon keinen Sinn mehr haben; trotz aller Trimm-Pfade und sonstiger hervorragender → Vitalisierungen.

Vorteilsclub »Ikea Family« ist der »Vorteilsclub für unsere Kunden«, will uns via Prospekt ein Herr Klaus Jonas (Möbelhauschef und dackeläugiger Familienvater) weismachen. Ist ganz einfach: Sie zahlen DM 10,– an Ikea und dürfen dafür mehr oder weniger sinnvollen Kleinramsch für ihr Fichtenmöbelheim (Feuerlöscher, »Brandalarm«, »Wasserwarner«) kaufen, weil angeblich »Sicherheitsartikel für zu Hause viel zu teuer und schwer zu bekommen sind«.
Könnte es nicht sein, daß der vielbestaunte Großbrand bei Ikea in Wallau zügig in neue und besonders teuflische Marketingideen umgesetzt wurde? Und Ikea das Geständnis des Brandstifters, »In mir ist der Frust gesessen und ich habe mir in der Tat etwas → action erhofft«, nun besonders rüde beim Wort nimmt? Nein? Dann zählen Sie bestimmt in Kürze zu den wahrscheinlich 100 000 Dorftrotteln, die »Mitglied der Ikea Family« werden. Was wir nicht verschweigen wollen: Ihre DM 10,– bekommen Sie natürlich angerechnet, wenn Sie für mehr als DM 100,– beim Elch einkaufen – klingt doch toll, was? Ikea dankt herzlich für Ihren Beitrag zur Liquidität des Hauses.

W

Wählerwanderung Ja, da lacht das Herz des Stalingrad-Spätheimkehrers – erinnern ihn doch die Kästchen und Pfeile haargenau an die strategischen Sandkastenspiele von einst. Wenn uns heute wahlabendlich Herr Siefahrt mit seinen Kringelpfeilen »Ströme« und gar »Wanderungen« serviert, bleibt die Frage, wo eigentlich das Wahlgeheimnis ist, bzw. woher die Herren gegen 19 Uhr am Wahlabend all das wissen. Mal abgesehen davon, daß es niemanden interessiert, warum 500 000 Nichtwähler (vom letztenmal) nun ausgerechnet CDU wählen mußten, wogegen diesmal 48 000 CDU-Wähler nicht gewählt haben. Und gänzlich unglaubwürdig ist doch wohl, daß 10 000 Grüne nun FDP gewählt haben sollen, es sei denn, es laufen noch immer so viele Spätheimkehrer (s. o.) mit Spätfolgen herum.

Wäschig Wäschig-leicht sind die »modischen Dessous« der Marke »felina«, mit denen der Kaufhof die Damen einschnüren will. Daneben heißt es: »Freu Dich auf Kaufhof«, was wir für eine mißratene »Werbeansprache« halten.

Waffenmix Ein Mix aus Pershing und Cruise Missiles. Nicht zu verwechseln im Zuge der → Mixed Media mit dem Cola-Mix. Denn dieses heißt Spezi oder Schwippschwapp. Obwohl »Waffenspezi« oder »Waffenschwippschwapp« auch nicht übel klänge. Der Wein-Wasser-Mix aber, den der Pfarrer am Altar veranstaltet, heißt Schorle oder Eucharistie.

Wahnsinn Jugenddummdeutsch. Meint: Klasse, Spitze, → echt gut. Vor allem Playmates und verwandte Schrumpfköpfe haben heutzutage oft ein »wahnsinnig gutes Feeling drauf« bzw. sind überhaupt »wahnsinnig → gut drauf und am → Abfahren«.

Im übrigen und wiederum mehr bei den Erwachsenen geht es beim Wahnsinn um das andauernd wahnsinnig → geile Gefühl durch die andauernd zu lesenden »Wahnsinnspreise«, die aber möglicherweise nicht bedeuten, daß etwas wahnsinnig teuer ist, sondern in einer gewissen zerebralen Aberration eventuell eher im Gegenteil. Und es geht in einer affinen Deviation um z. B. den »bayerischen Ferien-Hit« z. B. in Geiselwind, Sommer 1992: »Freizeit-Land, direkt an der Autobahn A 3 – Atemberaubende Super-Neuheiten ›Enterprise‹, ›Shuttle‹, ›Elastic Jumping‹ und jede Menge weitere Attraktionen bieten ›Freizeit total‹ – Super ist das Inklusivpreis-System – Ein Wahnsinns-Vergnügen! Jeden Tag geöffnet.«
Und so weiter im unverkennbar jetzt gesamtgesellschaftlichen Freizeit-Alzheimer, der ja auch aus dieser Geiselwinder Gegend stammte. Während Richard Wagner zur Vorsicht sich etwas nördlicher ansiedelte: »O Weltenwahns Umnachten!«

Wahrheit »Die ganze Wahrheit über …«: Knef, → Kohl, Caroline, Rock Hudson, Aids, Lummer etc. In allen deutschen Frauenzeitschriften. Jede Woche neu.
Kaufen, Leute!

Wahrnehmungssensibilität Wolfram Schütte (*Frankfurter Rundschau*) dixit: »Wie Literatur einmal durch gesellschaftskritische, aufklärerische Wahrnehmungssensibilität zur geistigen Wende von der Adenauer-Zeit zur sozial-liberalen Ära beigetragen hatte, so hat sie das heutige Rollback – durch Innerlich- und Wehleidigkeit, Gesellschaftsapathie und Mystizismus – auf ihre Weise vollzogen.«
Hat ja nicht unrecht, der Großfilmfestivalkritiker, aber stünde der bedenkenswerten Aussage nicht auch ein normales Sprachkleid?

Wandfluter Techno-Dummdeutsch feinster Art, geschaffen von der Firma Erco, die so ihre Leuchtstofflampen nennt, die »aus dem Museum« kommen – der Werbeleiter des Unternehmens offenbar aus der Klapsmühle.

Warmfutter Bouillon mit Ei? Rindswurst mit Pommes frites? Geröstete Mandeln? Kälter, immer kälter! Citystiefel haben Warmfutter. Aus eitel Leopardenfell. Mit Crash-Optik. Im Business-Style. Mit flotter Krempe und Acryl-Sporen. Heiß!

Waschvollautomat Keineswegs fördert der Waschvollautomat den Waschvorgang. Sondern umgekehrt den Vorwasch- und sodann den Hauptwaschgang. So ist das und nicht anders. Und uns alle wahrlich mit Wortunflat einseifend.

Wasser, stilles Ist offenbar das Gegenteil des ständig rumbrüllenden Biers, des donnerfurzenden Schnapses oder auch eines flüsternden Schaumweins. Wir begrüßen, daß in dieser Zeit, in der jeder der Lauteste sein möchte, wenigstens das Wasser das Maul hält.

Wechselsprechanlage Dazu Hans Kantereit in seinem *Lexikon des modernen Fortschritts*: »Erfunden, damit die Leute auf der Straße einem etwas in die Wohnung brüllen können. Das ist oft schwer auszuhalten. Gern hupen religiöse Eiferer, die einen durch die Leitung segnen. Das ist schon wieder praktisch.«

Weg mit! Wie »raus aus«, »Schluß mit«, »runter« und »rauf mit«, »für« und »gegen« wasserdichtes Kundgebungsdeutsch – in seiner Knappheit Sprechchor und Transparent; zweifelsfrei in der Richtung, kernig in der Aussage, entschlossen im Ton und doch einen bedauerlichen Mangel an Phantasie besprechend, wie er seine dürre Blüte auf dem Schild rüstiger DKP-Rentner malt: »Weg mit dem Bonner Atomprogramm!« Und her mit den Scherzkeksen!

Weg von Im feinen Unterschied zu → weg mit; eher der Kontrapunkt von »auf zu«. Beides passiert meist → ein Stück (weit).

Weichen stellen Ist bei Politikern, Planern und sonstigen Volksaufklärern schon gar zu beliebt. Möcht sein, daß bald ein falsch gestelltes Signal auf ihren Kopf herunterfällt und sie so in die Schranken der → Verzweiflungsspirale verweist.

Weinseminare Veranstaltet u. a. die Interessengruppe »Romantische Moselreisen« (vgl. → Romantikhotel) – und zwar zuweilen sogar: »Schwimmende Weinseminare«. O Gott im Himmel, fahr darein!

Weistum Wen alle plane Weisheit herzlich kaltläßt, der lasse sich von diesem berückend rückwärtsgewandt utopistischen und allerjüngsten Arche-Neologismus des sehr, sehr späten Botho Strauß (ca. 49) ködern; der greife zu, eh der Welt Weise dann eh gar nichts mehr melden.
Aber eigentlich könnte er ja auch derart dem wirklich schönen altösterreichischen »Anwert« wieder zu diesem verhelfen, der hochreife Botho, unsere manchmal schon fast exorbitante und seit langen Jahren wunnigklichste Nachtigall.

Welt, phantasmagorische Die Literaturgeschichten bilden die wundersamste Fundgrube des Dummdeutschen. Da liest man in einem *Autorenlexikon der deutschen Gegenwartsliteratur* über Ingomar von Kieseritzky: »… in einer genauen Notierung wird eine irreale und phantasmagorische Welt vorgestellt; zunehmend Ausbildung eines absoluten Dialogs zwischen kaum vorstellbaren Personen; Aneinanderreihung von Details der Entomologie, der Literatur, der Botanik. Arabeske Form, die sich ins Zufällige auflöst.« Das hat selbst Kieseritzky nicht verdient!
Noch bunter kommt *Kindlers Literaturgeschichte der Gegenwart* in ihrem 6. Band daher. Über die Lyrikerin Paula Ludwig

raunen die Autoren: »Das weit ausschwärmende Fühlen dieser Dichterin bewegt sich mit verwegenem Spürsinn Rändern zu, von denen aus der Schritt ins Leere ganz unschwierig und von entsetzensvoller Schönheit sein könnte.« Ausschwärmend! Verwegener Spürsinn! Unschwierig! Könnte! Nix verstanden und dann noch drüber schreiben, so was haben wir gern.

Weltbest »Mahlers *Erste* gehört zu den weltbesten sinfonischen Werken«, schreibt die *Lesestunde*, das Quartals-Programmheft der Bertelsmannschen Deutschen Buch-Gemeinschaft (»mit dem großen Freizeit-Programm«) – und, Gott sei Dank, hat wenigstens *das* der alte Adorno nicht mehr erleben müssen, es hätte ihn wahrscheinlich stracks hingemeuchelt. Sie wissen anscheinend wirklich nicht mehr, was sie da tun und alles so zusammenlügen. Wir aber müssen alles lesen. Und sofort aufschreiben, Gott am Jüngsten Tag das Material für die große Abrechnung zu liefern. Vgl. → wichtigst.

Weltethos Nach der Weltpolitik, nach der Weltzeit, nach der auf Goethe zurückdatierenden Weltliteratur, nach der von den hessischen Grünen gegen Saddam Hussein und Bush postulierten »Welturabstimmung« pfiff mit dem → Projekt des »Weltethos« der Quacksager Hans Küng (Tübingen) pünktlich und eindeutig schon delirierend die 90er Jahre an. Sie werden offenbar noch immer turbodümmer.

Weltspartag Von der Sahelzone bis nach Bangladesh, an diesem Tag wird eisern auf die hohe Kante gelegt. Für später.

Weltwirtschaftsgipfel Wenn die sieben größten Pfeffersäcke zusammensitzen und den Rest der Welt neu verteilen. Vgl. → Zwischengipfel.

Wendehammer Nicht mehr als ein Stück Sackgasse in T-Form und nicht weniger als die Person des vielerwähnten Bundeskanzlers Helmut → Kohl.

Werden, keimhaftes Herrn Wiesendanger und der *Zeit* verdanken wir die Überlieferung eines Katalogtextes aus der Düsseldorfer Kunsthalle, in dem wir über die Farbe Schwarz belehrt werden: »Im Schwarz stirbt Endlichkeit zur Dauer, materialisiert sich Auflösung als keimhaftes Werden.« Hätten Sie's gewußt?

Wertegemeinschaft Daß die NATO nun auch noch eine solche sei, hat vor einiger Zeit nun auch Heiner Geißler feststellen müssen. Nein, ein Goebbels ist er sicher nicht; sondern einfach ein Automat. Und die NATO, versteht sich, nichts anderes als ein besserer Bibel- und Christus-Kreis in trauter → Individualgemeinschaft.

Wertkaufzeit »Sommerzeit ... Spielzeit. Freizeit. Hobbyzeit. Gartenzeit. Grillzeit. Badezeit. Reisezeit. Urlaubszeit. Wanderzeit. Campingzeit. Schönste Zeit. Wertkaufzeit.« Anzeige in der *Badischen Zeitung*. Womit die Zeit-Spekulationen des im angrenzenden Schwarzwald laborierenden Martin Heidegger endgültig überholt sein dürften. Jetzt ist alles mit Hans Sachs und Richard Wagner eins: »Wahn, Wahn, überall Wahn!«

Wertorientiert Aus der uns schon von den → Lernanforderungen her bekannten Abiturrede zum »Prozeß der Persönlichkeitsbildung« sei noch die folgende Definition verabschiedet: »Persönlichkeit ist der, wer kraft seines Willens sich selbst und die umgebende Realität wertorientiert zu gestalten versteht.«
Brav. Sehr brav. Setzen.
Ein rechter deutscher und zeitloser Gymnasialleiter aber ist der, wer kraft seines höheren Mitteilungs- und Weihebe-

dürfnisses sich und ihm selber sowohl als wie der oder die Schüler und die Lehrerkollegen derart nervt und auf den Wecker geht und → volle schlapp macht, daß selbst die deutsch-europäische → Wertegemeinschaft solchene Satzlemuren in all ihrem Griesgram nicht mehr retten tun kann.

Wertsack Das Wort hat die Bundespost: »In Dienstanfängerkreisen kommen immer wieder Verwechslungen der Begriffe Wertsack, Wertbeutel, Versackbeutel und Wertpaketsack vor. Um diesem Übel abzuhelfen, ist das folgende Merkblatt dem Paragraph 49 der ADA vorzuheften: Der Wertsack ist ein Beutel, der aufgrund seiner besonderen Verwendung im Postbeförderungsdienst nicht Wertbeutel, sondern Wertsack genannt wird, weil sein Inhalt aus mehreren Wertbeuteln besteht, die in den Wertsack nicht verbeutelt, sondern versackt werden. Das ändert aber nichts an der Tatsache, daß die zur Bezeichnung des Wertsackes verwendete Wertbeutelfahne auch bei einem Wertsack Wertbeutelfahne bezeichnet wird und nicht Wertsackfahne, Wertsackbeutelfahne oder Wertbeutelsackfahne. Sollte es sich bei der Inhaltsfeststellung eines Wertsackes herausstellen, daß ein in einem Wertsack versackter Versackbeutel statt im Wertsack in einem der im Wertsack versackten Wertbeutel versackt werden muß, so ist die in Frage kommende Versackstelle unverzüglich zu benachrichtigen. Nach seiner Entleerung wird der Wertsack wieder zu einem Beutel, und er ist auch bei der Beutelzählung nicht als Sack, sondern als Beutel zu zählen … Verwechslungen sind insofern im übrigen ausgeschlossen, als jeder Postangehörige weiß, daß ein mit Wertsack bezeichneter Beutel kein Wertsack, sondern ein Wertpaketsack ist.«
So stand es wörtlich in der *Frankfurter Rundschau*. Und zwar: *nicht* am Rosenmontag.

Wertsteigerungspause Damals, als die dümmsten der dummen Zahnärzte, Ärzte und Architekten auf einem Haufen vergammelter und unbezahlbarer Eigentumswohnungen saßen, und ihnen folglich die Lust am Kauf weiterer Immobilien vergangen war, lebten wir – nach Auskunft einiger Bauträger – in einer »Wertsteigerungspause« auf dem Immobilienmarkt.

Wichtig Bücher, Theaterstücke, Inszenierungen usw. sind heute, wenn schon sonst nichts, allzeit »wichtig«. Vor allem im Jargon der Verlagseigenreklame auf Buchdeckeln und im Rahmen sonstiger Verlautbarungen der → Medienlandschaft: »Der Pianist Christian Zacharias erweist sich erneut als einer der wichtigsten, richtigsten und sensibelsten Schubert-Spieler unserer Zeit« (*Rheinischer Merkur*).
Allerdings sollte man immer mal wieder zwischenfragen: für wen? Hier der Tramper mit seinem Schild: »Du, ich find's unheimlich wichtig, daß du mich mitnimmst.« Sofort überredet, bitte einsteigen.

Wichtigst Die lästige Schwerdumm-Vokabel → wichtig erfuhr Mitte der 80er Jahre so viel Zulauf, daß eine wahrlich raketenhafte Steigerung notwendig wurde – durch Unselds Siegfried ihmselber: »Suhrkamp-Chef Unseld betont, daß in seinem Haus ohnehin nur ›wichtige, eher wichtigste Bücher vorgestellt werden‹« (dpa-*Literaturdienst*).
Hahahahahahahahahahahahahaaah!

Wiederaufbereitungsgegner Hängt mit der Wiederaufbereitungsanlage zusammen und ist von den deutschen Presseorganen sprachlich durchgesetzt. Zum Beispiel von der *FAZ*, auch wenn diese die Motive der Wiederaufbereitungsgegner nicht billigen kann. Freilich, kritisch wird's, wenn ein Wiederaufbereitungsgegner zwar nicht prinzipiell gegen die Wiederaufbereitung ist, wohl aber gegen die derzeitigen Anlagen. Denn dann müßt's korrekt wohl Wiederaufbereitungsanlagengegner heißen.

Wildlife Boat Safari Diese annonciert in einer vollends wahnsinnig gewordenen Großanzeige die Zigarettenmarke Peter Stuyvesant: »Wildlife Boat Safari, Elephants und Buffalos am Fluß. Super Lodges und Sonnenuntergänge. Karibasee, Victoria-Falls. 5 Tage zum Großwild-Foto-Shooting nach Zimbabwe, Afrika. Auf ins → Action-Weekend der Peter Stuyvesant.«
Schade nicht so sehr, daß es wennschon – dennschon »Buffaloes« heißen müßte. Schader vielmehr, daß die Leserzielgruppen offenbar das Wörtchen »and« = »und« noch nicht draufhaben – und am schadesten, daß es nicht »up up ins Action-Weekend« heißt; das erst nämlich gäbe dem Wildlife-Ganzen den angestrebten metafuselig transzendentalen Zug, sorry: Trend ... äh: Design ... Styling. Oder what.
Daß die Stuyvesant-Hedonismus-Kampagne auf fruchtbaren Boden fiel, beweist aber eine Reiseanzeige in der *Brigitte*, wo ein 44jähriger »Ex-Austrian« eine »unabhängige Dame« sucht, die es versteht, »Nature, Books, Musik (!), Travels, Camping, Wildlife etc.« mit ihm zu »enjoy«.

Wohnmelodien Einer hessischen Möbelfirma ist es gelungen, das Wohnen auch noch mit Musike zu versorgen. Wir vermuten: Die Couch krümmt sich wie ein Wiener Walzer, im Bett geht's auch unbenutzt zu wie in Ravels *Bolero* und die Einbaudusche erinnert irgendwie an Händel. Na, an den vielleicht weniger. Aber vielleicht an Elvis. Oder jedenfalls Fred Bertelmann.

Wohnumfeld Wohnen allein genügt heute nicht mehr, da braucht es schon ein → Umfeld dazu, wo dann weitergewohnt wird oder was. Früher hieß das mal Umgebung, oder Stadtteil, oder gar Straße. Der Märchenonkel Volker Hauff von der SPD sprach es im *Spiegel* aus: »Kinder brauchen ihrem Alter entsprechend ein Wohnumfeld, in dem sie spielen und sich entwickeln können.« Was den Kindern recht, ist deutschen Hundebesitzern billig: wir brauchen ein Kackumfeld für Fido und Waldi; sodann ein Saufumfeld für alle Kiosksteher, bald auch ein Seniorenumfeld, in dem unsere Alten so richtig auf die Fresse fallen können.

Wohnumfeldverbesserung Betreibt z. B. die Gemeinnützige Wohnungsbau e. G. Oberhausen, indem sie nicht nur alte Wohnkomplexe totsaniert, sondern auch gleich noch Plätze, Höfe, Hintergärten usw. mitverschandelt, nämlich in »großzügig gestaltete Freiräume« umgestaltet, um so der »Verslumung« entgegenzuwirken. Das Ergebnis dieses höllischen »parkähnlichen« Wohnens kann man sich gut vorstellen – und auch dies: »Die Verbesserung des Wohnumfeldes erhöht die Identifikation.« Robert Gernhardt, der den Sachverhalt in *Letzte Ölung* 1984 aufgegriffen hat, übersetzt schlüssig in Klartext: »Erleichtert die Identifizierung.«

Wohnwertverbesserung Wenn der Ikea-Ramsch bereits gegen italienischen Designer-Schrott ausgetauscht worden ist, dann fehlt nur noch das Kabelfernsehen, sagte unser Postminister Schwarz-Schilling, der besonders in Büdingen und Berlin ständig zur Wohnwertverbesserung ganzer Stadtviertel durch die Batteriefabrik »Sonnenschein« beitragen ließ.

Wut und Trauer Die Doppelleerformel tauchte wohl zum ersten Mal im Zusammenhang der RAF-Vorgänge und des Tods von Rudi Dutschke auf. Inzwischen tut jeder Schriftsteller von Anspruch und → Betroffenheit und unverbrüchlicher Linksgesinnung gut daran, »Wut und Trauer« (in dieser Reihenfolge) zumindest einmal in seine Texte sickern zu lassen. Wobei eine Vorform und Variante, nämlich »Traurigkeit und Wut«, schon für mindestens 1962 nachweisbar ist – diese nämlich sprach Christian Geißler bei einer Anti-Atomtod-Rede in Frankfurt aus.
Wie weit es inzwischen mit der linken Wut und Trauer gekommen ist, illustriert der erstaunliche Fakt, daß ausgerechnet der Ex-Verteidigungsminister Apel im Zusammenhang mit der → Nachrüstung und den damit verbundenen Problemen beides (in besagter Reihenfolge) empfand und in einem *Spiegel*-Gespräch auch, ohne rot zu werden, zum Ausdruck brachte. Die durchaus demagogiefähige Ambiguität des Wut & Trauer- respektive Betroffenheitsgelabers beschreibt 1979 in seinem Roman *Die Fälschung* schon Nicolas Born: »... Dabei erinnerte er sich an den Vortrag eines Schriftstellers in Hamburg, auf dem Höhepunkt der Kampagne gegen den Krieg der Amerikaner in Vietnam. Die Stimme des Schriftstellers war in einigen Sätzen in ein Heulen übergegangen, und besondere Verbitterung kam zum Ausdruck, wenn die Wörter Betroffenheit, Wut und Empörung fielen. Wenn Laschen sich richtig erinnerte, hatte das Wort Betroffenheit bei ihm wirklich eine Betroffenheit ausgelöst, während die Beschreibung der amerikanischen Greueltaten ihn eher verblüfft hatte durch den vorsätzlichen und pathetischen Wortaufwand« (S. 210).
Dieter E. Zimmer in seinem Aufsatz »Die Expedition zu den wahren Gefühlen« (in: *Die Vernunft der Gefühle*, 1981) zitiert Jugendliche der Zürcher Protestbewegung: »Ich fühle Trauer, Wut und Ohnmacht in mir« – »Da packt dich eine Wut« – »Heute werfe ich einen Molli, weil ich eine Wut, eine Angst, eine Trauer in mir vorgefunden habe.« Zu befürchten frei-

lich ist auch hier, daß es sich bei derlei weniger um die Rückkehr zu elementaren Gefühlen handelt, sondern vielmehr um Gefühlsadelsausweise, etwa im Sinne des von Adorno/Horkheimer (*Dialektik der Aufklärung*) elaborierten »Ticket«-Denkens und -Verhaltens: der blindlingischen Buchung etwelcher insinuierter Werte. Sofern die Zitate überhaupt so gefallen sind (wofür einiges spricht), beleuchten sie mehr oder weniger nur ihre eigene komische Klischeehaftigkeit. Denn siehe: Wenige Jahre später ist mit Wut, Trauer etc. offenbar schon wieder nix mehr. Im selben Buch verweist Zimmer auf eine Definition der Eifersucht als »Trauer plus Wut« durch den US-Psychiater Robert Plutchik. Der Ansatz, ob haltbar oder nicht, hätte immerhin etwas Erhellendes insofern, als Wut und Trauer in der Praxis ja fast immer als etwas äußerst »Gemischtes« auftreten, im Regelfall als Diffuses und Konturloses, das bloß nach großen Vokabeln schnappt, um an ihnen Halt zu finden.

Vereinfacht: Betroffenheit, Wut und Trauer laufen Gefahr, zu reinen Schwall- und Aufgeilvokabeln zu verkommen. Wahrscheinlich haben sie's schon geschafft:

Nicht außer sich vor Wut und Trauer; sondern im Gegenteil außer sich vor »Trauer und Wut« war, laut *Spiegel*, Englands Eiserne Lady Maggy Thatcher nach dem 38-Toten-Spiel Liverpool–Turin.

Andersherum wieder übergoß im Göttinger Raum kurz darauf ein 23jähriger Kfz-Mechaniker seine kleine Tochter mit Benzin aus »Wut und Trauer«, nämlich über Streitigkeiten mit der Freundin.

Dagegen ist Wut solo gut. Vor allem im Feminismus. Denn, so Barbara Schmidt und Susanne Reichel in der *taz* vom 7. 7. 92: »Wut macht Mut.«

Da läßt sich die neue Journaille freilich nur noch mit dem alten Balzac theodizös heiligsprechen: »Aber wir treiben doch mit unseren Phrasen Handel und leben von diesem Geschäft.«

Y

YSS-Stil Die Unternehmensgruppe C & A muß einen neuen Reklame-Tycoon beschäftigen, denn sie ist uns jetzt schon ein paarmal über die Maßen übel aufgefallen: »Unsere Accessoireabteilung bietet Ihnen in Fülle eine passende Auswahl an Hüten, Taschen und Schuhen im YSS-Stil.« Geht man der verruchten Sache → neugierig nach, stellt sich heraus, daß »YSS« nur ganz treuherzig »Your Sixth Sense« bedeutet. Ach so.

Z

Zärtlichkeit *Zweiundzwanzig Zentimeter Zärtlichkeit* besang Johannes Mario Simmel 1979 in einem Buchtitel. Er meinte den Schwanz eines Hundes. Was ja noch angeht. Erst danach, so etwa ab 1980, wurde es richtig schlimm.
Schwerdummvokabeln kommen und gehen, anders als das Kleinkroppzeug an rasch wechselndem Unrat, mit dem Wandel der Kurz-Ideologien nur etwa alle zehn Jahre. Die Dumm- gleich Erlesenheits-Schlagetote → Sensibilität, → Verletzlichkeit, → Betroffenheit z. B. treiben es als ragende Säulen von Neo-Gewäsch schon seit langem, jedenfalls auf breiter Imponierfront. Deutlich später, massivst erst seit Mitte der 80er Jahre, schob, sich mit jenen partiell überlappend, so zäh wie verhängnisvoll ein weiterer Brocken sich nach vorne – zuletzt derart penetrant, daß heute niemand mehr umhin kann, ihn zur Kenntnis, ja wohl oder übel ernst zu nehmen. Es handelt sich um die allseitige – Tusch! – »Zärtlichkeit«.
An sich kein übles, eher ein zartes Wort. Als z. B. Hans Magnus Enzensberger vor rund zehn Jahren, in einer insgesamt eher rebellisch-rabiaten Ära, es hin und wieder in seine Texte einsickern ließ, da strahlte es etwas ab, etwas fast wieder Neues, nur leider halb Vergessenes. Sicherlich, im nachhinein will's scheinen, als hätte es uns schon damals reichlich verfänglich, ja obskur vorkommen müssen, wenn z. B. in einer Buchrezension von H. Bölls *Gruppenbild* von »Anarchie und Zärtlichkeit« die Rede schalmeite – die des alttreudeutschen Feuilletonschwafeljargons also. Und als plötzlich sämtliche Filme Eric Rohmers mit Begleitsprüchen eingesäumt waren wie diesem: »Das Lebensgefühl der 80er Jahre: modern, kühl, zärtlich und verzweifelt« – da ging uns spät genug ein Licht auf und langsam der Hut der Erkenntnis hoch – aber da war der Ofen auch schon wieder aus, die

Brühe am Dampfen und die Zärtlichkeit nämlich schon wieder vollends am Hund hinter dem genannten Ofen. Als Inflations- und Dummvokabel hat die Zärtlichkeit mit der Sensibilität und der Verletzlichkeit mittlerweile mindestens gleichgezogen.
So unschuldig, ja achtbar sie an sich scheint. Die Zärtlichkeit sei die »dauerhafte Form der Liebe«, preist Georges Bataille in *Der heilige Eros*. Mag ja sein oder so mal gewesen sein: Ihrer Ideologisierung entging sie, zumindest in Deutschland, gleichwohl nicht – wobei Wort und Sache respektive beider Korruptionskarriere spätestens heute nicht mehr auseinanderzuhalten sind. Ob es eine mehr oder weniger christlich-altruistische Wortsuppe war, die da immer heftiger hochsiedete; oder eher ein allseitiger Reflex von David Hamiltons Pseudoästhetik von Sex mal Sanftheit; ob da ein drittes und viertes gärte und am langsam sich verdichtenden Übel mitrührte: der späte H. Böll forderte plötzlich und in spürbarer Verwirrung eine ausgerechnet »sanfte Republik«, welchen Unfug bald etliche Grüne begeistert aufschnappten; drangen jetzt vermehrt auch populärwissenschaftlich-lebenshelferische Schmonzetten auf den jederzeit für jeden Bleichsinn offenstehenden Markt wie etwa Nathalie Brandens *Liebe für ein ganzes Leben. Psychologie der Zärtlichkeit* (rororo, 1985) oder Manfred Mais *Zärtlichkeit läßt Flügel wachsen – Für eine neue Lebensweise* (Kreuz-Verlag, 1985); schoben Verlage gaunerische Werbetexte nach der Art, in einem Buch von Beatrice Ferolli lägen »Zärtlichkeit und Zerstörung dicht beieinander« (*bücherjournal*) bzw. in einem Roman der Karin Struck gebe »Ida Helmold alle ihre Liebe und Zärtlichkeit dem Pferd Finale« – so war es mit dem festlichen Einzug der deutschen Musikgruppe »Wind« in die Grand-Prix-Eurovisions-Endkämpfe in Göteborg 1985 auch mit der Lebensprogrammatik definitiv soweit: »Sie glauben an die Zärtlichkeit« –
– so weit, daß man sie als neue Religion aber auch sofort wieder vergessen konnte; bzw. sie befehden mußte. Das tat

z. B. Jörg Metes in seiner mannhaften Analyse dieser »fünf Botschafter der Zärtlichkeit« (Eigendefinition) – und er gelangte hinsichtlich dieser akutesten aller momentanen Zeitgeist-Quatschigkeiten zu dem Befund: Nachdem heutzutage praktisch jeder zärtlich ist, ist Zärtlichkeit unanständig. Und ergo: Wenigstens die infizierten Intellektuellen sollten sich ab sofort wieder mehr zusammenreißen.
Nicht parierte der Bitte plausiblerweise der Konzertagent Fritz Rau, der noch 1985 in der ZDF-Straftat *Showplatz Berlin* unerweicht gegenpostulierte: »Die Leute sollen zärtlicher aus den Konzerten rauskommen« – eine, na, wer sagt's denn, echt-zärtliche sprachliche Fügung im Rahmen nicht zu vergessen einer Sendung, die das Inbild von neuer Zärtlichkeit, nämlich ungeniert ordinär, ja schon ganz und gar ausgeschamt war.
Wohlgemerkt, es sind nicht allein die Blinden und Grünen und ohnehinnigen Gauner, die derart Unheil zärtlich weiterschüren. Auch eine Theologieprofessorin etwa, nennen wir sie Dorothee Sölle, kann's: »Die Erde dreht sich zärtlich.« Und auch die Dichter, vorgeblich große Witterer, wo nicht Warner, haben scheint's noch nichts gemerkt. Sondern walken munter mit. Wolf Biermann in einem neuen Gedicht: »Wir lächeln uns an / und schweigen dann / mit zärtlicher Bitterkeit.« Ebenso komplett unironisch und ungerührt Peter Härtling über seinen Roman *Waiblingers Augen*: »Eine Phantasie, die nichts ausschließt, Brutalität, Gemeinschaft, Zärtlichkeit, Selbstpreisgabe« – wenn das nur mal gut geht.
Schließlich schon 1981 wartete Hans Neuenfels – nebenbei: der Frankfurter Adorno-Preis-Laudator von 1986 – im Rahmen eines inzwischen ziemlich legendären Prosastücks *Giuseppe e Sylvia* mit der folgenden vorerst letzten Pater-Noster-Travestie auf: »Unsere tägliche Zärtlichkeit gib uns heute, unsere Wange, unser Streicheln .... bitte, bitte, bitte!«
Nein, bitte, bitte, bitte nicht, wir wollen mit diesem Schleim nichts mehr am Hut und schon gar nichts an der Wange

haben, nichts mit dieser als Hoch- und Tiefgefühl auftrumpfenden und sich spreizenden Geisteskrankheit, die uns da noch die letztverbliebenen Refugien des Rückzugs und der Ruhe raubt – aber schon springt vollends glaubwürdig und wie dazu bestellt Neuenfels' Geistesbruder K. Wecker bei und versichert 1982 in einer sogenannten Elegie seinem verehrten Geistesschwager Pasolini coram publico dies: »Ich wäre doch so zärtlich gewesen zu dir, Paolo Pasolini« – was dem, zu seinem Heil, erspart blieb.

Enzensbergers lyrischer Einspruch von 1957 kriegt im nachhinein doppelt recht: Nicht nur sind Wölfe wider das Vorurteil brüderliche Wesen; gegen die Zärtlichkeit der Lämmer sind sie Schafe, weiß der Geier. Die Lämmer aber lärmen weiter – zärtlichst schon an allen Fronten. Als *Zeit der Zärtlichkeit* wurde 1984 der amerikanische Film *Terms of Endearment* bei uns verscherbelt. »Insel der Zärtlichkeit« nannte sich 1985 ein sogenanntes »Traumtheater Salome«. Walt's Gott, die momentane Sucht nach Zuwendung und Zärtlichkeit respektive Zärtlichkeitsbeschwörung hätte die gute alte »Berührungsangst« der 70er Jahre längst spielend, ja rasend dementiert, waren beide eh nicht mehr oder weniger Suggestionen und gelogen. Nur zu logisch, daß deshalb die Münchner *Abendzeitung* 1985 das »Männerideal des Jahres« (nein, nichts bleibt einem erspart) so zusammenrafft: »Streicheln bitte und sehr zärtlich sein.« Dem schließt sich Christie Hefner, die neue *Playboy*-Chefin, vollinhaltlich an: »Nach Feminismus und sexueller Revolution ist es an der Zeit, endlich Zärtlichkeit und Romantik eine Chance (!) zu geben.«

Was Wunder, daß es noch im gleichen Jahr 1986 in Frankfurt, prangend von den Litfaßsäulen, zu einem Preisausschreiben kommt; zugunsten von »Rondo«, dem »zärtlichen Memoire-Ring«.

Nach Cora Stephan (*Ganz entspannt im Supermarkt. Liebe und Leben im ausgehenden Jahrhundert*) ist es so, daß derzeit, jenseits der vielen Wirren der 70er Jahre, »Zärtlichkeit«

und »Kuschelsex« das »Rennen (machen) gegenüber der alten freudianischen Forderung, nur die genitale sei auch die reife Sexualität«. Wahrscheinlich ist beides heute so gehupft wie gesprungen.
»Wenn Worte nicht mehr wärmen, bleibt die Hoffnung auf Zärtlichkeit. Jacke und Hose, Baroneß. Original Bauernleinen, originell gestylt, echte Hirschhornknöpfe, leger verarbeitet mit modischem feeling.«
Hätte vergleichsweise wohl auch Pasolini ziemlich eingeleuchtet.
Heiratsanzeigen in der *Zeit* 1986 ».... zärtl., ...«; ».... Zärtlichkeit ....«; ».... Zärtlichkeit, ...«; ».... zärtlichen ....«; »...., zärtlich, ...«; »...., zärtlichen ....«; ».... Zärtlichkeit ....«; ».... Zärtlichkeit ....«; » zärtl. ....«; ».... zärtlichen ....«; ».... zärtl. ....«; ».... zärtlicher ....«; ».... Zärtlichkeit ....«; ».... zärtlich, ...«; ».... Zärtlichkeit ....«; ».... zärtliche ....«; »Zärtlich?«; »Zärtlicher ....«. (Aus: Eckhard Henscheid, *Zärtlichkeit und Schwerdummdeutsch*, 1986/1987, »Sudelblätter«, S. 197–203.)

Zeit → Wertkaufzeit.

Zerbrechlich Allerletzter Nachtrag zum Komplex → Wut und Trauer bzw. → Betroffenheit: Das *Deutsche Allgemeine Sonntagsblatt* weiß über die Lieder von Bettina Wegner: »Ihre zerbrechlichen und zugleich kräftigen Lieder sind aus Wut und Liebe gemacht«, statt aus Rhythmus und Melodei, wie es sich gehört.

Zerschmückung In einem an sich gar nicht doofen Buch über *Die verordnete Gemütlichkeit* in unseren Städten, also über das, was uns den → Boulevardcharakter beschert, lesen wir über die »aufwendige Zerschmückung ihrer Städte«, die die Bewohner beklagen. Ruhe kehrt erst wieder ein, wenn unsere »Städteplaner« im Grab liegen, das Maul mit → Spontanvegetation gestopft und einen → Poller als Grabstein obendrauf. Vgl. → Bodendecker.

Ziegenmutterbrief Ob es sich bei diesem bürogerontokratischen Kleinod allschon um hehre Realität oder vorerst doch nur um eine verheerende Erfindung des genialen visionärsatirischen Zeit- und Ohrenzeugen Heino Jaeger handelt, das konnten wir nicht mehr eruieren. Sind aber guter Hoffnung.

Zielgruppe Begriff aus der Soziologie, heute vor allem im Rahmen der → Medienlandschaft und der dazugehörigen Reklame gängig. Hat aber nicht viel zu sagen. Wie fast alles Gelumpe heutzutage.

Zielsetzung Wolf Schneider in seiner Sprachfibel *Deutsch für Profis* macht, wie wir, auf die neuere Aufblähtendenz der deutschen Sprache aufmerksam, auf einen als Nüchternheit und Sachlichkeit camouflierten Schwulst, wie er sich vor allem in Tautologien zeige. Ein besonders ärgerliches Exemplar: Die »Zielsetzung«, ebenso doppelt gemoppelt wie die »Fragestellung« und der »Themenbereich« – und in der verbalen Auftrumpfgebärde insofern auch verwandt Blasenkretins wie dem lang schon bedrückenden → Lernprozeß nebst anderen Prozeßstrukturen.
Die Zielsetzung tritt noch häufiger als im Singular im Plural auf, bei entsprechenden Zielsetzungen geht es da in allen deutschen Parteien ziemlich rund – den rundesten Satz zu den Zielsetzungen aber setzte doch wieder mal unser ehemaliger Postminister Ch. Schwarz-Schilling aufs deshalb fröstelnde Papier: »Ich bin eigentlich immer mit der Einstellung ins Leben gegangen, die Probleme, die ich vorfinde, mit meinen eigenen Zielsetzungen möglichst in Einklang zu bringen und nicht meine Zielsetzungen, die ich zunächst habe, unter allen Umständen durchzusetzen.« Sage, schaudere und zielsetze durch.

Zivilschutz Wie der verwandte »Selbstschutz« psychologische Kriegstauglichmachung. Freilich, wer den nächsten Krieg überleben will, der muß nicht nur einen eisernen Schädel haben, sondern auch einen so törichten, daß er nichts Besseres als diesen Euphemismus verdient hat. Wir von der *Dummdeutsch*-Redaktion machen da mit dem allmählichen Beschluß unserer Rocky Horror Verbal Show lieber schön langsam still die Mücke.

Zündis Sind diese kleinen Stäbchen mit dem roten Kopf, die früher unter Welt-Hölzer liefen. Seit Ende des Monopols sind die »Zündis« zwar billiger geworden, zünden dafür aber um so beschwerlicher. Wer dann seine »Ziggi« nicht ordentlich ankriegt, ist eben ein Pfeifi.
Im Heidelberger Raum wird »Zündi« auch für die ungewöhnlich tauben Nachkommen des ehemaligen Oberbürgermeisters Zundel gern benutzt.

Zukunftsorientiert Sind z. B. Computer und Textsysteme der Firma CTM, jawohl, die vor allem. Und natürlich → Kohl. Und Stoiber. Und überhaupt.

Zum Anfassen Bedeutet keineswegs zum Anfassen, oder daß wir wie die kleinen Kinder den Bundespräsidenten antatschen dürfen, wenn er sich im Garten der Villa Hammerschmidt unters Volk begibt. Der Mann ist nach wie vor zum Niederknien. Daß es auch abstrakte Dinge zum Anfassen gibt wie Unternehmer-Karrieren oder Kunst, zeugt nur davon, daß der Sprung in manchen Schüsseln ein langer und sehr tiefer ist.

Zumutbarkeitsregelung Vermutlich kann, wer zäh und regelmäßig Zeitung liest, auch erfahren, was eine Zumutbarkeitsregelung ist. Etwas, das mit dem Frührentner- und Vorseniorenproblem zusammenhängt? Mit den → Arbeitsemigranten genannten Gastarbeitern? Mit dem → Ehegattennachzug? Wie auch immer: viel kann man den Autoren eines *Dummdeutsch*-Lexikons an Recherche zumuten –

nur, bitte, das nicht! Das nicht mehr so kurz vorm Ende des Alphabets! Nein, das nicht!

Zuspitzungsarbeit Natürlich, die durfte, als letzte ihrer Großfamilie, nicht fehlen, nein, die am wenigsten – geboren aber hat sie schon 1990 wer? Genau, es war Peter Nöldechen zugunsten des → Suhrkamp-Kultur-Verlags und seines Autors Uwe Johnson; der es aber immerhin nicht mehr selber tragen mußte.

Zustimmungskonjunktur Ein Herr Schäuble, dessen Herkunft wir lieber im dunkeln lassen, meinte 1986 zur Auseinandersetzung zwischen CDU/F.D.P.-Regierung und Gewerkschaften um den § 116 des Arbeitsförderungsgesetzes: »Eine Delle in der Zustimmungskonjunktur, die wir in Kauf nehmen mußten.«
Wer stellt eigentlich solche Stimmungskanonen ein, im Bundeskanzleramt, wer wohl?

Zu tun haben mit Die verschwiemelte Alltagsversion des wissenschaftlich immer noch dominanten → Kausalnektischen (Josef Rucksack jr.) im Sinne des allgemeinen »Strukturalistischen« des Lebens. Oder wie. Jedenfalls beim Umgang → mit.

Zweitvater Auf äußerst unappetitliche Weise verwandt mit der → Leihmutter. Gedankenverbindungen zum Zweitwagen lassen sich schwerlich zurückweisen, erfüllen jedoch nicht den Tatbestand des Gleichnisses, da der Zweitwagen meistens ein neuer Flitzer, der Zweitvater in der Regel aber ein alter Wichser ist.

Zwischengipfel Auf Anregung von R. Reagan fand 1985 in New York der erste »Zwischengipfel« statt, der seinerseits und musterbildend den neuen → Weltwirtschaftsgipfel vorbereiten sollte.

Was eine gipfelige Welt. »Als ging' der Herr durch's stille Feld« (Eichendorff).

Zynisch Meist in der Doppelmoppel-Formation mit dem praktisch bedeutungsgleichen »menschenverachtend«. Von *FAZ* bis *taz*, von *Frankfurter Rundschau* bis ARD, von ZDF bis *Spiegel* die Allzweck-Ressentiment-Vokabel aller moralisch Bessergestellten und sich vor allem besser Dünkenden. Jenseits seiner antiken Semantik und Etymologie und jenseits seines ursprünglichen philosophischen Kerns signalisiert es »unerbitterlich« (Karl Valentin) tendenziell sinnfrei die Reklamation des Guten durch Dick und Dünn, gegen die kein Kraut von Böse mehr gewachsen ist. Das Dumm- und Totschlagwort des Jahres; wo nicht des Jahrzehnts.

Der vorliegende Text von *Dummdeutsch* folgt der beträchtlich erweiterten Neuausgabe, die 1993 in Reclams Universal-Bibliothek erschienen ist.

Illustrationen von F. W. Bernstein, Berlin. Einbandgestaltung: Werner Rüb, Bietigheim-Bissingen, unter Verwendung einer Farbzeichnung von F. W. Bernstein

Satz: Dörlemann Satz GmbH, Lemförde. Lithographie der Abbildungen: Fischer Reprotechnik, Frankfurt am Main. Druck und Bindung: Franz Spiegel Buch GmbH, Ulm. Printed in Germany 1996
ISBN 3-15-010413-0

Rückfetten 1 S. 186

Schaumarbeit S. 190

Versöhnungsarbeit S. 235

Wahnsinn S. 245

Wechselsprechanlage S. 247

Wortsack S. 251